高职院校现代服务业人才培养研究

王岚◎著

中国社会科学出版社

图书在版编目（CIP）数据

高职院校现代服务业人才培养研究／王岚著．—北京：中国社会科学出版社，2023.3
 ISBN 978－7－5227－1301－4

Ⅰ.①高… Ⅱ.①王… Ⅲ.①高等职业教育—服务业—人才培养—研究—中国 Ⅳ.①F726.9－4

中国国家版本馆 CIP 数据核字（2023）第 024314 号

出 版 人	赵剑英
责任编辑	郭曼曼
责任校对	冯英爽
责任印制	王　超

出　　版	中国社会科学出版社
社　　址	北京鼓楼西大街甲 158 号
邮　　编	100720
网　　址	http://www.csspw.cn
发 行 部	010－84083685
门 市 部	010－84029450
经　　销	新华书店及其他书店

印　　刷	北京明恒达印务有限公司
装　　订	廊坊市广阳区广增装订厂
版　　次	2023 年 3 月第 1 版
印　　次	2023 年 3 月第 1 次印刷

开　　本	710×1000　1/16
印　　张	16.5
插　　页	2
字　　数	238 千字
定　　价	88.00 元

凡购买中国社会科学出版社图书，如有质量问题请与本社营销中心联系调换
电话：010－84083683
版权所有　侵权必究

前　　言

服务经济时代呼唤现代服务业高技能人才。党的十九大报告提出，要支持传统产业优化升级，加快发展现代服务业，瞄准国际标准提高水平。随着现代服务业的快速发展，高职院校能够培养满足现代服务业发展需求的高素质劳动者和技术技能人才显得尤为迫切。然而，当前中国高职院校培养的高技能人才还不能胜任现代服务业领域的相关工作，学术界关于高职院校现代服务业人才培养的系统研究尚不多见。因此，面对服务经济时代提出的新要求和新挑战，如何培养满足现代服务业发展需求的高技能人才，已经成为高等职业教育必须认真思考的重要问题。

本书旨在解决高职院校培养的人才不能满足现代服务业发展需求的问题。通过探寻现代服务业发展对高技能人才的需求，从人才培养目标、内容和方式三个方面探索高职院校现代服务业人才培养的关键要素，进而提出满足现代服务业发展需求的高职院校现代服务业人才培养的优化路径。本书主要包括三个子问题：第一，现代服务业发展对高技能人才的需求是什么；第二，基于现代服务业发展对高技能人才的需求，高职院校现代服务业人才培养的目标、内容和方式是什么；第三，高职院校现代服务业人才培养的优化路径有哪些。

围绕上述问题，本书的主要内容如下：

在高职院校现代服务业人才培养的核心概念与研究框架中，首先界定了服务、服务业、现代服务业、高技能人才和人才培养等核心概念，明确了现代服务业的内涵、特点和分类，诠释了高职院校现代服务业人才培养的内涵。基于此，对服务学和人才培养模式的理论内涵与指导意义进行阐释，构建出高职院校现代服务业人才培养研究框架。

在高职院校现代服务业人才培养目标研究中，运用内容分析法，从宏观的现代服务业产业层面和微观的现代服务业用人单位层面，深入分析了现代服务业发展的人才需求。在此基础上，参照布卢姆教育目标分类体系，构建出以服务知识为基础、以服务能力为核心、以服务情感为关键的高职院校现代服务业人才培养三维目标体系。

在高职院校现代服务业人才培养内容研究中，从服务知识、服务能力和服务情感三个方面分析了高职院校现代服务业人才培养内容。在服务知识的分析中，确定了专业知识是服务知识的主要内容，课程是服务知识的重要载体，并基于知识生产模式转型视角对高职院校现代服务业人才培养课程设置的内容、组织方式、评价等要素进行了审视。在服务能力的分析中，通过构建3I型服务能力模型，对高职院校现代服务业人才创新服务能力、信息化服务能力和个性化服务能力的培养进行了剖析。在服务情感的分析中，根据现代服务业特点和情绪劳动内涵，确定了现代服务业高技能人才对顾客的关怀品质是服务情感的关键内容，并对高职院校现代服务业人才关怀品质的培养进行了探索。

在高职院校现代服务业人才培养方式研究中，根据服务体验理论和体验学习理论确定了校企合作是高职院校现代服务业人才培养的主要方式。根据现代学徒制的内涵，现代服务业工作内容的确定性程度和生产方式的标准化程度，以及基于现代学徒制进行高职院校现代服务业校企合作的可行性分析，提出了现代学徒制是校企合作培养现代服务业人才的重要方式。在此基础上，探索了现代学徒制的运行机制，以及现代学徒制对于高职院校现代服务业人才服务知识、服务能力和服务情感形成的促进作用。此外，运用案例研究法，选取了浙江商业职业技术学院，对深度嵌入工作岗位和技能大师工作室两种现代学徒制实践形式进行了案例分析。

前 言

在高职院校现代服务业人才培养的优化路径研究中，提出了基于人才培养目标、内容和方式三个关键要素的高职院校现代服务业人才培养优化路径，包括以需求为导向动态设置人才培养目标，以服务知识、能力、情感为核心优化设置人才培养内容，以现代学徒制为支撑完善人才培养方式等，进而培养出满足现代服务业发展需求的高技能人才，推动服务经济发展和服务创新，促进高等职业教育人才培养质量提升。

目　录

第一章　绪论 ……………………………………………………（1）
　第一节　研究背景与问题提出 ………………………………（1）
　　一　研究背景 …………………………………………………（1）
　　二　问题提出 …………………………………………………（6）
　第二节　研究意义 ……………………………………………（10）
　　一　理论意义 …………………………………………………（10）
　　二　实践意义 …………………………………………………（11）
　第三节　研究综述 ……………………………………………（12）
　　一　国外研究综述 ……………………………………………（13）
　　二　国内研究综述 ……………………………………………（28）
　　三　研究评价 …………………………………………………（41）
　第四节　研究内容、方法与思路 ……………………………（44）
　　一　研究内容 …………………………………………………（44）
　　二　研究方法 …………………………………………………（46）
　　三　研究思路 …………………………………………………（49）
　第五节　研究创新点 …………………………………………（50）

第二章　高职院校现代服务业人才培养的核心概念与研究框架 ……………………………………………………………（52）
　第一节　高职院校现代服务业人才培养的核心概念界定 …（52）
　　一　服务 ………………………………………………………（52）

1

  二　服务业 ………………………………………………………（55）
  三　现代服务业 …………………………………………………（59）
  四　高技能人才 …………………………………………………（81）
  五　人才培养 ……………………………………………………（83）
 第二节　高职院校现代服务业人才培养的理论基础与
     研究框架 ……………………………………………（86）
  一　服务学的理论内涵及其指导意义 …………………………（86）
  二　人才培养模式的理论内涵、价值与指导意义 ……………（93）
  三　高职院校现代服务业人才培养的研究框架 ………………（96）

第三章　需求导向下的高职院校现代服务业人才培养目标研究 ……………………………………………………………（98）
 第一节　现代服务业发展的人才需求分析 ……………………（99）
  一　宏观层面：现代服务业产业的高技能人才需求
    分析 ………………………………………………………（100）
  二　微观层面：现代服务业用人单位的高技能人才
    需求分析 …………………………………………………（104）
 第二节　基于现代服务业需求的高职院校人才培养三维
     目标构建 …………………………………………（118）
  一　服务知识：高职院校现代服务业人才培养目标
    构建的基础 ………………………………………………（122）
  二　服务能力：高职院校现代服务业人才培养目标
    构建的核心 ………………………………………………（125）
  三　服务情感：高职院校现代服务业人才培养目标
    构建的关键 ………………………………………………（128）

第四章　高职院校现代服务业人才培养内容研究 …………（131）
 第一节　高职院校现代服务业人才服务知识培养 ……………（131）
  一　课程作为服务知识载体的重要性 …………………………（131）

二　高职院校现代服务业人才培养课程设置困境审视……（133）
　第二节　高职院校现代服务业人才服务能力培养…………（139）
　　一　高职院校现代服务业人才3I型服务能力模型构建……（140）
　　二　高职院校现代服务业人才服务能力培养问题剖析……（142）
　第三节　高职院校现代服务业人才服务情感培养…………（146）
　　一　情绪劳动的内涵……………………………………（146）
　　二　关怀品质是现代服务业人才服务情感培养的关键……（148）
　　三　现代服务业高技能人才关怀品质缺失的现实表征……（156）

第五章　高职院校现代服务业人才培养方式研究……………（160）
　第一节　校企合作是高职院校现代服务业人才培养的
　　　　　主要方式……………………………………………（160）
　　一　高职院校现代服务业校企合作人才培养的必要性……（160）
　　二　传统校企合作人才培养方式的弊端及对新方式的
　　　　需求……………………………………………………（167）
　　三　现代学徒制：校企合作培养现代服务业人才的重要
　　　　方式……………………………………………………（168）
　第二节　现代学徒制的运行机制及其对服务知识、能力、
　　　　　情感形成的促进作用………………………………（181）
　　一　现代学徒制的运行机制……………………………（181）
　　二　现代学徒制对服务知识、能力、情感形成的促进
　　　　作用……………………………………………………（184）
　第三节　现代学徒制校企合作方式的实践
　　　　　——以浙江商业职业技术学院为案例………………（186）
　　一　深度嵌入工作岗位的实践——以连锁经营管理专业为
　　　　案例……………………………………………………（187）
　　二　技能大师工作室的实践——以艺术设计类专业为
　　　　案例……………………………………………………（189）

第六章　高职院校现代服务业人才培养的优化路径……（192）
第一节　以需求为导向动态设置高职院校现代服务业人才培养目标……（192）
一　正确定位：追踪现代服务业特点和趋势定位人才培养目标……（192）
二　建立维度：采用人才培养目标设置矩阵建立培养目标维度……（193）
三　精准设置：运用新一代信息技术精准设置人才培养目标……（194）
四　优化调整：建立以需求为导向的人才培养目标调整机制……（195）
第二节　以服务知识、能力、情感为核心优化设置人才培养内容……（196）
一　提高高职院校现代服务业人才培养课程质量……（196）
二　提升高职院校现代服务业人才核心服务能力……（202）
三　加强高职院校现代服务业人才关怀品质培养……（206）
第三节　以现代学徒制为支撑完善高职院校现代服务业人才培养方式……（211）
一　进一步完善现代学徒制制度设计……（211）
二　建立更加稳定和协调的师徒关系……（214）
三　加快制定现代学徒制的学徒框架……（215）
四　对现代学徒制效果实施评价反馈……（216）

结　语……（218）

参考文献……（224）

后　记……（255）

第一章 绪论

第一节 研究背景与问题提出

一 研究背景

在科学技术进步、社会分工深化和产业结构转型升级的推动下，自20世纪70年代开始，全球经济重心开始逐渐转向服务业，全球产业结构呈现出由"工业经济"向"服务经济"的重大转变。人类社会进入了以服务业为主导的服务社会形态，服务经济时代随之来临。随后，以服务业为主要内容的服务经济在全球范围迅速崛起，逐渐成为越来越多国家社会财富创造的主要来源和经济发展的主要动力。[①] 自20世纪90年代开始，随着信息技术、网络技术的迅猛发展，科技成果日新月异，服务业的信息化、知识化、专业化趋势不断增强，推动产业结构的进一步调整。服务业的内部结构发生了显著变化，以现代信息技术、网络技术和数字技术为手段，以信息、知识和技术密集为特征的现代服务业快速发展，成为现代经济增长的重要支撑。[②]

世界主要发达国家实现了由工业经济向服务经济的转型，服务业在发达国家经济中居于主导地位。[③] 美国作为第一个进入服务经济社

[①] 周振华：《服务经济发展：中国经济大变局之趋势》，格致出版社、上海三联书店、上海人民出版社2013年版，第5页。

[②] 赵明霏：《知识密集型服务业发展研究》，中国经济出版社2017年版，第2页。

[③] 张祥：《转型与崛起：全球视野下的中国服务经济》，社会科学文献出版社2012年版，第206页。

会的国家，2014年服务业增加值占GDP比重高达78%，为国家发展创造了大量的社会财富。世界银行（The World Bank）发布的《世界发展指数》（World Development Indicators）报告显示，2014年全球服务业总体规模达到55.352万亿美元。世界各国服务业增加值占GDP比重达到72%，其中高收入国家达到74%，中高收入国家达到57%，中低收入国家达到52%，低收入国家达到47%。数据显示，1970—2014年间，美国、英国、德国、法国、西班牙、意大利、加拿大、澳大利亚和日本9个国家的服务业增加值占GDP比重均保持上升趋势。[①] 美国劳工统计局（U.S. Bureau of Labor Statistics）的研究显示，预计到2024年几乎所有新增就业机会将集中于服务业。[②]

中国的经济结构发生了重大转型，进入经济新常态的发展阶段，服务业成为经济增长的主要驱动力，第三产业消费需求成为主体是新常态的重要特点。中国政府十分重视现代服务业的发展，制定了一系列利好政策，大力促进现代服务业发展。《国务院关于加快发展服务业的若干意见》《服务业发展"十二五"规划》《"十三五"现代服务业科技创新专项规划》等重大政策为现代服务业发展开拓了新的广阔空间和更多的创新突破口。党的十九大报告强调，要"支持传统产业优化升级，加快发展现代服务业，瞄准国际标准提高水平"。[③] 党的十九届五中全会进一步强调，要"加快发展现代产业体系，推动经济体系优化升级，要提升产业链供应链现代化水平，发展战略性新兴

---

① The World Bank, "World Development Indicators", http://issuu.com/world.bank.publications/docs/9781464804403/1? e=0/12412024, April 16, 2015.

② U.S. Bureau of Labor Statistics, "Occupational Employment Projections to 2024", https://go.gale.com/ps/i.do? id=GALE%7CA440635988&sid=googleScholar&v=2.1&it=r&linkaccess=abs&issn=00981818&p=AONE&sw=w&userGroupName=anon~5656e6cc, December 31, 2015.

③ 《决胜全面建成小康社会　夺取新时代中国特色社会主义伟大胜利——在中国共产党第十九次全国代表大会上的报告》，http://www.gov.cn/zhuanti/2017-10/27/content_5234876.htm，2017年10月18日。

产业,加快发展现代服务业"①。

近年来,中国服务业呈现持续较快增长的态势,在经济发展中的主体作用逐渐增强。2013年,中国产业结构出现重大拐点性变化,第二产业和第三产业的占比分别达到43.9%和46.1%,第三产业占GDP比重首次超过第二产业。2014年服务业增加值超过30万亿元,占GDP比重为48.2%。2015年服务业增加值占GDP比重上升到50.5%,首次超过第一产业与第二产业增加值之和。2016年和2017年中国服务业增加值占GDP比重均上升至51.6%。数据显示,2021年上半年,国内生产总值532167亿元,同比增长12.7%,其中,第三产业增加值296611亿元,第三产业增加值占GDP比重达55.7%,高于第二产业16.8个百分点,服务业作为经济增长主动力作用进一步巩固。② 这标志着中国经济产业结构从工业主导向服务业主导格局的转变已经基本实现。依据当前较为公认的"服务部门创造的价值在国民经济总产值中所占比重大于50%"的服务经济划分标准,③④ 中国已经进入服务经济时代。研究预测,中国服务业的增加值将持续提升,并且逐渐向发达国家靠拢。预计到2025年,中国服务业增加值占GDP比重能够上升到约66.82%,达到发达国家中下水平;到2030年比重约为72.84%,达到发达国家的中等水平。⑤

现代服务业已经成为中国国民经济和社会发展的新动力。数据显示,2017年中国信息传输、软件和信息技术服务业,科学研究和技术服务业,租赁和商务服务业等典型现代服务业的增加值比2016年增长15.8%,高于第三产业增加值增速7.8个百分点,拉动第三产业

---

① 《中国共产党第十九届中央委员会第五次全体会议公报》,https://www.12371.cn/2020/10/29/ARTI1603964233795881.shtml,2020年10月29日。
② 国家统计局:《上半年国民经济稳中加固稳中向好》,http://www.stats.gov.cn/tjsj/zxfb/202107/t20210715_1819440.html,2021年7月15日。
③ 计国君:《服务科学与服务管理》,厦门大学出版社2015年版,第5页。
④ 程晓等:《服务经济崛起:"互联网+"时代的服务业升级与服务化创新》,中国经济出版社2018年版,第15页。
⑤ 夏杰长、刘奕:《中国服务业发展报告(2016—2017)——迈向服务业强国:约束条件、时序选择与实现路径》,经济管理出版社2017年版,第27页。

占比增长2.3个百分点。规模以上现代服务业企业中的战略性新兴服务业和高技术服务业的营业收入同比增长18.0%和13.5%，比上年加快2.5个和2.7个百分点。同时，现代服务业的快速发展大力推动了服务业结构升级。2017年，以互联网和互联网相关服务为代表的现代服务业增速明显快于传统服务业，对服务业生产指数的贡献逐季增强，四个季度对总指数的累计贡献为34.4%、36.6%、38.3%和40.2%，四个季度拉动服务业增长为2.8个、3.0个、3.2个和3.3个百分点。信息传输、软件和信息技术服务业，科学研究和技术服务业，租赁和商务服务业等典型现代服务业的增加值占第三产业比重达15.4%，较上年提高0.8个百分点；占GDP比重达8.0%，较上年提高0.5个百分点，对国民经济增长的贡献率达到17.2%，促进全国GDP增长1.2个百分点，对中国经济增长的驱动作用明显，已经成为中国经济增长新动力。①

服务业特别是现代服务业发展促进了更加充分和更高质量的就业。整体来看，服务业就业比重大幅上升。2012—2016年，第三产业就业人数累计增加6067万人，而第一、第二产业的就业人数分别减少4277万人、891万人。2012—2016年，第三产业就业人数占比从36.1%升至43.5%，上升7.4个百分点，成为吸纳就业最多的产业。从服务业内部看，现代服务业就业增长最为迅速。2012—2015年就业增长最快的行业依次是租赁和商务服务业、科学研究技术服务和地质勘查业、信息传输计算机服务和软件业，分别增长72.7%、50.3%、38.7%。② 数据显示，截至2020年年末，全国就业人员75064万人，其中第三产业就业人数占比达47.7%。③ 研究预测，服

---

① 国家统计局：《许剑毅：2017年服务业稳定较快增长 质量效益提升》，http://www.stats.gov.cn/tjsj/sjjd/201801/t20180119_1575485.html，2018年1月19日。
② 郭同欣：《改革创新促进了我国就业持续扩大》，《人民日报》2017年3月29日第11版。
③ 人力资源和社会保障部：《2020年度人力资源和社会保障事业发展统计公报》，http://www.mohrss.gov.cn/SYrlzyhshbzb/zwgk/szrs/tjgb/202106/t20210604_415837.html，2021年6月3日。

务业新增就业岗位远大于全社会的新增就业岗位，农业或工业在未来可能出现就业负增长，而服务业的就业比重将稳步上升。到 2030 年服务业就业比重约为 55.59%，达到发达国家中等水平。[1] 因此，服务业已经成为吸纳就业的主体，推动中国就业向高质量发展迈进。

作为知识和技术的拥有者、传播者和创造者，高技能人才是现代服务业发展中最活跃的因素，是促进现代服务业转型升级的关键要素。在中国从职教大国向职教强国转型的进程中，面临的最大挑战是产业转型升级带来的挑战。[2] 中共中央、国务院印发的《中国教育现代化2035》明确要求，推动职业教育与产业发展有机衔接、深度融合。[3] 中国当前已经形成相对完整的人才培养体系，培养规模居世界首位，人力资本积累雄厚，为产业转型升级提供重要支撑。与此同时，中国也深刻认识到现代服务业转型升级为职业教育带来的机遇与挑战。中国已经进入服务经济时代，人力资本对现代服务业发展的重要性更加凸显，现代服务业发展对高技能劳动力需求逐渐增加。[4] 职业教育是培养技术技能人才的主阵地，高等职业教育是高技能人才的主要供给主体。《教育部等六部门关于实施职业院校制造业和现代服务业技能型紧缺人才培养培训工程的通知》（教职成〔2003〕5 号）中要求，职业教育要把提高学生的职业能力放在突出的位置，加强实践教学，努力造就现代服务业一线迫切需要的高素质技能型人才。[5]《国务院关于加快发展现代职业教育的决定》（国发〔2014〕19 号）

---

[1] 夏杰长、刘奕：《中国服务业发展报告（2016—2017）——迈向服务业强国：约束条件、时序选择与实现路径》，经济管理出版社 2017 年版，第 28 页。

[2] 中国职业技术教育学会课题组：《从职教大国迈向职教强国——中国职业教育 2030 研究报告》，《职业技术教育》2016 年第 6 期。

[3] 新华社：《中共中央、国务院印发〈中国教育现代化 2035〉》，http://www.gov.cn/zhengce/2019-02/23/content_5367987.htm，2019 年 2 月 23 日。

[4] 周振华：《服务经济发展：中国经济大变局之趋势》，格致出版社、上海三联书店、上海人民出版社 2013 年版，第 67 页。

[5]《教育部等六部门关于实施职业院校制造业和现代服务业技能型紧缺人才培养培训工程的通知》，http://www.moe.gov.cn/srcsite/A07/moe_953/200312/t2003 1203_79125.html，2003 年 12 月 3 日。

明确指出，要调整完善职业院校区域布局，科学合理设置专业，健全专业随产业发展动态调整的机制，重点提升面向现代服务业等领域的人才培养能力。①《现代职业教育体系建设规划（2014—2020年）》（教发〔2014〕6号）强调要根据服务业加快发展的趋势，逐步提高面向服务业的职业教育比重，重点加强服务金融、物流、商务、医疗、健康和高技术服务等现代服务业的职业教育，培养具有较高文化素质和技术技能素质的新型服务人才。②《国务院关于印发国家职业教育改革实施方案的通知》（国发〔2019〕4号）提出要完善职业教育体系，为服务现代制造业、现代服务业、现代农业发展和职业教育现代化提供制度保障与人才支持。③《关于推动现代职业教育高质量发展的意见》进一步指出，要围绕国家重大战略，紧密对接产业升级和技术变革趋势，优先发展先进制造、新能源、新材料、现代农业、现代信息技术、生物技术、人工智能等产业需要的一批新兴专业。要把促进企业参与校企合作、培养技术技能人才作为产业发展规划、产业激励政策、乡村振兴规划制定的重要内容。④

二 问题提出

现代服务业发展对高技能人才提出了新要求。人才培养是高等职业教育的中心工作与根本任务，是高等职业教育改革的目标和重点，高职院校现代服务业人才培养成为亟须深入探索的重要问题。但是，高职院校培养的人才还不能满足现代服务业发展的高技能人才需求，

---

① 《国务院关于加快发展现代职业教育的决定》，http：//www.gov.cn/zhengce/content/2014-06/22/content_8901.htm，2014年6月22日。
② 《教育部等六部门关于印发〈现代职业教育体系建设规划（2014—2020年）〉的通知》，http：//www.moe.gov.cn/srcsite/A03/moe_1892/moe_630/201406/t20140623_170737.html，2014年6月16日。
③ 《国务院关于印发国家职业教育改革实施方案的通知》，http：//www.gov.cn/zhengce/content/2019-02/13/content_5365341.htm，2019年2月23日。
④ 《中共中央办公厅 国务院办公厅印发〈关于推动现代职业教育高质量发展的意见〉》，http：//www.gov.cn/zhengce/2021-10/12/content_5642120.htm，2021年10月12日。

在理论和实践层面存在着亟须解决的问题。

在理论层面：第一，传统的职业教育理论多数是建立在农业和工业生产的基础上，基于现代服务业发展的高技能人才需求，探索现代服务业人才培养特殊规律的研究相对薄弱。研究显示，尽管对不同产业类型的高技能人才培养问题已经有大量研究，但是大部分研究主要集中在对农业和工业高技能人才培养问题的深入探讨。例如，和震和李晨的《破解新生代农民工高培训意愿与低培训率的困局——从人力资本特征与企业培训角度分析》，[1] 杨进等的《制造业领域技能型人才培养：问题与建议》，[2] 中国教育科学研究院课题组撰写的《完善先进制造业重点领域人才培养体系研究》[3] 等高水平论文对农业类和制造业类人才培养内容、方式等提出了有效路径。相比之下，中国已经进入服务经济时代，现代服务业成为国民经济和社会发展的新动力已经得到了普遍认可，但是聚焦于现代服务业领域，以现代服务业发展对高技能人才的需求为导向，针对现代服务业高技能人才培养的研究却相对滞后，相关著作和高水平学术论文均较为鲜见，对高职院校现代服务业人才培养问题的研究还较为薄弱。

第二，高职院校现代服务业人才培养缺乏理论上的深入探讨。服务经济越发达，对现代服务业人才培养研究的需求就越迫切。随着现代服务业在国民经济中地位和作用的不断凸显，近几年学术界有关现代服务业人才培养问题与对策的研究逐渐增多。但是，研究普遍集中在介绍具体现代服务业专业人才培养经验，其中以对外经济贸易大学信息学院于2011—2018年组织编著的《现代服务业人才培养探索与实践》（共8本）为代表，书中详细介绍了中国信息服务业、金融服务业、现代旅游业、现代物流业、商务服务业等现代服务业的人才培

---

[1] 和震、李晨：《破解新生代农民工高培训意愿与低培训率的困局——从人力资本特征与企业培训角度分析》，《教育研究》2013年第2期。
[2] 杨进等：《制造业领域技能型人才培养：问题与建议》，《教育研究》2008年第6期。
[3] 中国教育科学研究院课题组：《完善先进制造业重点领域人才培养体系研究》，《教育研究》2016年第1期。

养实践。相比之下，基于理论深入探讨现代服务业人才培养的研究较为缺乏。人才培养的关键要素对于人才培养质量具有决定性作用，[①]亟须在新经济需求下对高职院校现代服务业人才培养做出深入探索。

在实践层面，在中国从职教大国向职教强国转型的进程中，面临的最大问题是产业转型升级带来的挑战。高职院校服务产业转型升级发展，最根本的一条应该体现在培养满足经济社会发展的合格人才上，但是在产业转型升级背景下高职院校培养的人才与现代服务业发展的高技能人才需求不对接，已经成为高等职业教育与产业不相适应的突出表现。实践证明，中国高技能人才在数量、结构和质量等方面均不能满足现代服务业发展需求，高职院校现代服务业人才培养的数量短缺、结构性矛盾突出以及质量不高的现实问题切实存在。

在人才数量方面，《2018年第一季度部分城市公共就业服务机构市场供求状况分析》报告显示，从需求侧分析，与2017年同期相比，租赁和商务服务业、科学研究技术服务和地质勘查业、房地产业、信息传输计算机服务和软件业等现代服务业行业的用人需求增长幅度较大。全国十大城市岗位需求和求职排行榜显示，十大城市的第三产业就业需求均在44%以上，其中上海市的第三产业就业需求高达92.4%。从供给侧分析，市场中具有各类技术等级和专业技术职称的求职人员数量均有所减少，其中下降幅度较为明显的是具有高级职称（-29.4%）、中级职称（-15.7%）、初级职称（-14%）的求职人员和高级技师（-10.6%），[②]高技能人才数量无法满足现代服务业发展需求。

在人才结构方面，从发达国家技能人才比例构成来看，初级、中级和高级技能人才比例一般为15∶50∶35，呈"椭圆形"结构，研

[①] 张旺等:《人才培养模式的现实反思与当代创新》,《教育研究》2015年第1期。
[②] 人力资源和社会保障部:《2018年第一季度部分城市公共就业服务机构市场供求状况分析》, http://www.mohrss.gov.cn/xxgk2020/fdzdgknr/jy_4208/jysc_gqfx/201805/t20180507_293581.html, 2018年5月7日。

究指出该结构更有利于促进各级技能人才发挥作用，进而促进经济发展。[①] 但是，中国现代服务业人才结构呈现出典型的"金字塔"结构，技术含量较低的单一型初、中级人才供给相对充足，处于金字塔底部，处于金字塔顶端的高级人才极为稀缺，现代服务业人才"过剩—紧缺"结构性矛盾十分突出。[②] 一方面，财会人员、行政办公人员、购销人员、秘书等职业的劳动力已经过剩，岗位空缺与求职人数的比例在1∶2到1∶7之间；另一方面，电信业务人员、金融业务人员、部门管理人员等职业的劳动力明显不足，岗位空缺与求职人数的比例在2∶1到18∶1之间，[③] 该结构性矛盾严重阻碍了经济转型升级进程和服务经济发展效率。

在人才质量方面，《中国职业教育发展报告（2002—2012）》显示，中国从业人员素质普遍偏低，低技能劳动者占有较大比例。特别地，现代服务业的快速发展使素质和文化较低、技术单一的劳动者不适应经济发展需求，出现失业和难以就业的现象。[④] 调查显示，红牌专业指的是就业率、薪资和就业满意度等较低的专业，2018年高职高专就业红牌专业包括法律事务、汉语、食品营养与检测、初等教育、语文教育等，[⑤] 均属于现代服务业专业。顾客是现代服务业竞争的驱动力，满足顾客不断变化的需求是现代服务业发展的规律。但是，高职院校培养的人才不能满足现代服务业企业的需求，其服务知识、服务能力和服务情感等方面的专业化程度明显滞后于现代服务业

[①] 吕宏芬、王君：《高技能人才与产业结构关联性研究：浙江案例》，《高等工程教育研究》2011年第1期。
[②] 杨力：《中国经济转型背景下现代服务业人才培养战略研究》，《改革与战略》2014年第4期。
[③] 人力资源和社会保障部：《2018年第一季度部分城市公共就业服务机构市场供求状况分析》，http：// www.mohrss.gov.cn/xxgk2020/fdzdgknr/jy_4208/jysc_gqfx/201805/t20180507_293581.html，2018年5月7日。
[④] 教育部职业技术教育中心研究所：《中国特色职业教育发展之路——中国职业教育发展报告（2002—2012）》，高等教育出版社2012年版，第64页。
[⑤] 麦可思研究院：《就业蓝皮书：2018年中国本科生/高职高专生就业报告》，https：//www.sohu.com/a/235230928_186085，2018年6月11日。

发展需求，导致高技能人才不能胜任现代服务业相关工作，职业生涯发展面临诸多困境，高职院校现代服务业人才培养质量提升成为亟须解决的问题。

综上所述，虽然培养满足现代服务业发展需求的高技能人才已经成为共识，但是当前中国高职院校培养的人才还不能满足现代服务业发展的高技能人才需求，现代服务业转型升级为高等职业教育带来了新需求和新挑战。本书针对高职院校现代服务业人才培养在理论和实践层面亟须解决的问题，根据国家系列职业教育政策对高等职业教育培养现代服务业高技能人才的具体要求，确定了高职院校现代服务业人才培养的研究主题，并且进一步将问题聚焦于高职院校现代服务业人才培养关键要素的研究，以期对现代服务业转型升级过程中高职院校现代服务业人才培养目标、内容和方式三个人才培养关键要素出现的问题，提供可以借鉴的有效经验和优化路径，在促进现代服务业发展和服务创新的同时，推进中国从职教大国向职教强国的转型与发展。

第二节　研究意义

一　理论意义

与高等职业教育其他产业人才培养研究相比，现代服务业高技能人才培养理论研究相对薄弱，相关著作和高水平学术论文均较为鲜见。探讨现代服务业和高技能人才之间的互动关系是对职业教育与经济发展关系理论研究和现代职业教育理论研究的丰富和扩展，具有重要的理论意义。

第一，探讨现代服务业需求与高技能人才培养对接问题，有助于完善职业教育与经济发展互动关系研究的理论体系构建。本书从宏观的现代服务业产业层面和微观的现代服务业用人单位层面，对现代服务业发展的高技能人才需求进行深入分析，弥补了单一层面人才需求分析的片面性，这是对以需求为导向研究现代服务业需求与高技能人才培养对接问题的再次深入。基于此，深入分析高等职业教育与现代服务业之间的供需关系，探索高职院校现代服务业人才培养的新规律，这有益于在一定程度上改变现代服务业高技能人才培养研究较为薄弱的现状，完善职业教育与经济发展互动关系研究的理论体系构建。

第二，丰富现代职业教育基本理论。在中国从职教大国向职教强国转型的进程中，面临的最大挑战是产业转型升级带来的挑战。长期以来，高等职业教育发展倚重农业和工业，对现代服务业在经济中的战略地位缺乏认识，基于农业经济和工业经济的高职院校人才培养研究较为成熟，对于高技能人才培养问题的研究更多集中在对农业和工业高技能人才培养问题的探讨。当前，中国已经进入服务经济时代，现代服务业在国民经济和社会发展中的重要地位已经得到了普遍认同，服务经济需要新型高技能人才。基于农业经济和工业经济的职业教育人才培养理论不足以解释和指导正在转型的经济社会形态中的人才培养问题。因此，本书基于现代服务业的内涵与特点，从现代服务业发展的人才需求出发，引入服务学中后工业社会理论、基于能力的服务业人力资源管理理论和顾客关系管理理论，将现代服务业发展的人才需求确定为服务知识、服务能力和服务情感，并且基于教育学中人才培养模式理论，将高职院校现代服务业人才培养的关键要素确定为人才培养目标、人才培养内容和人才培养方式。基于服务学和教育学理论，构建出高职院校现代服务业人才培养研究框架。在此基础上，探索高职院校现代服务业人才培养目标、内容和方式的理论和规律，能够丰富现代职业教育基本理论，对现代职业教育发展具有重要意义。

二 实践意义

第一，在国家层面，中国已经进入服务经济时代，正处于产业转型升级的关键时期，现代服务业已经成为国民经济和社会发展的新动力。现代服务业的知识和技术密集性特点使高技能人才对现代服务业发展的重要性更加凸显，因此，研究高职院校现代服务业人才培养有助于提升高职院校现代服务业人才培养质量，进而推进国家经济转型和现代服务业发展。

第二，在企业层面，高职院校培养现代服务业人才的重要任务是要满足企业的人才需求，探索高职院校现代服务业人才培养的优化路径有助于现代服务业企业雇用到能够胜任工作岗位的员工，为现代服务业企业提供智力支持，进而提升现代服务业企业的生产和服务效益，满足顾客需求，推动服务创新。此外，高技能人才在提供现代服务业知识服务这种高级生产要素的同时，还可以通过知识溢出效应提高制造业企业的创新能力和发展效率，是带动制造业和服务业实现产业结构优化升级的重要手段。

第三，在学校层面，为现代服务业培养合格高技能人才既是构建现代职业教育体系的重要组成部分，又是提升职业教育质量的现实诉求。因此，高职院校现代服务业人才培养研究有助于推动校企合作和产教融合，增强高职院校吸引力，对高职院校的可持续发展具有实践性的指导意义。

第四，在学生层面，探索高职院校现代服务业人才培养问题能够有效提高现代服务业专业学生的就业能力和就业质量，有助于其创新创业能力的提升，通过胜任工作岗位助力学生自我价值的实现，进而促进学生职业生涯的可持续发展。

第三节　研究综述

现代服务业已经成为国民经济和社会发展的新动力，高职院校现代服务业人才培养研究开始引起学者关注。首先，高职院校现代服务业人才培养研究的重要背景和基础是服务经济、服务业和现代服务业的相关研究。服务经济是从产业视角对经济发展特征和阶段的把握，是基于服务业的经济发展形态。当前，服务经济已经成为发达国家经济发展的重要标志，服务业属于服务经济发展的支柱产业，现代服务业是服务业发展的新动力。对于服务经济、服务业与现代服务业的研究相辅相成，不可分离，是学术界研究的热点问题。其次，现代服务业发展对人力资源具有高度相倚性，现代服务业人力资源供给与教育具有密切关系。现代服务业、人力资源与教育的关系研究是连接服务经济、服务业、现代服务业相关研究和现代服务业人才培养相关研究的桥梁。再次，现代服务业发展需要培养更多高素质劳动者和技术技能人才，服务知识、服务能力和服务情感是现代服务业人才培养研究的重点。最后，延伸至高职院校现代服务业人才培养模式相关研究的梳理与总结。因此，本书将按照"服务经济、服务业与现代服务业相关研究，现代服务业、人力资源与教育的关系研究，现代服务业人才培养相关研究，以及高职院校现代服务业人才培养模式相关研究"的逻辑进行国内外文献综述，通过梳理文献找出已有研究的可突破之处。

一 国外研究综述

（一）服务经济、服务业与现代服务业相关研究

服务经济相关研究最早源于20世纪30年代，由于服务经济是涉及理论、测度、统计等多方面要素的综合概念，所含内容复杂，界定较为困难，一直处于不断丰富和完善中。

1935年，英国经济学家艾伦·G. B. 费希尔（Allan G. B. Fisher）在《进步与安全的冲突》（*The Clash of Progress and Security*）一书中首次提出"第三产业"概念，并将其应用于国民经济产业结构划分，形成了三次产业分类法。费希尔认为，第三产业是满足人类除物质需要以外的更高级的需要。[1]

1940年，英国经济学家科林·克拉克（Colin Clank）在著作《经济进步的条件》（*The Conditions of Economic Progress*）中主张以"服务性产业"代替费希尔提出的"第三产业"，认为除农业、工业外的所有部门都是服务业，并提出著名的"克拉克定理"：随着经济发展，劳动人口由农业转移到制造业，再从制造业转向服务业。[2]

---

[1] ［法］让-克洛德·德劳内、让·盖雷：《服务经济思想史——三个世纪的争论》，江小涓译，格致出版社、上海人民出版社2011年版，第54页。

[2] ［法］让-克洛德·德劳内、让·盖雷：《服务经济思想史——三个世纪的争论》，江小涓译，格致出版社、上海人民出版社2011年版，第55页。

1949年，法国经济学家让·福拉斯蒂（Jean Fourastié）在《XX世纪的伟大希望》(*The Great White Hope of the XX*th *Century*)一书的最大贡献是在三次产业划分方法的基础上提出了经济活动分类的明确标准。①

世界著名未来学家约翰·奈斯比特（John Naisbitt）认为，1956年是服务经济的开端，"在美国历史上，从事技术、管理和行政职位上的白领工人人数首次超过了蓝领工人，工业化的美国正在迈入一个新的社会"。②

美国是第一个进入服务经济社会的国家，1968年美国经济学家维克托·R. 富克斯（Victor R. Fuchs）在其著作《服务经济学》(*The Service Economy*)中率先提出"服务经济"这一新概念，并将全球经济经历的结构性变革称为服务经济。富克斯运用实证方法对美国从工业经济转向服务经济的四个方面进行了深入剖析：第一，服务业就业人数增长情况。第二，服务业个人产值增长情况。第三，各服务行业之间在生产率变化方面的差异情况。第四，服务业与其他部门在工资、商业周期、行业组织和劳动力特征等方面的比较情况。研究结果指出，美国已经首先进入服务经济社会，随后服务经济在西方大多数国家相继出现，全球经济重心开始逐渐转向服务业。③

1973年，美国社会学家丹尼尔·贝尔（Daniel Bell）在著作《后工业社会的来临——对社会预测的一项探索》(*The Coming of Post-Industrial Society：A Venture in Social Forecasting*)中以美国社会为研究对象，对工业经济发展之后的经济社会态势进行预测，提出了著名的后工业社会理论。贝尔指出，后工业社会主要体现在五个方面：第一，经济方面，从产品经济转变为服务经济。第二，职业分

---

① ［法］让－克洛德·德劳内、让·盖雷：《服务经济思想史——三个世纪的争论》，江小涓译，格致出版社、上海人民出版社2011年版，第56页。
② ［美］约翰·奈斯比特：《大趋势：改变我们生活的十个新方向》，梅艳译，中国社会科学出版社1984年版，第11页。
③ ［美］维克托·R. 富克斯：《服务经济学》，许微云等译，商务印书馆1987年版，第9—10页。

布,专业与技术人员阶级处于主导地位。第三,中轴原理,理论知识处于中心地位,是社会革新与制定政策的源泉。第四,未来的方向,控制技术发展,对技术进行鉴定。第五,制定决策,创造新的"智能技术"。①

1978年,美国经济学家乔基姆·辛格曼(Joachim Singelmann)在对富克斯和贝尔的著作给予充分尊重的同时,提出了"不同服务业类别对应不同经济行为和社会特征"的重要观点,即著名的"辛格曼理论"。该理论按照不同的经济行为和社会特征将服务业分为四个子类别:分配服务业(Distributive Services,运输、通信、贸易)、生产者服务业(Producer Services,银行、商务服务、房地产)、社会服务业(Social Services,医疗护理、教育、邮政服务、公共和非营利性服务)和个人服务业(Personal Services,家务料理、旅店、饭店、旅游、修理等)。②

1989年,现代管理之父彼得·德鲁克(Peter Drucker)在《新现实》(*The New Realities*)一书中指出,在发达的资本主义国家中,最大的转变是向知识社会的转变。德鲁克认为向知识和教育作为最好职位及谋生机会的这种转变,首先意味着以经商为发达之主要手段的社会向后商业社会的转变。③德鲁克所指的知识社会和后商业社会均带有很强的服务经济色彩。

国外的知识密集型服务业(Knowledge Intensive Business Service,KIBS)概念与现代服务业概念较为接近,两个概念都是依托信息技术和现代管理理念发展起来的,属于信息、知识和技术相对密集的服务业。1995年,伊恩·迈尔斯(Ian Miles)等首次明确提出知识密集

---

① [美]丹尼尔·贝尔:《后工业社会的来临——对社会预测的一项探索》,高铦译,新华出版社1997年版,第14页。

② Browning, H. L., Singelmann, J., "The Transformation of the U. S. Labor Force: The Interaction of Industry and Occupation", *Politics and Society*, Vol. 8, No. 3, 1978, pp. 481-509.

③ [美]彼得·德鲁克:《新现实》,张星岩等译,上海三联书店1991年版,第135—136页。

型服务业的概念,认为知识密集型服务业是指那些显著依赖专门领域的知识、向社会和用户提供以知识为基础的中间产品或服务的公司和组织形成的产业。[1] 1998年,霍克尼斯(Hauknes)对迈尔斯等人的概念进一步细化,将知识密集型服务业描述为专门知识的提供者,同时对知识密集型服务业的人力资本进行描述,指出在知识密集型服务业的雇员结构中接受过高等教育或相应培训的高技能人才应该占有较高比例。[2] 1999年,温德润(Windrun)和汤姆林森(Tomlinson)提出了知识密集型服务业的知识属性,认为知识密集型服务业是指依赖专业知识、特殊知识或特殊领域的组织。[3] 同年,赫托格(Hertog)和比尔德贝克(Bilderbeek)不仅肯定了知识密集型服务业的知识特性,还强调了知识资源和服务对象的重要作用,将知识资源和服务对象提到了知识密集型服务业发展最重要任务的高度,指出知识密集型服务业发展的重要任务是在服务业创新过程中提供相关知识服务。[4] 2001年,穆勒(Muller)和岑克尔(Zenker)延续了赫托格和比尔德贝克的研究,同样从知识密集型服务业独特的知识资源和服务对象视角给出了知识密集型服务业的定义,指出知识密集型服务业是为其他公司提供有高知识附加值的服务企业。[5] 随后,埃万杰利斯塔(Evangelista)和萨沃纳(Savona)的研究强调技术和人力资源对知识密集

---

[1] Miles, I., Kastrinos, N., Flanagan, K., et al., "Knowledge-Intensive Business Services: Users, Carriers and Sources of Innovation", http://citeseerx.ist.psu.edu/viewdoc/download;jsessionid = 644CC0480D598D4FBE5F1B4DEA3F79C2? doi = 10.1.1.463.8976&rep = rep1&type = pdf, March 1, 1995.

[2] Hauknes, J., "Services in Innovation-innovation in Services", https://ideas.repec.org/p/stp/stepre/1998r13.html, December 31, 1998.

[3] Windrum, P., Tomlinson, M., "Knowledge-intensive Services and International Competitiveness: A Four Country Comparison", *Technology Analysis & Strategic Management*, Vol. 11, No. 3, 1999, pp. 391–408.

[4] Hertog, P., Bilderbeek, R., "Conceptualising Service Innovation and Service Innovation Patterns", http://citeseerx.ist.psu.edu/viewdoc/download;jsessionid = 2CB32BD588899F2E17C0116CFEFE69EA? doi = 10.1.1.102.9390&rep = rep1&type = pdf, March 1, 1999.

[5] Muller, E., Zenker, A., "Business Services as Actors of Knowledge Transformation: The Role of KIBS in Regional and National Innovation Systems", *Research Policy*, Vol. 30, No. 9, 2001, pp. 1501–1516.

型服务业的重要性，提出知识密集型服务业是技术与人力资源投入密集程度相对较高的产业，主要包括通信服务业、工商服务业、金融保险服务业、运输仓储服务业、教育服务业、健康医疗服务业、社会服务业和个人服务业等。[①] 肯比拉（Kemppilä）和曼塔嫩（Mettänen）指出知识密集型服务业中知识是服务的重要投入，服务过程高度依赖于服务人员的专业知识和专业能力，并且服务人员与顾客之间的互动性较强。[②] 随后的研究在肯定知识密集型服务业知识属性的同时，探索了知识密集型服务业的重要特征，主要包括高知识含量、[③] 高人力资本含量、[④] 高技术性[⑤]和高创新性等。[⑥]

（二）现代服务业、人力资源与教育的关系研究

在全球化进程提速、科技变革换挡的关键时期，世界银行发布的《2018年世界发展报告》（World Development Report 2018）深入探讨了人力资源在经济增长中的关键性作用。报告指出，人力资源是全球新的经济增长点，更是实现经济可持续发展的先决条件。产业转型升级使高技能人才需求不断扩大，教育系统需要更高效高质地应对劳动力市场中技能需求的迅速变化。[⑦] 现代服务业发展更加需要高质量的人力

[①] Evangelista, R., Savona, M., "Innovation, Employment and Skills in Services. Firm and Sectoral Evidence", *Structural Change and Economic Dynamics*, Vol. 14, No. 4, 2003, pp. 449 – 474.

[②] Kemppilä, S., Mettänen, P., "Innovations in knowledge-intensive services", 5th International CINet Conference, Sydney, September, 2004, pp. 326 – 335.

[③] Muller, E., Zenker, A., "Business Services as Actors of Knowledge Transformation: The Role of KIBS in Regional and National Innovation Systems", *Research Policy*, Vol. 30, No. 9, 2001, pp. 1501 – 1516.

[④] Abe, T., "What is Service Science?", http://citeseerx.ist.psu.edu/viewdoc/download; jsessionid = 00B2A8A1D0EE65406354B724D0644429? doi = 10.1.1.94.4847&rep = rep1&type = pdf, December 1, 2005.

[⑤] Russell, R. S., Zobel, C. W., *Bringing Service Sciences into the Curriculum*, New York: Springer US, 2008, pp. 137 – 140.

[⑥] Rubalcaba, L., Aboal, D., Garda, P., "Service Innovation in Developing Economies: Evidence from Latin America and the Caribbean", *The Journal of Development Studies*, Vol. 52, No. 5, 2016, pp. 1 – 20.

[⑦] 世界银行：《2018年世界发展报告：学习实现教育的愿景》，胡光宇、赵冰译，清华大学出版社2019年版，第188页。

资源供给,要求教育提高人才培养质量,满足服务经济发展需求。

1. 现代服务业发展对人力资源具有高度相倚性

服务经济意味着新的生产模式出现,服务和生产之间的关系发生了重大改变,服务业发展需要新的人力资源。[1] 沃斯（Voss）等指出,与其他因素相比,人力资源因素对服务质量和顾客满意度具有更强烈的影响。[2] 如果服务业企业希望以其拥有的资源投入获得更多的资金回报和更高的顾客满意度,就必须将人力资源开发作为战略选择。[3] 服务业领域的许多研究者已经认识到服务业发展对人力资源的高依赖性。[4][5][6] 并且通过分析服务经济、服务业与现代服务业发展的影响因素,研究者们也已经认识到人才短缺是制约服务经济、服务业与现代服务业发展的主要障碍,[7][8][9][10] 数据显示,当前满足现代服务

---

[1] Hirschhorn, L., "The Post-industrial Economy: Labour, Skills and the New Mode of Production", The Service Industries Journal, Vol. 8, No. 1, 1988, pp. 19–38.

[2] Voss, C., Tsikriktsis, N., Funk, B., et al., "Managerial Choice and Performance in Service Management: A Comparison of Private Sector Organizations with Further Education Colleges", Journal of Operations Management, Vol. 23, No. 2, 2005, pp. 179–195.

[3] [美] 理查德·诺曼:《服务管理:服务企业的战略与领导》,范秀成、卢丽译,中国人民大学出版社2006年版,第86—87页。

[4] Anderson, J. R., "Managing Employees in the Service Sector: A Literature Review and Conceptual Development", Journal of Business and Psychology, Vol. 20, No. 4, 2006, pp. 501–523.

[5] [印] 尼密·乔杜里:《服务管理》,盛伟忠等译,上海财经大学出版社2007年版,第51页。

[6] [英] 乔·迪德、[美] 福兰克·M. 赫尔:《服务创新》,李靖华译,知识产权出版社2010年版,第143页。

[7] Deveau, D., "Resource Sector Trades Have Opportunities Aplenty; Labour Shortage All Skills in Demand to Fill Jobs in Extraction, Service Operations", The Gazette, July 14, 2012, p. 14.

[8] Montague, A., "Vocational and Skill Shortages in Vietnamese Manufacturing and Service Sectors, and Some Plausible Solutions", Asia Pacific Journal of Human Resources, Vol. 51, No. 2, 2013, pp. 208–227.

[9] Mackie, G., "Skills Shortages Weigh on Record Optimism Across Services Sector", The Scotsman, May 27, 2014, p. 30.

[10] Hilliard, M., "Skills Shortage 'A Threat to Growth' in Financial Sector: 85% of Financial Services Employees Plan to Move Jobs in 2015, Says PwC Survey", Irish Times, February 23, 2015, p. 2.

业发展需要的合格人才严重不足。①

2. 现代服务业人力资源与教育具有密切关系

教育人才供给与服务业人才技能需求之间的差距是阻碍服务业发展的重要因素，减小服务业人才供需差距是当前服务业发展的重中之重。② 高素质人才是服务业企业发展的根本，对人才的挖掘和培养是所有服务活动中的关键。③ 研究指出，发达国家服务业中大部分就业增长点体现在专业的、管理的、解决问题的领域，教育是服务工作竞争中的关键一环。④ 并且知识密集型服务业的发展主要归结于服务人员受教育程度和经验水平，不同类型的服务人员，如一线服务人员、企业经理和企业决策者的教育水平不同。⑤ 其中，高等教育是进入后工业化社会的重要条件，⑥ 高等教育在服务经济中扮演重要角色。⑦ 杜拜（Dubai）以金融服务业为例，指出高等教育能够为金融服务业领域的服务人员提供优质的培训，以支持金融服务业的快速发展。⑧

（三）现代服务业人才培养相关研究

1. 服务知识培养相关研究

现代服务业发展的人才需求引领着人才培养的方向，现代服务

---

① David, T., "Consumer Services Facing Struggle to Find Competent Staff: Skills Shortages Have Worsened Following the Sector's Expansion as a Result of Increased Spending Power", *Financial Times*, March 21, 2005, p. 4.

② The Economist Intelligence Unit Ltd., "India Economy: Emerging Gap in Skills and Education Threatens Services Sector", *Views Wire*, November 10, 2006, p. 1.

③ [以] 耶尔·阿哈罗尼、[英] 里拉齐·纳查姆：《服务业全球化——理论与实践启示》，康昕昱译，格致出版社、上海人民出版社2013年版，第91页。

④ Kent, S. R., Stephenson, J. C., Sherwood, T. N., et al., *Service Industries and Economic Development*, New York: Praeger Publishers, 1985, p. 3.

⑤ Klaesson, J., Wixe, S., "Skills, Education and Productivity in the Service Sector: Firm Level Evidence on the Presence of Externalities", 51st Congress of the European Regional Science Association, Barcelona, 30 August - 3 September, 2011, pp. 1 - 28.

⑥ [美] 詹姆斯·A. 菲茨西蒙斯、莫娜·J. 菲茨西蒙斯：《服务管理：运作、战略与信息技术》，张金成等译，机械工业出版社2000年版，第6页。

⑦ Donaldson, J. E., "Future Directions in Continuing Education Management: Learning from the Service Sector", *Journal of Continuing Higher Education*, Vol. 38, No. 3, 1990, pp. 2 - 5.

⑧ Dubai, "BIBF Selects SunGard Higher Education to Help Deliver Quality Training to Support Fast-growing Financial Services Sector", *Middle East Company News*, July 13, 2011, p. 1.

业人员需要为顾客提供高度专业化的知识和高智力附加值的服务。1973年，丹尼尔·贝尔（Daniel Bell）在《后工业社会的来临——对社会预测的一项探索》（The Coming of Post-Industrial Society: A Venture in Social Forecasting）中论述了后工业社会中服务人员专业知识的重要作用，主要包括三个观点。第一，从产品生产经济转变为服务经济，大多数劳动力不再从事农业或制造业的生产活动，而是转向贸易、金融、运输、保健、娱乐、研究、教育和管理等服务工作。第二，劳动力群体中，专业技术人员处于主导地位，特别是科学家和工程师成为后工业社会的关键性群体。第三，知识凸显出前所未有的重要性，在社会活动中处于中心地位，成为社会革新与政策制定的源泉。① 1989年，彼得·德鲁克（Peter Drucker）在《新现实》（The New Realities）一书中指出，专业知识已经成为发达经济的资本，知识工人将决定社会的价值和准则，并最终影响人类对知识的理解，如何去学习知识，以及如何教授知识。知识工人成为专家，同时面临新的职业选择，例如会计、护士以及推销员等服务业领域劳动者会有两次甚至多次职业生涯。② 德国学者布纳德·斯坦思（Bernard Stauss）等在《服务科学：基础、挑战和未来发展》（Service Science: Fundamentals, Challenges and Future Development）一书中倡导在教育和职业培训过程中，需要运用新理念提升服务人员的专业知识。以高等教育中的服务学为例，大学及其各自的院系可以按需引入服务学课程或模块，例如，工艺学等专业学生在完成基础学习之后，在最后的2—3年里，服务学可以作为一门专业课程完成。③ 安塔瑞欧（Ontario）和库祖（Kuzu）等指出，现代服务业

---

① ［美］丹尼尔·贝尔：《后工业社会的来临——对社会预测的一项探索》，高铦译，新华出版社1997年版，第14—21页。
② ［美］彼得·德鲁克：《新现实》，张星岩等译，生活·读书·新知三联书店1991年版，第136—141页。
③ ［德］布纳德·斯坦思等：《服务科学：基础、挑战和未来发展》，吴健等译，浙江大学出版社2010年版，第21—62页。

企业急需高度专业化的人才,[①] 若员工之间可以分享这些服务知识和技能,则对提升服务业企业绩效大有裨益。[②]

2. 服务能力培养相关研究

从现代服务业人才服务能力培养主体分析,企业、高等院校和职业院校均是现代服务业人才能力培养的重要组织。

第一,随着"顾客导向"和"服务至上"等服务理念蓬勃发展,服务能力战略被服务业企业视为竞争和商业战略工具。[③] 研究显示,关键的服务技能是中小型服务业企业成功的关键因素,[④] 并且对服务人员进行技能培训相比于对企业管理者进行管理培训在提升企业绩效方面具有更强的正向影响。[⑤] 其中,引起广泛关注的是得克萨斯州农工大学学院站分校的零售研究中心提出的服务质量（Service Quality,SERVQUAL）理论,该理论主要用于指导企业开展服务技能培训课程。[⑥] 哈西德（Hassid）的研究发现,培训是中小型服务业企业重要的成功因素,其中沟通能力、外语能力是培训的重要内容。[⑦] 例如,

---

① Ontario, T., "Financial Services Sector in Canada Facing Skills Shortage According to Watson Gardner Brown Survey: Businesses Concerned about Finding Senior Professionals in Highly Specialized Areas to Support Business", *Marketwire*, October 27, 2009, p. 1.

② Kuzu, Ö. H., Özilhan, D., "The Effect of Employee Relationships and Knowledge Sharing on Employees' Performance: An Empirical Research on Service Industry", *Procedia-Social and Behavioral Sciences*, Vol. 109, 2014, pp. 1370–1374.

③ Sikander, A., "Technology Management in the Services Industry: Awareness Amongst Executives, Heads and Staff in the Technical Education Sector", *International Journal of Technology Knowledge & Society*, Vol. 8, No. 6, 2013, pp. 145–157.

④ Yahya, A. Z., Fatt, C. K., Othman, A. S., et al., "Management Skills and Entrepreneurial Success of Small and Medium Enterprises (SMEs) in the Services Sector", *African Journal of Business Management*, Vol. 5, No. 26, 2011, pp. 10410–10418.

⑤ Georgiadis, A., Pitelis, C. N., "The Impact of Employees' and Managers' Training on the Performance of Small-and Medium-Sized Enterprises: Evidence from a Randomized Natural Experiment in the UK Service Sector", *British Journal of Industrial Relations*, Vol. 54, No. 2, 2014, pp. 409–421.

⑥ Parasuraman, A., Zeithaml, V. A., Berry, L. L., "SERVQUAL: A Multiple-item Scale for Measuring Consumer Perceptions of Service Quality", *Journal of Retailing*, Vol. 64, No. 1, 1988, pp. 12–40.

⑦ Hassid, J., "Internationalisation and Changing Skill Needs in European Small Firms: The Services Sector", https://files.eric.ed.gov/fulltext/ED469867.pdf, December 31, 2002.

吉尔摩（Gilmour）将沟通交流能力视为金融服务业人才培训的重点，[①] 图奇（Tucci）和瓦格纳尔（Wagner）将外语技能视为服务业人员应该具备的一项重要服务技能，[②] 并且不同服务行业的营销专员的营销技能培训也是服务业人员应该具备的重要服务技能。[③] 在此基础上，汉普森（Hampson）和朱诺尔（Junor）提出了一个基于工作过程的服务技能框架，主张服务人员在工作场所中进行反思性学习，在解决问题过程中总结经验，进而提升顾客关系管理能力和协调能力。研究发现该框架的实施可以提高服务人员对服务技能的认知程度，为进一步发展服务技能奠定基础。[④] 此外，随着信息技术与网络社会的崛起，信息技术能力的培养和培训受到高度重视。有学者以金融服务业为例，提出金融服务业人才培训的重点要在专业技能的基础上，[⑤] 加入信息技术能力培训，主要包括数据统计、数据库、专业财务软件运用等。[⑥]

第二，高等院校是提升现代服务业人才服务能力的重要组织。在高等教育中，新兴服务业的不断涌现带来了现代服务业的快速发展，而这些新的服务工作需要特殊的服务技能，高等教育的重要性凸显。[⑦]

[①] Gilmour, R., "Editorial: The Importance of Marketing and Communications Skills in the Financial Services Sector", *Journal of Financial Services Marketing*, Vol. 8, No. 2, 2003, pp. 102 – 104.

[②] Tucci, I., Wagner, G. G., "Foreign Language Skills: An Important Additional Qualification in the Services Sector", *Economic Bulletin*, Vol. 41, No. 1, 2004, pp. 43 – 46.

[③] Coweil, D. W., "Some Insights into the Background and Training needs of Marketing Executives in the UK Service Industries", *Service Industries Journal*, Vol. 8, No. 4, 1988, pp. 534 – 541.

[④] Hampson, I., Junor, A., "Putting the Process Back in: Rethinking Service Sector Skill", *Work, Employment and Society*, Vol. 24, No. 3, 2010, pp. 526 – 545.

[⑤] Baloun, T., Mrowicki, L., "Workplace Basic Skills Curriculum for the Financial Services Industry", https: //files. eric. ed. gov/fulltext/ED426248. pdf, December 31, 1998.

[⑥] Kyng, T., Tickle, L., Wood, L. N., "Perceptions of the Software Skills of Graduates by Employers in the Financial Services Industry", *International Journal of Mathematical Education in Science and Technology*, Vol. 44, No. 8, 2013, pp. 1224 – 1238.

[⑦] Swinton, J. R., "Service-sector Wages: The Importance of Education", *Economic Commentary*, Vol. 12, 1988, pp. 1 – 4.

乔希（Joshi）专门研究了服务创新和高等教育的关系，发现高等教育在服务知识生产、服务学研究、服务创新能力供给等方面发挥着重要作用。[1] 卡尔内瓦莱（Carnevale）和罗斯（Rose）运用后工业社会理论，提出在后工业社会中新的学习网络要求高等教育所培养的服务人员应该具有更广泛和更深入的服务技能和能力，他们不仅要快速适应当前的工作环境，还要跟上服务业所需的终身学习的步伐。[2]

第三，在职业院校中，学者们探索了现代服务业高素质劳动者和技术技能人才的服务能力培养问题。1989年，阿德尔曼（Adelman）首先明确了职业教育对服务技能提升的重要作用，并在此基础上提出了职业教育为服务业提供合格劳动力的具体建议，包括使学生的上学时间更加灵活、学生评价更加灵活多样、加强校企合作、更好地融合科研与职业教育等。[3] 瓦格纳尔（Wagner）和塔希尔（Tahir）通过比较德、英两国服务业劳动者的服务技能后发现，与英国相比，德国高水平的现代学徒制使服务业劳动者在服务业市场、技术、质量和供应链方面更胜一筹。[4] 印度酒店管理和餐饮技术学院为旅游服务业从业者开展了服务能力提升计划。[5] 还有研究发现，为了满足经济发展需求，计算机服务业、流通和通信服务业等现代服务业中的毕业生就业人数不断增加，并且这些毕业生的通用能力、问题分析和解决能力、

---

[1] Joshi, S., "Role of Higher Education Sector in Changing Service Sector Innovation System", *World Journal of Science, Technology and Sustainable Development*, Vol. 9, No. 4, 2012, pp. 260 – 272.

[2] Carnevale, A. P., Rose, S. J., "The Economy Goes to College: The Hidden Promise of Higher Education in the Post-Industrial Service Economy", https://files.eric.ed.gov/fulltext/ED558183.pdf, December 31, 2015.

[3] Adelman, N. E., "International Seminar on the Effects of Structural Change on Employment and Education and Training in the Service Sector", *Access to Education*, 1989, pp. 1 – 22.

[4] Wagner, K., Tahir, P., "Productivity and Skills in Industry and Services: A Britain-German Comparison", *The Pakistan Development Review*, 2005, pp. 411 – 438.

[5] Ganesan, S., "Training for Unorganised Service Providers in Tourism Sector", *The Hindu*, May 14, 2005, p. 1.

以及专业知识和技术能力也在不断提升。①

3. 服务情感培养相关研究

服务业劳动者不仅需要服务知识与服务技能方面的培训,还需要包含如何与顾客建立稳定关系等在内的服务情感方面的培训,使服务人员不仅能提供礼貌的、关心他人的、负责的以及热心的服务,②还可以在服务补救和提升顾客满意度方面产生重要影响,③所以服务业劳动者的服务情感研究逐渐受到研究者的关注。

第一,现代服务业人才需要付出情绪劳动。服务不仅是一种经济现象,而且还深深地根植于社会和文化关系中。④情绪劳动的概念最早由霍克希尔德(Hochschild)于1979年提出,霍克希尔德将情绪劳动视为组织中的社会互动,认为服务人员在服务过程中不仅需要付出体力和脑力劳动,还需要调控和管理自己的情绪。⑤莫里斯(Morris)和费尔德曼(Feldman)在霍克希尔德的情绪劳动内涵基础上,从人际互动的角度把情绪劳动定义为劳动者在人际交往中按照组织要求,在进行努力、计划和控制后所表现出情绪的活动。⑥情绪劳动对于服务业发展具有重要影响。阿什福斯(Ashforth)和汉弗莱(Humphrey)研究了服务人员的服务角色后发现,通过情绪劳动,服务人员可以诱发顾客的适宜情绪,展示服务业企业的积极形象,提高顾客

---

① Mason, G., "High Skills Utilisation Under Mass Higher Education: Graduate Employment in Service Industries in Britain", *Journal of Education & Work*, Vol. 15, No. 4, 2002, pp. 427 – 456.

② [美]瓦拉瑞尔·A. 泽丝曼尔、玛丽·乔·比特纳:《服务营销(原书第3版)》,张金成、白长虹译,机械工业出版社2004年版,第226页。

③ Kim, Y. H., Choi, H. J., "The Effects of Job Training Service Recovery, Job Satisfaction and Turnover Intention among Service Industry Employees in Daegu and Daejeon", *Tourism Science Studies*, Vol. 33, 2009, pp. 317 – 342.

④ [德]布纳德·斯坦思等:《服务科学:基础、挑战和未来发展》,吴健等译,浙江大学出版社2010年版,第41页。

⑤ Hochschild, A. R., "Emotion Work, Feeling Rules, and Social Structure", *American Journal of Sociology*, Vol. 85, No. 3, 1979, pp. 551 – 575.

⑥ Morris, J. A., Feldman, D. C., "The Dimensions, Antecedents, and Consequences of Emotional Labor", *Academy of Management Review*, Vol. 21, No. 4, 1996, pp. 986 – 1010.

对服务业企业的满意度，进而提升服务质量。① 希尔（Hill）将情绪和生产能力关联后发现，在服务业领域，情绪驱使理性远超过理性驱使情绪，服务人员的情绪会在10%—25%的程度上影响其工作表现。并且许多服务业人员培训机构在培训计划制定中，前期40%的时间用来培训参与者怎样更好地运用情绪服务顾客。② 谢恩（Hsieh）通过研究服务一线劳动者的服务情绪后发现，服务人员的情绪对企业绩效具有重要影响。③ 因此，服务业企业把服务情感视为服务人员应该具备的重要素质，也更倾向于对服务员工的服务情感进行培训投资。霍尼克特（Honeycutt）等通过对比新加坡和国际连锁酒店的服务培训后发现，国际连锁酒店的服务人员培训更加注重服务情感的开发，其中最主要的情感培训包括与不同顾客成功交流、建立顾客关系的能力等。④ 布罗克特（Brockett）也发现服务业企业更加看重服务人员的顾客关系技能、对服务的态度等。⑤ 一项关于北爱尔兰中小型服务业雇主对16—25岁劳动力技能评价的调查显示，相对于识字和算术等基本技能，雇主更偏向于雇用态度端正、顾客关系管理能力较高和服务动机强烈的人才，并且雇主也愿意为服务人员投资进行情感培训。⑥ 瓦尔兰达（Värlander）和朱利安（Julien）对瑞典和法国两家银行中21位经理进行了深入访谈，发现互联网背景下的银行服务逐渐向与

---

① Ashforth, B. E., Humphrey, R. H., "Emotional Labor in Service Roles: The Influence of Identity", *Academy of Management Review*, Vol. 18, No. 1, 1993, pp. 88–115.

② ［英］丹·希尔：《情绪经济学》，黎欢、钟和译，中央广播电视大学出版社2010年版，第3、146页。

③ Hsieh, J. K., "The Effect of Frontline Employee Co-creation on Service Innovation: Comparison of Manufacturing and Service Industries", *Procedia-Social and Behavioral Sciences*, Vol. 224, 2016, pp. 292–300.

④ Honeycutt, E. D., Mottner, S., Ahmed, Z. U., "Sales Training in a Dynamic Market", *Services Marketing Quarterly*, Vol. 26, No. 3, 2005, pp. 55–69.

⑤ Brockett, J., "Link Service-sector Skills with Pay", *People Management News*, November 23, 2006, p. 9.

⑥ McGuinness, S., Bennett, J., McCausland, G., "Service Sector SMEs and Essential Skill Provision in the 16–25 Year Old Labour Market: Evidence from Northern Ireland", *The International Journal of Human Resource Management*, Vol. 19, No. 2, 2008, pp. 356–371.

顾客深入互动和顾客定制服务的方向发展，与顾客建立服务关系、为顾客提供咨询和支持、获取顾客需求信息等变得十分重要。同情、解释、对话等是非常重要的情感要素。[1] 在服务情感培养中，建议在课程设置中展现情绪工作的前提条件和结果，明确情绪智力和情绪工作的关系，呈现出情绪工作所要求的知识，勾画出情绪工作与认知工作能力相对照的能力等。[2]

第二，现代服务业人才顾客关怀品质的培养。2004 年，阿尔布瑞契特（Albrecht）和詹姆克（Zemke）在《服务经济：让顾客价值回到企业舞台中心》（*Service America in the New Economy: Restore Customer Value to the Center Stage of Business*）一书中发现，服务的人性价值以及对人的关怀，在企业中开始广为流行，更胜以往。[3] 菲茨西蒙斯（Fitzsimmons）等学者在服务管理研究中描绘出理想的服务情景，认为理想的服务情景应该是服务人员具备灵活性、对顾客宽容以及设身处地为顾客着想等品质，并且这种品质（关怀顾客的品质）比年龄、教育、知识、培训和才智更为重要。[4] 同年，帕拉休拉曼（Parasuraman）等人也探索了顾客关怀的重要作用，并且将"对顾客的关怀和个别关照程度"列为服务质量（Service Quality，SERVQVUL）中影响顾客评价的五大影响因素之一。[5] 基于此，希尔将顾客关怀定位于以情绪为基础的三大服务品质之一，认为服务过程中的任何事情都

---

[1] Värlander, S., Julien, A., "The Effect of the Internet on Front-line Employee Skills: Exploring Banking in Sweden and France", *The Service Industries Journal*, Vol. 30, No. 8, 2010, pp. 1245 – 1261.

[2] ［美］梅瑞迪斯·纽曼：《情绪劳动：为什么以及如何教授》，郑寰译，《国家行政学院学报》2011 年第 1 期。

[3] ［美］卡尔·阿尔布瑞契特、让·詹姆克：《服务经济：让顾客价值回到企业舞台中心》，唐果译，中国社会科学出版社 2004 年版，第 44 页。

[4] ［美］詹姆斯·A. 菲茨西蒙斯、莫娜·J. 菲茨西蒙斯：《服务管理：运作、战略与信息技术》，张金成等译，机械工业出版社 2000 年版，第 167—168 页。

[5] Parasuraman, A., Zeithaml, V. A., Berry, L. L., "SERVQUAL: A Multiple-item Scale for Measuring Consumer Perceptions of Service Quality", *Journal of Retailing*, Vol. 64, No. 1, 1988, pp. 12 – 40.

无法代替顾客被关怀的感觉。① 2013 年，卢旺达发改委员会（The Rwanda Development Board，RDB）启动了一项培训计划，为超过 18000 位酒店服务人员提供顾客关怀培训，以确保服务人员提供更好的顾客体验服务。②

（四）高职院校现代服务业人才培养模式相关研究

由于国别教育体系中学校类型划分不一致，以及国际上对现代服务业的称谓不同，在国外文献中很难搜索到与国内高职院校现代服务业专业学生对应群体的人才培养模式研究，鉴于此，本书将国外文献搜索范围扩展到职业院校和高等院校服务业类专业学生的人才培养模式研究，发现少数学者关注到了职业院校和高等院校服务业类专业学生的人才培养模式问题，并对金融服务业、信息技术服务业等现代服务业的人才培养模式进行了探索。金融服务业是典型的现代服务业，阿齐兹（Aziz）等以银行服务业为例，通过对 335 名从事银行服务工作的高校毕业生的问卷调查显示，拥有经验丰富的教师，新技术平台和完备的基础设施是影响银行服务业人才培养模式的重要因素，并针对上述三种因素构建出银行服务业人才培养模式。③ 还有学者以金融专业为研究对象，从人才培养规格、设置理论课程体系和实践教学体系以及加强教师队伍建设等方面提出金融专业学生人才培养模式构建对策。④ 在信息技术与计算机服务业领域中，有学者探索了信息技术专业学生的人才培养模式问题，建议以课程群为中心构建专业课程体系，建立企业高级工程师参与的

---

① ［英］丹·希尔：《情绪经济学》，黎欢、钟和译，中央广播电视大学出版社 2010 年版，第 150 页。

② Al Bawaba Ltd.，"Over 18000 Service Sector Workers to Get Customer Care Skills"，*All Africa*，February 8，2013，p. 1.

③ Aziz, M. I., Afthanorhan, A., Awang, Z., "Talent Development Model for a Career in Islamic Banking Institutions: A SEM Approach", *Cogent Business & Management*, Vol. 3, 2016, pp. 1 – 11.

④ Zhou, H., Su, C., Chen, Y., "A Research on the Training Mode of Applied Financial Talents Based on the Market Demand", International Conference of Information Science and Management Engineering (ISME), July, 2013, pp. 1429 – 1436.

教学团队，建立多层次的实践教学模式，进而提升信息技术专业学生的理论知识和实践技能，实现高质量就业。[①] 有学者认为，计算机的快速发展需要高技能人才，计算机专业人才培养模式应该将专业培养要求与相关职业标准相结合，职业院校中工作学习一体化的人才培养模式对于计算机专业人才培养产生了较好的效果。[②] 建议通过明确培养目标、调整课程结构、关注创新能力、优化培养方案、优化教师队伍、加强实习实训基地建设等途径合理构建计算机专业人才培养模式。[③] 还有学者探索了酒店管理专业的人才培养模式，从人才培养目标、过程、评价等要素方面提出了基于酒店与高校合作的酒店管理专业人才培养模式。[④]

二　国内研究综述

（一）服务经济、服务业与现代服务业相关研究

中国在20世纪80年代开始了对服务经济和服务业的相关研究。在国内服务经济理论发展初期，专家学者研究的主要方向是对国际上主流的服务经济理论和主要的服务经济国家进行分析。1987年，《美国经济历史经验百科小丛书》中的第五册《服务业　竞争　合并》是中国较早的服务业研究译著，书中以美国为例，主要介绍了服务业的统计、服务业对提升竞争力的作用和服务业企业合并对经济发展带

---

① Yu, X. P., Chen, S. X., Wu, S., "Exploration of Talent-training Integration Mode Based on School-enterprise Cooperation in Terms of IT Majors", International Conference on Advanced Information and Communication Technology for Education (ICAICTE), August, 2013, pp. 346–351.

② Zhou, H., "On the Work-integrated Talent Training Mode of Computer Majors in Vocational Colleges", 2nd International Conference on Soft Computing in Information Communication Technology (SCICT), May, 2014, pp. 272–274.

③ Sun, C. Y., "Research on Training Mode of High-level Innovative Talents in Computer Science in Colleges", Procedia Engineering, Vol. 29, 2012, pp. 2749–2753.

④ Xiao, N. B., Gao, R. L., "Research on Talent Cultivation Mode of 'Hotel-Colleges and Universities Joint Training System'", Educational Sciences: Theory & Practice, Vol. 18, 2018, pp. 1016–1024.

来的影响等。① 《西方服务经济理论回溯》一文也是这类研究的代表。② 江小涓和薛澜于2011年出版的《服务经济译丛》较为系统地引进和借鉴了国外服务经济理论，译著《服务经济思想史——三个世纪的争论》主要介绍了服务经济理论的起源和发展脉络。③

中国学者在借鉴国际社会研究成果的基础上，试图创建具有中国特色的服务经济和服务业发展理论。中国学者白仲尧是较早研究服务经济的学者之一，1991年，白仲尧在《服务经济论》一书中指出在中国以工业为重点转向以服务业为重点是经济思想上的一场革命。在产业视角下，中国农业生产服务体系要以农产品的产、供、销为中心，全面提供产前、产中和产后的服务；工业生产服务体系的建立要以提供科学技术服务为龙头；城乡居民生活的服务体系和社会服务体系要以人民生活水平和需求为根本进行构建。④

进入21世纪，国内关于服务经济与现代服务业的相关研究大量涌现，研究的重点开始转向根据中国的实际情况，借鉴发达国家发展服务经济的成功经验，探索中国服务经济的实践之路。自2010年，国内学者对于服务经济和现代服务业研究的专著和期刊文献主要集中在论证中国服务经济的转型趋势。夏杰长等的《迎接服务经济时代来临：中国服务业发展趋势、动力与路径研究》一书通过预测中国服务业发展趋势指出，到2015年服务业将成为国民经济最大的部门，中国经济产业结构迎来一个"拐点"，中国将迎来服务经济时代。⑤ 张辉在产业升级背景下运用产业结构高度的计算方式发现，2005年中国第三产业劳动生产率已经达到钱纳里1986年给定

---

① ［美］托马斯·韦斯等：《美国经济历史经验百科小丛书（第五册）：服务业 竞争合并》，徐小五等译，中国对外翻译出版公司1987年版，第4—7页。
② "服务经济发展与服务经济理论研究"课题组：《西方服务经济理论回溯》，《财贸经济》2004年第10期。
③ ［法］让-克洛德·德劳内、让·盖雷：《服务经济思想史——三个世纪的争论》，江小涓译，格致出版社、上海人民出版社2011年版，第2页。
④ 白仲尧：《服务经济论》，东方出版社1991年版，第355—357页。
⑤ 夏杰长等：《迎接服务经济时代来临：中国服务业发展趋势、动力与路径研究》，经济管理出版社2010年版，第57页。

的基准（49441万/人），中国第三产业发展呈现出方向性变化。[①] 姜长云等在《服务业大趋势》一书中指出，由工业主导转向由服务业主导是中国经济发展进入新常态的重要特征。[②] 夏杰长和刘奕的研究预测，中国服务业的增加值将逐步提升，并且不断向发达国家靠拢。预计到2025年，中国服务业增加值占GDP比重能够上升到约66.82%，达到发达国家中下水平；到2030年比重约为72.84%，达到发达国家的中等水平。[③] 寇静和朱晓青在新时代背景下探索了中国现代服务业发展的新思路和新战略，其中新思路要着眼于提高对现代服务业的认识，实施新的产业发展运作模式，完善激励创新政策，强化治理能力和生态体系建设，新战略包括创新发展、融合发展和国际化发展三个战略。[④]

（二）现代服务业、人力资源与教育的关系研究

1. 现代服务业发展对人力资源具有高度相倚性

中国服务业领域的许多研究者已经认识到服务业发展对人力资源的高依赖性，[⑤⑥⑦] 明确指出人力资源是影响现代服务业发展的关键因素。[⑧] 张祥通过探索全球视野下的中国服务经济发现，中国服务业内部结构升级趋势较为明显，主要体现为从劳动密集型转向为知识、技术密集型，知识、技术含量高的现代服务业逐渐占据服务业的主导地

[①] 张辉：《我国产业结构高度化下的产业驱动机制》，《经济学动态》2015年第12期。
[②] 姜长云等：《服务业大趋势》，浙江大学出版社2015年版，第18—19页。
[③] 夏杰长、刘奕：《中国服务业发展报告（2016—2017）——迈向服务业强国：约束条件、时序选择与实现路径》，经济管理出版社2017年版，第27页。
[④] 寇静、朱晓青：《新时代加快发展现代服务业的新思路和新战略》，《新视野》2018年第1期。
[⑤] 张晓杰：《大都市服务经济发展的劳动力因素——基于从业人口数据模型的分析》，《南方人口》2010年第1期。
[⑥] 陈新辉：《知识密集型服务企业知识创造体系研究》，知识产权出版社2013年版，第1页。
[⑦] 史丹、夏杰长：《中国服务业发展报告2013：中国区域服务业发展战略研究》，社会科学文献出版社2013年版，第38页。
[⑧] 周振华：《服务经济发展：中国经济大变局之趋势》，格致出版社、上海三联书店、上海人民出版社2013年版，第66页。

位，从产业的投入要素看，现代服务业主要受人力资源要素约束。[①] 学者们进一步发现，人力资源对人均服务业增加值具有正向影响，并且在人均服务业增加值影响过程中起着正向促进作用。[②] 还有学者以中国专业服务业人才的供给水平和供给速度为基础，测算出专业服务业人才对中国经济发展的总体经济贡献率和边际经济贡献率，并对中国各省（区/市）的专业服务业人才供应情况及其经济贡献情况进行对比和评价，研究结果发现专业服务业人才供应的存量与增量均对经济发展具有重要贡献。[③]

2. 现代服务业人力资源与教育具有密切关系

服务经济增长主要取决于人口数量和教育水平。[④] 一个国家的服务业具有比较优势的基础是该国所拥有的熟练劳动力和具有相当教育程度的劳动者数量。[⑤] 2007年，王守法在探索中国现代服务业基本理论与实践中指出，中国拥有丰富的人力资源，但服务业劳动者的服务知识和服务技能差距较大，并且与发达国家相比，中国现代服务业人才的专业素质仍然偏低，需要采取有力措施加强人力资源开发和培养力度，为现代服务业的快速发展营造人才优势。[⑥] 曹礼和等研究发现，服务业企业发现了对服务人员进行培训和开发的重要意义，所以先后建立了专门的培训机构或服务技能中心，其主要任务是传授具体服务行业中的服务技能，提升服务质量。[⑦] 阮红芳在探索区域经济发展与现代服务业人才培养的互动关系中指出，现代服务业人才培养既是区域经济发展的动力，也是提高区域经济

[①] 张祥：《转型与崛起：全球视野下的中国服务经济》，社会科学文献出版社2012年版，第87页。

[②] 胡霞：《中国城市服务业发展差异研究》，经济科学出版社2009年版，第89页。

[③] 林海涛、汪沛沛：《专业服务业人才供应与经济贡献的省域评价》，《系统工程》2017年第9期。

[④] 高中理等：《国际服务外包》，清华大学出版社2015年版，第25页。

[⑤] 景瑞琴：《人力资本与国际服务外包：基于承接国视角的分析》，对外经济贸易大学出版社2009年版，第58页。

[⑥] 王守法：《现代服务产业基础研究》，中国经济出版社2007年版，第67页。

[⑦] 曹礼和、邱华：《服务营销》，武汉大学出版社2004年版，第268页。

竞争力的必要条件，研究结果发现中国现代服务业人才培养与区域经济发展具有相互促进、协调发展的紧密关系。[1] 在中国已经进入服务经济时代的背景下，建议加大高端服务业紧缺人才的培养力度，设立高端服务业人才培养和培训工程，建立高端服务业人力资源储备库等。[2] 还有学者指出，现代服务业中的新兴服务业一般要依靠科学知识、以智力支出的形式为用户提供服务，多属于知识密集型服务业，需要高素质人才，从事新兴服务业的劳动者大多接受过良好的教育或者培训。[3][4]

（三）现代服务业人才培养相关研究

1. 服务知识培养相关研究

现代服务业人才培养应该主动适应现代服务业发展的人才需求，其中现代服务业人才的专业知识是促进服务业企业发展的关键性资源。现代服务业在提供服务时需要专业人员与顾客进行大量的交互活动，这种交互活动非常依赖于服务业劳动者的专业知识，具有专业知识的高素质人才也因此成为现代服务业发展最重要的资本。尽管所有的经济活动都或多或少是基于知识的，但现代服务业作为服务业的重要分支，其特殊性在于它的服务是要向顾客转移高度专业化的知识。[5] 但是，具有专业服务知识的人才缺乏已经严重制约了现代服务业的升级发展。[6][7] 并且研究者们认为知识密集型服务业、新兴服务业和高技术服务业对技术含量、创新水平和人力资本的要求更高，要求现代服务业人才必须接受良好的教育或培

---

[1] 阮红芳：《以区域经济发展为导向的现代服务业人才培养研究》，《学术交流》2014年第4期。

[2] 夏杰长等：《迎接服务经济时代来临：中国服务业发展趋势、动力与路径研究》，经济管理出版社2010年版，第57页。

[3] 焦青霞：《新兴服务业发展与区域经济增长》，经济管理出版社2015年版，第45页。

[4] 刘志彪：《现代服务经济学》，中国人民大学出版社2015年版，第192页。

[5] 蒋三庚：《现代服务业研究》，中国经济出版社2007年版，第45—49页。

[6] 钟若愚：《走向现代服务业》，上海三联书店2006年版，第88页。

[7] 服务学专家协作组工作委员会：《普通高等学校服务学知识体系》，清华大学出版社2010年版，第2页。

训，在某一方面具备一定的专业知识或特长，人力资本的知识性和专用性特色较为明显。①②

2. 服务能力培养相关研究

人力资本在现代服务业发展过程中发挥着引领性、主导性的重要作用，集中体现为他们运用智力和技能来生产服务产品和创造有形与无形资产的能力。③ 2001 年，徐国庆通过探索服务性职业与生产性职业的职业教育差异发现，服务性职业的职业教育在中国职业教育体系中所占的比重逐渐增大，正成为职业教育发展的重点，职业教育课程需要从职业意识、职业能力、人际关系三个方面体现服务性职业的特殊性。④ 其中基于服务劳动特点的职业能力即为服务能力。随后，学者们探索了不同类型现代服务业人才服务能力的内容和培养路径。例如，基于工学结合、校企合作的高职院校旅游类专业学生的服务技能培养研究。⑤⑥ 基于分段训练的餐饮专业学生服务技能培养研究发现，可以通过兴趣教学，证书激励和表演引导，角色模拟，以及强化实训四个方面提升其服务技能。⑦ 基于以顾客为中心理念的医药卫生专业学生服务技能培养研究发现，基础服务技能、熟悉服务流程、贴近顾客、提升增值服务、服务补救技能等五个方面是医药卫生人才服务技能培养的主要方面。⑧ 基于开放合作的高职

---

① 陈新辉：《知识密集型服务企业知识创造体系研究》，知识产权出版社 2013 年版，第 151—152 页。

② 方燕：《高技术服务业经济贡献研究——基于产业结构和经济增长理论视角》，经济科学出版社 2014 年版，第 40 页。

③ 周振华：《服务经济发展：中国经济大变局之趋势》，格致出版社、上海三联书店、上海人民出版社 2013 年版，第 66 页。

④ 徐国庆：《服务性职业与生产性职业的职业教育差异研究》，《职业技术教育》2001 年第 13 期。

⑤ 陈晓琴：《"工学结合"模式下高职"导游服务技能"课程教学改革的探索与实践》，《教育与职业》2011 年第 9 期。

⑥ 唐勇：《关于旅游服务技能型人才培养的探讨》，《职教论坛》2012 年第 26 期。

⑦ 张美丽、吴占堂：《分段训练 注重引导 角色模拟 强化实训——餐饮专业服务技能训练方法谈》，《职业技术教育》1997 年第 2 期。

⑧ 谢伦、贾守营：《顾客服务：技能、支持与实践》，《中国医院管理》2000 年第 9 期。

院校公共服务类学生多元化能力培养研究发现,高职院校公共服务类学生多元化能力主要包括较强的语言表达能力、沟通交流能力、公共关系能力、决策能力、创新能力、应变能力、信息技术应用能力、获取新知识和新技术的能力等。[1] 在此基础上,学者们探索了现代服务业人才都应具备的关键能力。张凤忠综合服务业的不同类型,指出对服务员工的培训重点应该放在技术提升、沟通能力加强以及了解顾客方面。[2] 徐黎源指出,较强的外语应用能力和计算机应用能力,多岗位综合服务能力,较好的心理素质,较强的公关协调能力、国际化能力等是现代服务业人才应该具备的基本能力,建议高职院校"进一步明确现代服务业人才培养目标;基于现代服务业发展进行专业设置;加强就业指导与创业教育;实行开放式办学;紧密结合学历教育与职业培训",最终培养出满足现代服务业发展需求的高素质劳动者和技术技能人才。[3] 此外,信息技术能力、[4] 创新能力、[5] 应用多种技术尤其是新技术的能力[6]以及灵活处理各种复杂情况的能力等,[7] 均为现代服务业人才需要具备的重要能力。建议以现代服务业核心技能培养为出发点,协调各方面要素,在培养现代服务业人才时注重学生专业能力、独立思考问题能力、协作能力、规划能力和数据信息分析能力等核心能力的培养。[8]

---

[1] 邹文开、冷泉:《公共服务类高职教育的需求、特色及发展策略研究》,《中国高教研究》2012年第1期。
[2] 张凤忠:《创造服务优势:企业服务设计》,东南大学出版社2002年版,第49—50页。
[3] 徐黎源:《基于现代服务业发展的高职人才培养模式探讨》,《职教通讯》2012年第14期。
[4] 高新民、安筱鹏:《现代服务业:特征、趋势和策略》,浙江大学出版社2010年版,第180页。
[5] 章剑林:《现代服务业创新型工程人才要素研究》,《高等工程教育研究》2012年第5期。
[6] 和震、谢良才:《论学徒制与职业教育的技能精英人才培养》,《江苏高教》2016年第5期。
[7] 濮海慧、徐国庆:《我国产业形态与现代学徒制的互动关系研究——基于企业专家陈述的实证分析》,《华东师范大学学报》(教育科学版)2018年第1期。
[8] 阮红芳:《以区域经济发展为导向的现代服务业人才培养研究》,《学术交流》2014年第4期。

3. 服务情感培养相关研究

服务是一种特殊的情感劳动。[①] 服务业的操作对象是人的情感世界、心理活动、行为和社会活动，[②] 所以现代服务业对从业者的要求不仅强调服务知识和服务能力，服务人员的服务情感也开始受到中国学者的关注。研究指出，在现代服务业中，服务员工与顾客之间的情绪互动是服务工作的关键内容之一，也是影响顾客感知服务质量的核心因素。[③] 顾客关怀品质是现代服务业人才服务情感培养的重要内容。夏杰长等在《迎接服务经济时代来临：中国服务业发展趋势、动力与路径研究》一书中指出，由于服务具有消费和生产的同步性，要求服务业人才除了具有先进服务技能，还必须有人文关怀。[④] 卢俊等以167家企业的人力资源主管和员工为研究对象，通过建立跨层模型发现关怀员工实践对员工变革开放性有显著的正向影响，工作自主性在这一关系中具有完全中介作用。[⑤] 对于现代服务业人才服务情感的培养，谢丽英建议在高职院校服务类课程中运用情景导向教学模式培养学生的服务情感，该模式可以通过创设服务情境，引导学生分析情景变化与服务效果，培养学生在关注顾客需求的基础上关注顾客的情感变化。包括目光专注、微笑甜美、表情亲切自然；遇到顾客时微笑问候，与顾客目光相遇时微笑致意，回答顾客问题时面带微笑；及时为顾客提供服务，耐心倾听，有针对性的解释，得体的使用礼貌用语，拖延时表示歉意，结束时表达谢意，并表达出最后的祝愿，使顾客感受到受尊重、愉悦、轻松。[⑥]

[①] 贾春峰：《服务是一种特殊的情感式劳动——重视"服务增值"与持续创新》，《中外科技信息》2002年第5期。

[②] 原毅军：《服务创新与服务业的升级发展》，科学出版社2014年版，第6页。

[③] 刘小禹等：《服务员工与顾客情绪互动的研究现状及展望——基于情绪劳动的视角》，《管理现代化》2011年第2期。

[④] 夏杰长等：《迎接服务经济时代来临：中国服务业发展趋势、动力与路径研究》，经济管理出版社2010年版，第218页。

[⑤] 卢俊等：《如何使员工更欢迎变革：关怀员工实践的作用机理》，《系统管理学报》2018年第2期。

[⑥] 谢丽英：《服务类课程"情景导向教学模式"的评价策略——以〈餐饮服务与管理〉课程为例》，《职教论坛》2017年第9期。

（四）高职院校现代服务业人才培养模式相关研究

1. 人才培养模式相关研究

（1）人才培养模式概念研究

国内关于人才培养模式的研究始于1983年，文育林在《改革人才培养模式，按学科设置专业》一文中探索高等工程教育专业设置问题时率先提出了"人才培养模式"一词。[1] 该文虽然未对人才培养模式的概念进行阐释，但是人才培养模式的提出引发了教育领域对人才培养模式内涵的思考。1993年，刘明浚在其主编的《大学教育环境论要》中首次对人才培养模式做出定义，指出人才培养模式是在一定的办学条件下，为实现一定的教育目标而选择或构思的教育、教学样式。[2]

随后，国内对人才培养模式概念的探索迅速成为热点，特别是在《高等教育面向21世纪教学内容和课程体系改革计划》（教高〔1997〕2号）中明确指出"这项改革的总目标是，转变教育思想，更新教育观念，改革人才培养模式"以后，人才培养模式概念的研究引起学术界的广泛关注。其中，代表性学者包括龚怡祖、魏所康、董泽芳、聂建峰等。1998年，龚怡祖在《略论大学培养模式》一文中将人才培养模式定义为，在一定的教育思想和教育理论指导下，为实现培养目标而采取的培养过程的某种标准构造样式和运行方式，它们在实践中形成了一定的风格或特征，具有明显的系统性与范型性。[3] 2004年，魏所康在其专著《培养模式论》中指出，人才培养模式是指一定教育机构或教育工作者群体普遍认同和遵从的关于人才培养活动的实践规范和操作样式，以目的为导向、以内容为依托、以方式为具体实现形式，是直接作用于受教育者身心的教育活动全要素的综合概括和全过程的总和。[4] 随后，学者们从人才培养规范、

---

[1] 文育林：《改革人才培养模式，按学科设置专业》，《高等教育研究》1983年第2期。
[2] 刘明浚主编：《大学教育环境论要》，航空工业出版社1993年版，第5页。
[3] 龚怡祖：《略论大学培养模式》，《高等教育研究》1998年第1期。
[4] 魏所康：《培养模式论》，东南大学出版社2004年版，第24页。

人才培养系统、教育过程总和、培养活动样式、教育运行方式、目标实现方式、人才培养结构、教学活动程序、整体教学方式、人才培养方案等不同侧重点对人才培养模式进行了界定。董泽芳在《高校人才培养模式的概念界定与要素解析》一文中通过对上述人才培养模式观点进行详细剖析后指出，人才培养模式是培养主体为了实现特定的人才培养目标，在一定的教育理念指导和一定的培养制度保障下设计的，由若干要素构成的具有系统性、目的性、中介性、开放性、多样性与可仿效性等特征的有关人才培养过程的运作模型与组织样式。[①] 聂建峰在《关于大学人才培养模式几个关键问题的分析》一文中将人才培养模式定义为，在一定社会历史阶段，特定的国家、大学或学科专业围绕培养什么样的人与如何培养人两个基本问题，在系统整合大学教学活动基本要素与主要环节基础上，所构建的介于人才培养理论与人才培养实践之间，反映一定的教育思想观念，能够对人才培养实践进行直接指导的大学人才培养系统模型、实施框架与操作样式。[②]

（2）人才培养模式要素研究

与人才培养概念研究轨迹趋同，人才培养模式要素也是学者们探索的重点，当前研究对于人才培养模式要素的观点主要包括：第一，"三要素"观点（培养目标、培养内容、培养方式；[③] 培养目标、培养规格、培养方式）。[④] 第二，"四要素"观点（培养目标、培养规格、培养过程、培养评价；[⑤] 培养目标、培养内容、培养方式、培养

[①] 董泽芳：《高校人才培养模式的概念界定与要素解析》，《大学教育科学》2012年第3期。

[②] 聂建峰：《关于大学人才培养模式几个关键问题的分析》，《国家教育行政学院学报》2018年第3期。

[③] 魏所康：《培养模式论》，东南大学出版社2004年版，第24页。

[④] 周远清：《质量意识要升温　教学改革要突破——在全国普通高校第一次教学工作会议上的讲话》，《高等教育研究》1998年第3期。

[⑤] 阴天榜等：《论培养模式》，《中国高教研究》1998年第4期。

评价;① 培养目标、培养过程、培养制度、培养评价;② 培养目标、培养内容、培养方式、培养条件）。③ 第三，"多要素"观点（培养目标、培养主体、培养内容、培养方式、培养评价;④ 人才培养理念、专业设置模式、课程设置方式、教学制度体系、教学组织形式、隐性课程形式、教学管理模式、教育评价方式）。⑤ 总结发现，对于人才培养模式要素的观点，学术界尚未达成一致意见，主要分歧在于是否要将培养思想、培养主体、培养客体、培养制度、培养评价等作为单独要素列出。魏所康指出，人才培养模式的构成要素很多，最主要的构成要素是人才培养目标、人才培养内容和人才培养方式。⑥

2. 职业教育人才培养模式相关研究

人才培养模式的重要性得到了国内学者的认可，人才培养模式研究从普通教育领域扩展到职业教育领域。职业教育领域研究者在人才培养模式概念和要素研究的基础上，结合职业教育学生发展特点，主要沿着两条研究轨迹对职业教育人才培养模式进行了有益探索。

第一条研究轨迹是沿着人才培养模式概念和要素的研究脉络，探索职业教育人才培养模式的概念和要素，提出中国职业教育人才培养模式的构建策略。例如，王启龙和徐涵在《职业教育人才培养模式的内涵及构成要素》一文中首先指出职业教育与经济界的联系更紧密，职业院校更加重视与企业的合作。基于此，将职业教育人才培养模式界定为，在一定的职业教育理念的指导下，职业教育机构和教育工作

---

① 李振东:《关于新阶段我国本科教育人才培养模式的思考》,《继续教育研究》2010年第10期。

② 郑群:《关于人才培养模式的概念与构成》,《河南师范大学学报》(哲学社会科学版) 2004 年第 1 期。

③ 钟秉林:《人才培养模式改革是高等学校内涵建设的核心》,《高等教育研究》2013年第11期。

④ 聂建峰:《关于大学人才培养模式几个关键问题的分析》,《国家教育行政学院学报》2018 年第 3 期。

⑤ 董泽芳:《高校人才培养模式的概念界定与要素解析》,《大学教育科学》2012 年第 3 期。

⑥ 魏所康:《培养模式论》,东南大学出版社 2004 年版,第 24 页。

者群体所遵从的关于技术技能人才培养活动的实践规范和操作样式，它以现代职业教育理念为基础，以形成学生的综合职业能力为目标，以技术知识和工作过程知识为主要内容，以行动导向教学为主要的培养方式。① 黄尧在《职业教育学——原理与应用》一书中指出，职业教育人才培养模式是指在一定的职业教育理念的指导下，职业教育工作者群体所遵从的关于技能型人才培养活动的实践规范和操作样式，它以现代职业教育理念为基础，以形成学生的职业能力为目标，以技术知识和工作过程知识为主要内容，以校企合作、做中学为主要的培养方式。② 何新哲将职业教育人才培养模式定义为培养主体为了实现特定的人才培养目标，在一定的职业教育理念指导和职业教育人才培养制度保障下设计的，根据经济社会发展对人才规格的要求和学校自身教育资源的特点，由若干要素构成的，有关人才培养过程的运作模型与组织样式。③

第二条研究轨迹是运用比较研究法对国外典型的职业教育人才培养模式进行介绍，再结合中国国情，提出中国职业教育人才培养模式的构建策略。学者们主要探索的典型职业教育人才培养模式包括德国"双元制"人才培养模式、英国BTEC人才培养模式、美国和加拿大的CBE人才培养模式、澳大利亚的TAFE人才培养模式、日本的"产、学、研"人才培养模式等。④⑤ 此类研究的落脚点为国外职业教育人才培养模式对中国职业教育人才培养模式的启示，大部分学者在启示和经验借鉴中以人才培养模式要素为依据进行论述，如国外职业教育人才培养模式中人才培养目标、教学方式、课程设置、培养途径

---

① 王启龙、徐涵：《职业教育人才培养模式的内涵及构成要素》，《职教通讯》2008年第6期。
② 黄尧：《职业教育学——原理与应用》，高等教育出版社2009年版，第445页。
③ 何新哲：《职业教育国际化人才培养模式的理论审视与实践探索——以宁波TAFE学院"中外合作、中高贯通"为例》，《现代教育管理》2018年第1期。
④ 丁静等：《国外职业教育人才培养模式探析》，《亚太教育》2015年第16期。
⑤ 彭振宇：《国外技能人才培养模式的共性与趋势》，《职教论坛》2015年第27期。

等方面的经验对中国职业教育人才培养模式的启示等。①②

3. 高职院校现代服务业人才培养模式相关研究

学者们在探索职业教育人才培养模式的基础上，基于中国经济发展需求，开始针对不同产业或行业特点，对职业教育中不同专业学生的人才培养模式进行探索。进入 21 世纪，中国服务业尤其是现代服务业对于国民经济和社会发展的重要作用日益凸显，学者们将职业教育人才培养模式研究进一步具体到现代服务业领域，高职院校现代服务业人才培养模式研究开始出现。2000 年，张国健率先探索了高职院校会计专业人才培养模式改革的实践，主要从人才培养目标和人才培养内容两个方面提出会计专业人才培养模式改革路径，其中在人才培养目标方面，要适应经济建设需要，确定会计专业的人才培养目标和规格；在人才培养内容方面，要从职业岗位分析入手构建人才培养课程体系。③较早探索高职院校现代服务业人才培养模式问题的还有冯惠先和简亚平两位学者。他们以高级护理专业为例探索了高职院校人才培养模式问题，提出了"市场—课程—市场"的高职院校高级护理专业人才培养模式，指出该模式有两层含义，其一是市场需要什么样的护理人才，就培养什么样的护理人才，即人才培养目标设置问题；其二是指市场对护理人才在知识、能力及素质方面有什么样的需要，就在护理人才培养过程中针对人才需要开设相应的课程，即人才培养内容选择问题。④

当前，中国现代服务业转型升级趋势明显，高职院校中具体现代服务业专业的人才培养模式研究成果日益丰富，物流管理专业、旅游管理专业、电子商务专业的高职院校人才培养模式探索相继出现。李选芒和赵居礼认为，高职院校物流管理专业人才培养模式改革的重点

---

① 宋旭红：《国外高等职业教育的人才培养模式》，《教育与职业》2000 年第 7 期。
② 缪宁陵、宋建军：《国外高职人才培养模式的比较》，《职教论坛》2004 年第 36 期。
③ 张国健：《高职会计专业人才培养模式改革的实践》，《天津职业大学学报》2000 年第 3 期。
④ 冯惠先、简亚平：《高职护理专业人才培养模式的创新》，《中国职业技术教育》2003 年第 12 期。

是明确人才培养目标，构建适应培养目标的课程体系，营造职业技能训练环境，建设"双师型"师资队伍。[1] 张培培以旅游管理专业为例，提出高职院校旅游管理专业的"岗证专一体化"人才培养模式，建议依据旅游行业和岗位的需求设置专业、课程、教学内容和教学方式，将岗位训练、证书培训和专业技能培养纳入人才培养范围，进而制定人才培养目标、方式和保障机制等。[2] 施星君指出，中国高职院校电子商务专业人才培养模式亟须调整，其基本思路为，在人才培养主体上要多元主体协同育人，在人才培养目标上要大类培养、方向多元，在人才培养方式上要学创一体、体验实践，在人才培养保障上要以要素为支撑、以机制为导向。[3]

三 研究评价

经过文献梳理发现，国内外学者分别在服务经济、服务业与现代服务业，现代服务业、人力资源与教育的关系，现代服务业人才培养，以及高职院校现代服务业人才培养模式等领域进行了有益探索，其研究成果为进一步探索高职院校现代服务业人才培养提供了宝贵经验与启示。

（一）现有研究的启示

第一，现有研究已经明确了现代服务业在国民经济和社会发展中的重要作用。国外学者沿着第三产业、服务业、服务经济和知识密集型服务业的发展脉络，不断开拓创新，创建出具有特色的服务经济发展理论，包括克拉克定理、后工业社会理论、辛格曼理论等，得出了"美国是第一个进入服务经济社会的国家，随后服务经济在西方大多数国家相继出现，全球经济重心开始逐渐转向服务业"的研究结论。

---

[1] 李选芒、赵居礼：《高职物流管理专业人才培养模式的创新与实践》，《教育与职业》2011年第9期。
[2] 张培培：《高职旅游管理专业"岗证专一体化"人才培养模式构建——以河北旅游职业学院旅游管理系为例》，《山西师大学报》（社会科学版）2014年第S5期。
[3] 施星君：《"互联网+"与"众创"背景下的高职电子商务专业人才培养模式转型》，《教育与职业》2017年第10期。

国内学者借鉴发达国家发展服务经济的成功经验，探索中国服务经济发展之路，得出了"中国经济产业结构从工业主导向服务业主导格局的转变已经基本实现，中国已经进入服务经济时代，现代服务业已经成为中国国民经济和社会发展新动力"的研究结论。上述结论为本书提供了现实基础和研究背景，据此，应准确把握现代服务业在国民经济中的重要地位，依据现代服务业的内涵、特征和类型等规律，对高职院校现代服务业人才培养进行深入研究。

第二，现有研究普遍认同现代服务业发展对人力资源具有高度相倚性的观点，认为高技能人才是驱动现代服务业发展的关键要素，现代服务业人力资源与教育具有密切关系。现代服务业发展更加需要高质量的人力资源供给，教育系统需要更高效高质地应对劳动力市场中技能需求的迅速变化。本书遵循现代服务业、人力资源与教育关系研究的主流观点，重点探讨高职院校现代服务业专业学生这一特定群体的人才培养问题。

第三，现有研究遵循的主要思路是在需求导向下探索现代服务业人才培养问题。现代服务业发展的人才需求引领着人才培养的方向，现代服务业人才培养应该主动适应现代服务业发展的人才需求，其中现代服务业发展的人才需求集中体现在服务知识、服务能力和服务情感三个方面，这启发本书以现代服务业发展的高技能人才需求为切入点探索高职院校现代服务业人才培养问题。

第四，现有研究为探索高职院校现代服务业人才培养问题提供了重要依据，主要体现为人才培养模式的概念和要素等研究成果为高职院校现代服务业人才培养内涵和关键要素的确定提供了重要依据，即人才培养模式的构成要素很多，最主要的构成要素是人才培养目标、人才培养内容和人才培养方式。本书紧紧围绕人才培养目标、内容、方式三个人才培养关键要素探索高职院校现代服务业人才培养及其优化路径。

第五，现有研究有助于理解高职院校现代服务业人才培养研究一般性分析框架不易构建的困难。现代服务业的构成十分庞杂，涉及范围广，所涵盖的行业非常多。这种现实状况给现代服务业人才培养的理论研究带来的一个突出困难就是，要构建充分反映现代服务业内涵和全部特征的普适性研究框架难度很大。因此，本书在探索现代服务业发展的高技能人才需求、分析高职院校现代服务业人才培养的关键要素时，对上述困难有了充分了解，将在后续研究中运用多元化的研究方法解决现代服务业的复杂性问题，包括运用基于网络爬虫技术的内容分析法来探索现代服务业发展的高技能人才需求，以及运用不同高职院校现代服务业专业进行案例研究，等等。

（二）现有研究的不足

虽然现有服务经济、服务业和现代服务业相关研究较多，现代服务业人才培养相关研究也已经取得一定成效，但仍存在某些不足之处，为本书留下了进一步探索的空间，具体表现为以下三个方面。

第一，一些有重要地位的学者探讨了服务经济与人力资本之间的关系，并且明确了现代服务业对人力资源的高度相倚性，但是专门探讨现代服务业人才培养问题的专著成果较少。中国已经进入服务经济时代，现代服务业已经成为中国国民经济和社会发展新动力，再加上现代服务业转型升级加快，不断呈现新的发展规律、产生新的人才需求。因此，亟须在理论层面构建高职院校现代服务业人才培养的研究框架，对高职院校现代服务业人才培养问题进行专门探讨。

第二，国内外开展现代服务业人才培养研究的视角主要为教育学视角，忽视了面向现代服务业发展的特色学科。服务学是面向现代服务业研究的学科，现代服务业发展需要服务学建设。现代服务业是信息、知识和技术相对密集的服务业，从服务的特点出发，现代服务业具有无形性、不可分离性、异质性、不可存储性、互动性等特点，现代服务业与服务学具有同源性，均是基于服务发展起来的。因此，有必要将服务学视角引入高职院校现代服务业人才培养研究，运用服务学和教育学理论探索高职院校现代服务业人才培养问题。

第三，运用多元化研究方法探索现代服务业人才培养问题的文献较少。国外研究中定量研究方法以相关分析为主，定性研究方法以访谈法为主。国内大部分研究是在论述高技能人才对现代服务业发展具有重要作用的基础上，分析具体高职院校培养现代服务业专业学生的实践经验。由于现代服务业的构成庞杂，所涵盖的行业非常多，复杂性特点突出，因此需要综合运用定量和定性研究方法，通过文献研究法、内容分析法和案例研究法等更加多元化的研究方法开展研究。

第四节　研究内容、方法与思路

一　研究内容

现代服务业是属于典型的知识密集型产业，现代服务业发展对人才具有高度的相倚性，对高技能人才提出了新要求。但是，中国高职院校培养的高技能人才还不能满足现代服务业发展需求。如何根据现代服务业发展的高技能人才需求，探索高职院校现代服务业人才培养问题并提出优化路径，已经成为加快中国产业转型升级进程中必须探讨的重要问题。本书的主要内容如下。

第一章，绪论。本章首先交代研究背景，提出中国高职院校培养的人才不能满足现代服务业发展需求的问题切实存在，明确高职院校现代服务业人才培养研究的重要理论意义和实践意义。对国内外文献进行梳理，对现有文献的启示与不足进行评价。在此基础上，确定本书的具体内容、方法、思路与创新点。

第二章，高职院校现代服务业人才培养的核心概念与研究框架。本章在全书中起到总领作用。第一节从服务的概念出发，梳理了服务、服务业和现代服务业的定义、特点与分类，并对高技能人才和人才培养进行核心概念界定，对高职院校现代服务业人才培养的内涵进行诠释。第二节阐释了服务学和人才培养的理论内涵与指导意义；并基于服务学中的后工业社会理论、基于能力的服务业人力资源管理理论和顾客关系管理理论，将现代服务业发展的人才需求确定为服务知识、服务能力和服务情感，再根据教育学中的人才培养模式理论，将高职院校现代服务业人才培养的关键要素确定为人才培养目标、人才培养内容和人才培养方式，基于服务学和教育学理论，构建出高职院校现代服务业人才培养的研究框架。

第三章，需求导向下的高职院校现代服务业人才培养目标研究。现代服务业发展的人才需求是高职院校现代服务业人才培养目标设置的主要导向，高等职业教育作为一种通过培养高素质劳动者和技术技能人才直接服务于产业发展的教育，只有当其人才培养目标以产业发展的人才需求为基础进行设置时，高等职业教育服务产业发展的能力才有可能最大限度地实现。本章根据现代服务业的典型特征和发展趋势，从宏观的现代服务业产业层面和微观的现代服务业用人单位层面，对现代服务业发展的人才需求进行深入分析。其中，在宏观层面，从人才数量、结构和质量三个维度刻画现代服务业产业的人才需求；在微观层面，基于网络爬虫技术和内容分析法分析现代服务业用人单位的人才需求。在此基础上，参照布卢姆教育目标分类体系，将服务知识、服务能力和服务情感设定为高职院校现代服务业人才培养目标设置的逻辑框架，构建出高职院校现代服务业人才培养的三维目标体系。

第四章，高职院校现代服务业人才培养内容研究。高职院校现代服务业的人才培养目标规制人才培养内容，高职院校需要适应现代服务业发展的高技能人才需求，将服务知识、服务能力和服务情感作为现代服务业人才培养的重要内容。在高职院校现代服务业人才服务知识的培养中，专业知识是服务知识的主要内容，课程是服务知识的重要载体，课程内容、课程组织方式、课程评价等是高职院校通过课程设置加强现代服务业专业学生服务知识培养的重点。在高职院校现代服务业人才服务能力的培养中，创新服务能力、信息化服务能力和个性化服务能力是现代服务业人才的核心服务能力。在高职院校现代服务业人才服务情感的培养中，顾客关怀是现代服务业人才缺失较为严重的服务情感，关怀品质是现代服务业人才服务情感培养的关键。

第五章，高职院校现代服务业人才培养方式研究。高等职业教育人才培养目标、内容和现代服务业特点共同决定高职院校现代服务业人才培养必须走校企合作的道路。在服务体验理论和体验学习理论的指导下，校企合作成为高职院校现代服务业人才培养的主要方式。根据现代学徒制的内涵，现代服务业工作内容的确定性程度和生产方式的标准化程度，以及基于现代学徒制进行高职院校现代服务业校企合作的可行性分析，提出了现代学徒制是校企合作培养现代服务业人才的重要方式。在此基础上，探索现代学徒制的运行机制，以及现代学徒制对于高职院校现代服务业人才服务知识、服务能力和服务情感形成的促进作用。并且运用案例研究法，选取浙江商业职业技术学院，对深度嵌入工作岗位和技能大师工作室两种现代学徒制实践形式进行案例分析。

第六章，高职院校现代服务业人才培养的优化路径。提出基于人才培养目标、内容和方式三个关键要素的高职院校现代服务业人才培养优化路径，包括以需求为导向动态设置人才培养目标，以服务知识、能力、情感为核心优化设置人才培养内容，以现代学徒制为支撑完善人才培养方式等。这些对策有助于高技能人才培养对接现代服务业发展需求，推动服务经济发展和服务创新，促进高等职业教育人才培养质量提升。

二 研究方法

（一）文献研究法

文献研究法（Document Study）是指通过收集和分析现存的，以文字、数字、符号、画面等信息形式出现的文献资料，来探讨和分析各种行为、关系以及现象的研究方法。[①] 教育研究中使用的文献大部分是正式发表和出版的文献，主要包括图书、期刊、报纸、文件、学位论文、研究报告等。通过回顾和梳理已有研究文献，全面掌握研究

---

① 风笑天：《社会学研究方法（第三版）》，中国人民大学出版社2009年版，第233页。

课题的研究现状和发展趋势，了解哪些问题已经解决，哪些问题还需进一步研究和补充，进而找到研究的突破口。①

本书的文献研究法主要用于第一章的研究综述和第二章的核心概念界定。在第一章的研究综述中，通过检索和梳理以"服务经济、服务业与现代服务业相关研究，现代服务业、人力资源与教育的关系研究，现代服务业人才培养相关研究，以及高职院校现代服务业人才培养模式相关研究"为主题的大量文献，较为全面地掌握相关研究的发展脉络及现阶段最新动态和学术前沿，为系统深入地探索高职院校现代服务业人才培养问题奠定了扎实的基础。在第二章的核心概念界定中，通过搜集服务、服务业、现代服务业、高技能人才、人才培养等概念的主流观点，掌握了服务、服务业和现代服务业的定义、特点与类型，明确了高技能人才和人才培养的概念，并通过进一步的归纳和总结，揭示出高职院校现代服务业人才培养的内涵。

（二）内容分析法

内容分析法（Content Analysis Study）是指一种对传播的显性内容进行客观的、系统的和定量的描述研究技巧。② 其中，"显性内容"表示分析的内容关注外在的、表面的内容，而不是内容的深层解释；"客观的、系统的描述"表示内容分析法是一种规范的研究方法，要求研究者根据一定的规则和步骤进行研究；"定量的描述"表明了内容分析法的基本性质，一般统计的是某一项目的频数，或者是某一类别在整个内容中所占的比例等。

本书的内容分析法主要用于第三章需求导向下的高职院校现代服务业人才培养目标研究。本书运用网络爬虫技术获取现代服务业用人单位的人才招聘信息，通过表征人才需求中有意义的字、词、句等，将现代服务业用人单位的人才招聘信息内容转化为定量数据，通过编码和建立类目，分解人才招聘信息内容，进而精准获取到现代服务业用人单位的

---

① 庞国彬、刘俊卿：《实用教育科研方法》，北京师范大学出版社2013年版，第33—34页。
② Berelson, B., *Content Analysis in Communications Research*, New York: Hafner, 1952, p. 18.

人才需求，这为高职院校现代服务业人才培养目标设置提供支撑。

（三）案例研究法

案例研究法（Case Study）是指对单位事件、现象或社会单位所进行的密集的、整体性的描述和分析方法。[①] 一个案例不仅可以是一个有明确身份的对象或实体，也可以是一个事件、一次活动或一个过程。[②] 案例研究法的主要方式是深度描述。[③] 案例研究法旨在阐明一种具体的现象，其特点是焦点高度集中，对现象的了解十分深入、详细，其优势在于通过对研究对象的深入洞察，能够获得非常丰富而详细的资料，能够较好地反映研究对象发生、发展及变化的过程。[④]

本书的案例研究法主要用于第五章高职院校现代服务业人才培养方式研究。浙江省的现代服务业发展水平较高，也是职业教育发展的重点省份。浙江省有职业院校388所，其中独立设置的高职（高专）院校48所，有国家示范院校6所，国家骨干建设院校5所，省级示范院校22所，在校生约34万人。浙江省的职业院校专业分布基本覆盖了现代农业类、制造类和服务类专业所对应的产业。本书选取浙江省的浙江商业职业技术学院为案例。浙江商业职业技术学院是全国首批现代学徒制试点高校、浙江省首批省级示范性高职院校和浙江省首批优质高职院校，在基于现代学徒制的高职院校现代服务业校企合作人才培养方式中的实践较为典型。基于现代学徒制的运行机制及其对服务知识、服务能力和服务情感形成的促进作用，对深度嵌入工作岗位和技能大师工作室两种现代学徒制实践形式进行案例分析，为中国高职院校现代服务业人才培养方式提供借鉴。

[①] ［美］莎兰·B.麦瑞尔姆：《质化方法在教育研究中的应用：个案研究的扩展》，于泽元译，重庆大学出版社2008年版，第20页。

[②] ［美］伯克·约翰逊、拉里·克里斯滕森：《教育研究：定量、定性和混合方法（第4版）》，马健生译，重庆大学出版社2015年版，第367页。

[③] ［美］艾尔·巴比：《社会研究方法（第10版）》，邱泽奇译，华夏出版社2005年版，第286页。

[④] ［美］梅瑞迪斯·高尔等：《教育研究方法（第六版）》，徐文彬等译，北京大学出版社2016年版，第316页。

三　研究思路

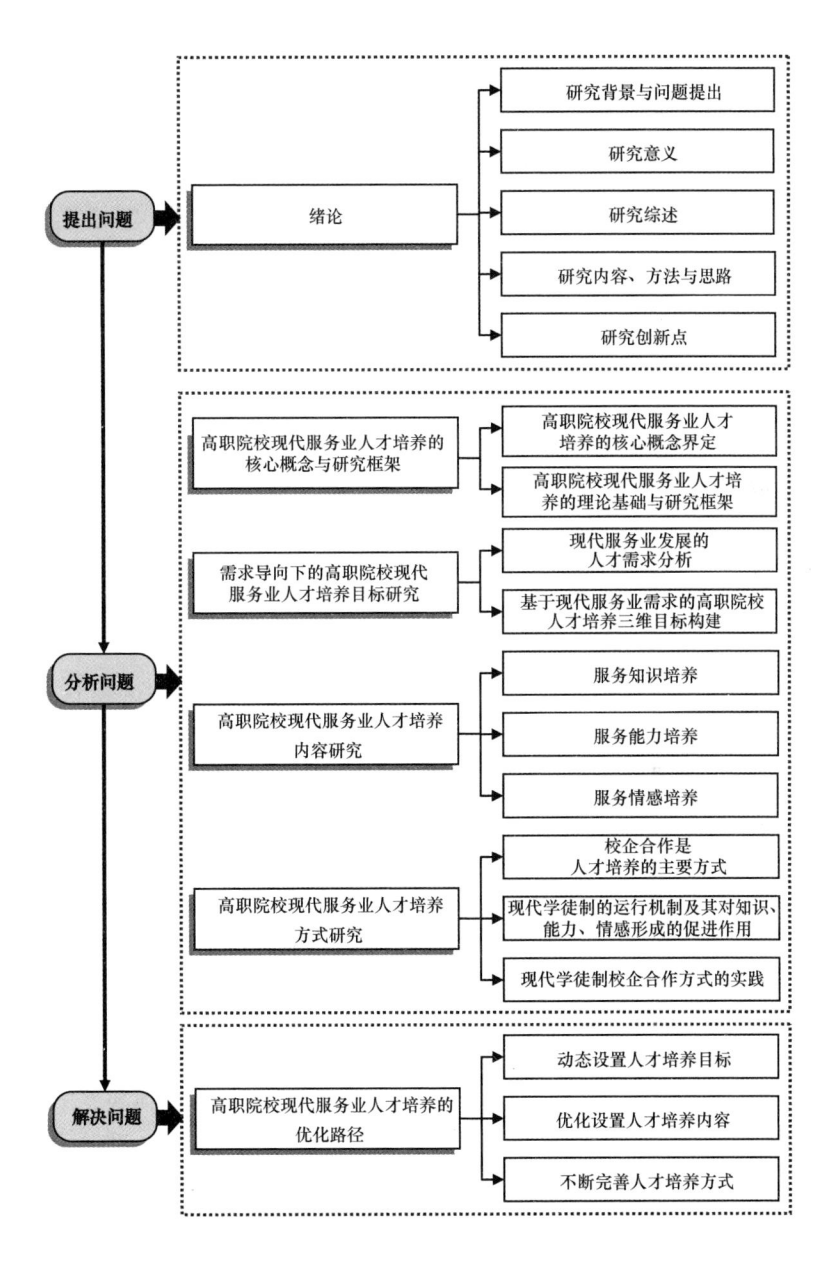

```
提出问题 → 绪论
  ├── 研究背景与问题提出
  ├── 研究意义
  ├── 研究综述
  ├── 研究内容、方法与思路
  └── 研究创新点

分析问题
  ├── 高职院校现代服务业人才培养的核心概念与研究框架
  │     ├── 高职院校现代服务业人才培养的核心概念界定
  │     └── 高职院校现代服务业人才培养的理论基础与研究框架
  ├── 需求导向下的高职院校现代服务业人才培养目标研究
  │     ├── 现代服务业发展的人才需求分析
  │     └── 基于现代服务业需求的高职院校人才培养三维目标构建
  ├── 高职院校现代服务业人才培养内容研究
  │     ├── 服务知识培养
  │     ├── 服务能力培养
  │     └── 服务情感培养
  └── 高职院校现代服务业人才培养方式研究
        ├── 校企合作是人才培养的主要方式
        ├── 现代学徒制的运行机制及其对知识、能力、情感形成的促进作用
        └── 现代学徒制校企合作方式的实践

解决问题 → 高职院校现代服务业人才培养的优化路径
  ├── 动态设置人才培养目标
  ├── 优化设置人才培养内容
  └── 不断完善人才培养方式
```

图1-1　高职院校现代服务业人才培养研究思路

第五节 研究创新点

第一，研究视角创新。本书基于服务学和教育学理论，探索高职院校现代服务业人才培养问题。基于服务学中后工业社会理论、基于能力的服务业人力资源管理理论和顾客关系管理理论，将现代服务业发展的人才需求确定为服务知识、服务能力和服务情感。基于教育学中人才培养模式理论，将高职院校现代服务业人才培养的关键要素确定为人才培养目标、人才培养内容和人才培养方式。基于服务学和教育学理论，构建出高职院校现代服务业人才培养的研究框架，对高职院校现代服务业人才培养展开深入的理论研究。

第二，研究观点创新。高职院校现代服务业人才培养目标设置是以现代服务业发展的人才需求为导向的。从宏观的现代服务业产业层面和微观的现代服务业用人单位层面，深入分析了现代服务业发展的人才需求，并且以现代服务业发展的人才需求为基础，参照布卢姆教育目标分类体系，构建出的高职院校现代服务业人才培养的三维目标体系包括：高职院校现代服务业人才培养目标构建的基础是服务知识，核心是服务能力，关键是服务情感。

第三，研究方法创新。现代服务业包含的业态种类很多，单一的说理分析还不能克服现代服务业发展的人才需求较为模糊的困难。当前，中国产业人才需求分析多停留在宏观分析层面，少数涉及微观分析的探索主要运用了问卷调查法，人才需求分析受到样本数量的限制，用人单位真实的人才需求不能得到充分反映。本书综合运用文献研究法、内容分析法和案例研究法，以期探索出现代服务业发展对高技能人才提出的新需求以及需求导向下的高职院校现代服务业人才培养优化路径。

将内容分析法用于现代服务业发展人才需求分析是本书在方法运用中的创新点。内容分析法是指一种对传播的显性内容进行客观的、系统的和定量的描述研究技巧。内容分析法的实质是对传播内容中信息数量与信息变化的分析，是通过表征有意义的字、词、句等将内容信息转化为定量数据，通过编码和建立类目分解信息内容，进而推断研究结果的过程。其中，采样工具选择网络爬虫技术。网络爬虫技术属于典型的大数据分析技术，是指自动地抓取网络信息的程序或者脚本，可以自动采集所有按照指定要求访问的页面内容信息，进而获取网站内容和页面信息。本书运用网络爬虫技术抓取现代服务业用人单位的人才招聘信息，采用内容分析法进行资料分析，充分挖掘并精准获取到现代服务业用人单位的人才需求，形成本书在方法运用中的创新点。

第二章 高职院校现代服务业人才培养的核心概念与研究框架

核心概念界定是高职院校现代服务业人才培养研究的基础。服务、服务业和现代服务业是密切相关的一组概念。本章从服务的内涵与特点出发，在梳理服务业定义和特点的基础上，对现代服务业的内涵、特点、分类等相关概念进行了阐释，并且通过界定高技能人才和人才培养的概念，对高职院校现代服务业人才培养进行了定义。在此基础上，阐释了服务学和人才培养模式的理论内涵与指导意义，构建出高职院校现代服务业人才培养的研究框架。

第一节 高职院校现代服务业人才培养的核心概念界定

一 服务

(一) 服务的内涵

1977年，希尔（Hill）提出服务是指由其他经济单位的活动所引发的，人或隶属一定经济单位的物所发生的变化。[1] 科特勒（Kotler）和阿姆斯特朗（Armstrong）指出服务是一方提供给另一方的任何活动或利益，

---

[1] Hill, T. P., "On Goods and Services", *Review of Income and Wealth*, Vol. 23, No. 4, 1977, pp. 315-338.

本质上是无形的,且未产生事务的所有权。① 瓦戈(Vargo)和勒斯克(Lusch)从广义上将服务定义为通过应用自身的能力使另一方获益。② 洛夫洛克(Lovelock)和维尔茨(Wirtz)从狭义上将服务定义为在某一特定时间与地点,针对顾客所提供的一种价值创造与利益的活动。③

(二)服务的特点

虽然学术界对于服务的定义还未形成统一观点,但是学者们对于服务特点的认识较为统一。随着消费需求的不断变化和科学技术的快速发展,学者们对服务特点的认识在不断加深。总体而言,服务领域研究者认为无形性、不可分离性、异质性、不可存储性和互动性是服务的典型特点。④⑤⑥

第一,服务的无形性。无形性是服务最明显的特点。商品可以被看到、触摸到,而服务则不同,服务是无形的。服务不能被触摸,只能去体验;不能转让,只能去经历。例如,消费者不能触摸医生的医疗检查、银行里的金融交易、教室里教师的讲课等。服务属于过程,无具体的物质存在形式。需要注意的是,服务的无形性是指服务的劳动成果是无形的、不可见的,只能由消费者来感受和体验。

第二,服务的不可分离性。服务的不可分离性是指服务的生产和消费是同时进行的。有形产品是先被生产出来,再被消费;而服务在生产的同时被消费,服务与消费过程不可分离。需要注意的是,传统界定中服务的不可分离性是指服务在时间和空间上的即时性,但随着现代信息技术和网络技术的快速发展,数字化、网络化和信息化的服

---

① Kotler, P., Armstrong, G., *Principles of Marketing* (6th Edition), Englewood: Prentice Hall, 1994, p. 1.
② Vargo, S. L., Lusch, R. F., "Evolving to a New Dominant Logic for Marketing", *Journal of Marketing*, Vol. 68, No. 1, 2004, pp. 1–17.
③ Lovelock, C. H., Wirtz, J., *Services Marketing: People, Technology, Strategy* (7th Edition), New Jersey: Prentice Hall, 2011, p. 1.
④ Hill, T. P., "On Goods and Services", *Review of Income and Wealth*, Vol. 23, No. 4, 1977, pp. 315–338.
⑤ Berry, L. L., "Service Marketing Is Different", *Business*, Vol. 30, No. 3, 1980, pp. 24–29.
⑥ 计国君:《服务科学与服务管理》,厦门大学出版社2015年版,第28页。

务产品可以实现远距离传送,① 借助现代信息技术交流的服务不一定要具有同地性,可以实现服务在空间上的分离。例如,通过互联网技术开展的电子商务、远程教育等就实现了服务在空间上的分离。

第三,服务的异质性。服务的异质性是指服务质量经常发生变化,难以形成统一的认定。与有形的物质产品相比,服务难以实现标准化,服务质量会受到提供服务的时间、地点及人员等因素的影响,因此服务质量的异质性较大。服务异质性产生的主要原因是:服务过程和服务质量是由服务提供者和服务消费者双方共同决定。一方面是服务的提供者。服务人员不同,其服务态度、服务技能水平各不相同,服务的结果也会有所不同。即使是同一位服务人员,由于服务环境、服务时间、服务地点和服务对象不同,也会有不同的服务结果。② 另一方面是服务的消费者。由于消费者需求的个性化和服务结果评价的主观性较强,使服务具有异质性特点。从顾客的角度看,服务通常有很大的不同。即使是同一位顾客,由于服务时间、服务环境等的不同,也会产生不同的顾客满意度。对于顾客感知而言,由于个体的差异性,每位消费者对服务的需求不同,评价标准不同,不同顾客所感知到的服务质量是不同的。

第四,服务的不可存储性。由于服务交付过程中需要顾客参与,所以那些不能被立即应用的服务能力无法在闲置时被储存,以备将来使用。例如,电影院在需求较低时的空座不能累计和储存起来,在节假日需求高峰期使用。任何服务能力如果不被使用,那么它将无法再使用,所以当服务能力不足时,提供者将会失去获利机会。正因如此,服务的不可存储性使服务能力的估计和规划成为服务管理的重要内容。

第五,服务的互动性。服务的互动性特点是指服务要求供给与需求双方共同参与。完整的服务过程通常需要消费者的参与(包括服务设计、服务营销、服务创新等)才能完成。服务的互动性特点需要注

---

① 刘北林:《现代服务学概论》,中国物资出版社2008年版,第34页。
② 李枫林:《现代服务管理理论与实践》,武汉大学出版社2010年版,第46页。

第二章　高职院校现代服务业人才培养的核心概念与研究框架

意两点。其一，服务是以人为对象的，服务过程中服务者与消费者的互动频率较高，主要包括面对面互动和借助通信工具互动，尤其是在现代信息技术和网络技术快速发展的背景下，借助通信工具的互动交流变得日益重要。其二，服务的互动性应该重点关注顾客的高度参与。由于服务的产生和消费是同时进行的，在服务过程中必须有消费者参与。一个好的服务设计应该包括如何使顾客角色与整个服务递送战略相匹配，① 进而使顾客积极参与到服务的整个生产和传递过程中，通过与服务人员产生大量交互作用在创建与消费服务方面扮演合作者的角色，最终完成"合作生产"的过程。②

二　服务业

（一）服务业的内涵

当服务成为一种独立化的专门从事提供他人消费的生产活动时，就形成了服务产业部门。服务业是专门从事各种服务活动的产业部门，唯有独立化、外置化的专门从事提供他人消费的服务活动才被纳入国民经济核算中的服务业范畴。③ 当前，学术界对服务业的界定存在以下两种主流观点。

第一种观点，通过服务的内涵来界定服务业，把从事生产、经营符合服务内涵的行业称为服务业。④⑤ 例如，洛夫洛克（Lovelock）认

---

① ［印］尼密·乔杜里：《服务管理》，盛伟忠等译，上海财经大学出版社2007年版，第15—16页。
② 原毅军：《服务创新与服务业的升级发展》，科学出版社2014年版，第8页。
③ 注：在国民经济核算过程中，有相当部分制造企业，除了为内部提供相应服务外，同时也向社会提供一部分服务，但由于其经营主体尚未独立，其产值仍然统计在制造业中，而不列入服务业。
④ 刘志彪等：《现代服务经济学》，中国人民大学出版社2015年版，第8页。
⑤ 注：服务与服务业中的具体工作岗位并不是单一的对应关系。以研发岗位为例，在制造企业内部就应该归入制造业范畴；然而当研发岗位独立出来时，则应该归为服务业，因为其需要为具体的消费者（一般是厂商或组织机构）提供具体的研究成果。因此，不能笼统地认为研发都属于服务业。但是，服务同工作性质又具有一种天然的内在联系，研发、广告、销售、售后服务、保安、法律、审计等职能往往具有一种独立化的倾向，服务特点体现得较为明显。

为，只要顾客可以从这些产业的具体企业中获得无形利益就是服务业。因此，交通、公用事业、批发和零售业、公共行政、财务、保险和不动产业等都应属于服务业。① 杰克逊（Jackson）和马塞尔曼（Musselman）将企业营业收入作为划分标准，把"营业收入50%以上来自服务产品的企业"定义为服务业企业，而所处行业则称为服务业。② 卡尔·阿尔布瑞契特（Karl Albrecht）和让·詹姆克（Ron Zemke）在《服务经济：让顾客价值回到企业舞台中心》（*Service America in the New Economy：Restore Customer Value to the Center Stage of Business*）一书中认为应该从服务的真正含义去定义服务业。他们指出，服务的真正含义是提供一般的抽象产品，所以服务业就是提供一般抽象产品的产业。③

第二种观点，采取排他性定义，把不能划入第一产业和第二产业的其他部门统称服务业。该观点认为服务业与第三产业具有相同内涵。④ 服务业概念的形成，主要归功于英国经济学家艾伦·G. B. 费希尔（Allan G. B. Fisher）、科林·克拉克（Colin Clank）和法国经济学家让·福拉斯蒂（Jean Fourastié），他们都将经济活动分为三个部门，即第一产业、第二产业和第三产业，并认为服务业等同于第三产业。随着维克托·R. 富克斯（Victor R. Fuchs）的《服务经济学》（*The Service Economy*）的出版以及各国对服务经济的重视程度逐渐加深，第三产业的概念开始逐步被服务业代替。当前，大部分研究都将第三产业等同于服务业的概念，但是相比较而言，第三产业的范围比服务业的范围要广。⑤ 本书遵循国家统计局对三次产业的划分和统计

---

① Lovelock, C. H., "Classifying Services to Gain Strategic Marketing Insights", *Journal of Marketing*, Vol. 47, No. 3, 1983, pp. 9–20.
② Jackson, J. H., Musselman, V. A., *Business：Contemporary Concepts and Practices*, Englewood Cliffs：Prentice-Hall, 1987, p. 1.
③ ［美］卡尔·阿尔布瑞契特、让·詹姆克：《服务经济：让顾客价值回到企业舞台中心》，唐果译，中国社会科学出版社2004年版，第20页。
④ 刘志彪等：《现代服务经济学》，中国人民大学出版社2015年版，第8页。
⑤ 宣烨：《我国服务业地区协同、区域聚集及产业升级》，中国经济出版社2012年版，第1—2页。

依据,将第三产业和服务业视为等同概念,不加以区分。

(二)服务业的特点

在产业转型升级背景下,服务业遵循产业演进规律,表现出显著的集群性、融合性和转移性特点。

第一,服务业的集群性。服务业集群是指服务部门中相互关联的若干企业和机构,在地理位置上的相对集中。在服务业集群内部,通过人才、资金、技术等资源要素的溢出效应形成竞争合作机制,同时促进外部集聚优势加速形成,有效降低交易成本,实现产业发展的规模经济,增强服务业竞争力。美国硅谷的超高速发展就主要得益于其完善的科技服务业集群。

从各国服务业集群趋势来看,大型城市是服务业集群的重要载体。服务业的规模对当地的市场容量具有很强的依赖性,大型城市所具有的多重优势决定了大型城市成为服务业发展需求旺盛的区域选择。例如,大型城市发展中良好的制度环境和政策支撑为服务业的发展创造了有利条件,创新的用人机制为专业化人才提供了更多的选择机会,从而吸引更多的服务业优质资源向大型城市流动。由于资源的差异性和比较优势规律的作用,不同规模的城市集聚使服务业发展呈现出不同的服务业集群。一般来说,大型城市服务业的核心部门主要是外部集聚优势较为明显的生产性服务业和生活性服务业,包括信息服务业、房地产服务业、金融服务业、旅游服务业等。[①] 伦敦的中心区域、纽约的曼哈顿商务区、上海的陆家嘴金融商务区都集聚了大量的服务业。在服务业集群内部,专业性人才在服务业企业之间的流动性强,知识溢出效应明显,创新性服务活动十分活跃。

第二,服务业的融合性。随着现代科学技术的快速发展和广泛应用,不同产业之间的界限逐渐模糊,跨界融合成为一种常态,农业、工业和服务业不断融合发展的趋势十分明显。其中,制造业和服务业

---

① 中国就业培训技术指导中心:《中国现代服务业典型职业发展观察报告(2010)》,中国劳动社会保障出版社2011年版,第22页。

融合发展趋势日益增强。服务业加速向制造业的全过程渗透和发展，包括制造业生产前期的产品设计与研发，中期的融资与管理，后期的销售、物流、售后与反馈等阶段，使制造业内部由"以制造为中心"逐渐转型为"以服务为中心"。数据显示，制造业中65%—76%的员工也正在从事服务工作，如研发、维修、设计等，服务成为主导要素。[①] 中国已经进入服务经济时代，制造业企业越来越多地依赖服务产生差异性，服务型制造成为重要的竞争和发展策略。

服务业与制造业融合性发展的原因主要包括三个方面：其一，消费方式转变所造成的产品与服务的融合。与产品本身相比，产品解决实际问题的功能对消费决策的影响更大，这就使得产品与服务之间的边界被逐渐打破。其二，生产方式的变革使服务业与制造业的组织结构、管理方式以及业务流程等逐渐融合。服务被制造业企业作为重要利润来源，企业的业务结构发生重大变革，使制造业企业的组织结构、管理方式及业务流程和服务业企业的差异越来越小，制造业企业逐渐向服务型制造转型。其三，交易方式的变革使个体同时扮演着生产者与消费者的双重角色，促使生产者与消费者走向融合。[②]

第三，服务业的转移性。近年来，全球掀起了以服务业为主导的新一轮国际产业转移浪潮，服务业成为全球产业转移的新兴领域。从国际直接投资来看，服务业是发达国家相互投资的主体，发展中国家承接发达国家的服务业转移在逐渐增加。发达国家跨国公司的发展日趋专业化，将设计开发、商务业务、咨询分析、财务管理和后勤办公等业务外包给发展中国家。服务业转移主要包括三个部分：一是基于业务内容的项目外包和服务外包，即企业把非核心的辅助业务转移给其他企业；二是基于劳动力成本的跨国公司离岸外包，即企业将一部分服务业务转移到低成本国家；三是基于战略合作的服务业转移，即

[①] 陈宪：《服务经济学学科前沿研究报告》，经济管理出版社2017年版，第2页。
[②] 程晓等：《服务经济崛起："互联网+"时代的服务业升级与服务化创新》，中国经济出版社2018年版，第16—17页。

一些与跨国公司有合作关系的服务业企业为了给跨国公司在新兴市场国家开展业务提供配套服务而将服务业进行国际转移。①

三 现代服务业

（一）现代服务业的内涵

现代服务业（Modern Service）是中国语境下的特有提法。②"现代服务业"一词最早出现于 1997 年党的十五大报告中。报告在描述社会主义初级阶段时提出了现代服务业的概念，指出社会主义初级阶段是由农业人口占很大比重、主要依靠手工劳动的农业国，逐步转变为非农业人口占多数、包含现代农业和现代服务业的工业化国家的历史阶段。随后，党的十六大报告明确提出，要加快发展现代服务业，提高第三产业在国民经济中的比重。这使现代服务业成为中国经济发展和产业结构调整政策中的一个正式表述。2012 年，《现代服务业科技发展"十二五"专项规划》（国科发计〔2012〕70 号）指出，现代服务业是以现代科学技术特别是信息网络技术为主要支撑，建立在新的商业模式、服务方式和管理方法基础上的服务产业，既包括随着技术发展而产生的新兴服务业态，也包括运用现代技术对传统服务业的改造和提升。③

中国提出的现代服务业与国际上的知识密集型服务业（Knowledge Intensive Business Service，KIBS）内涵相似，都属于信息、知识和技术相对密集的服务业。1995 年，伊恩·迈尔斯（Ian Miles）首次明确提出知识密集型服务业的概念，认为知识密集型服务业是指那些显著依赖专业知识、向社会和用户提供以专业知识为基础的中间产品

---

① 计国君：《服务科学与服务管理》，厦门大学出版社 2015 年版，第 36 页。
② 杨旭：《"现代服务业"的内涵：一个综合性分析框架》，《现代管理科学》2010 年第 8 期。
③ 《科学技术部关于印发现代服务业科技发展十二五专项规划的通知》，http://www.gov.cn/zwgk/2012-02/22/content_ 2073617.htm，2012 年 1 月 29 日。

或者服务的公司和组织形成的产业。① 经济合作与发展组织（Organization for Economic Cooperation and Development，OECD）指出，知识密集型服务业是指技术及人力资本投入密度较高、附加值大的服务业，是知识经济背景下具有最强成长性的产业，包括信息服务业、金融服务业、教育服务业、专业技术服务业、健康保健服务业。②

国内学者在借鉴国际知识密集型服务业研究的基础上，结合中国国情，对现代服务业的概念做出界定，主要呈现以下两种观点。

第一，狭义的现代服务业观点，即现代服务业是依托信息技术、现代化科学技术等发展起来的，信息、知识和技术相对密集的新兴服务业。该观点主要强调现代服务业在时间维度上的"新兴"特征，认为现代服务业就是随着经济和社会发展需要而出现的新兴服务业。例如，刘志彪等学者在贝尔的后工业社会理论的基础上，提出工业社会的服务业主要是交通运输和零售业，后工业社会中的服务业主要是现代服务业，是随着现代制造业的出现及人们生活方式的变化而发展起来的知识和技术含量较高的服务业，③ 主要包括设计与研发服务业、科技交流与推广服务业、软件与信息服务业、金融保险服务业、商务服务业、现代物流服务业、市场营销服务业等。

第二，广义的现代服务业观点，即沿用《现代服务业科技发展"十二五"专项规划》中的定义，认为现代服务业是在工业化和信息化比较发达的阶段产生的、主要依托信息技术和现代管理理念发展起来的、信息和知识相对密集的服务业，既包括传统服务业通过技术改造升级和经营模式更新而形成的服务业，又包括随着信息网络技术的

---

① Miles, I., Kastrinos, N., Flanagan, K., et al., "Knowledge-Intensive Business Services: Users, Carriers and Sources of Innovation", http://citeseerx.ist.psu.edu/viewdoc/download; jsessionid = 64 4CC0480D598D4FBE5F1B4DEA3F79C2? doi = 10.1.1.463.8976&rep = rep1&type = pdf, March 1, 1995.

② OECD, "OECD Science, Technology and Industry Scoreboard 2003: Towards a Knowledge-based Economy", https://www.taodocs.com/p-76516464-5.html, December 31, 2003.

③ 刘志彪等：《现代服务经济学》，中国人民大学出版社2015年版，第10页。

高速发展而产生的新兴服务业。[①] 该观点认为现代服务业的本质是实现服务业的现代化。广义现代服务业观点的代表有杨旭等学者。这类学者将现代服务业视为反映服务业在当代新变化的一个相对概念，认为现代服务业中的"现代"主要是指作为营运主体的经济或社会活动部门的运营行为出现新变化，导致某项局部功能的作用也随之出现新变化，从而使其独立为前所未有的专业服务机构。[②] 本书采用的是广义的现代服务业观点。

（二）现代服务业的特点

从服务的特点出发，现代服务业具有无形性、不可分离性、异质性、不可存储性、互动性等特点；从服务业的特点出发，现代服务业具有集群性、融合性、转移性等特点。这些特点属于现代服务业的基本特点。除此之外，现代服务业还具有显著的现代性、复杂性、动态性、知识和技术密集性等特点。

1. 现代性

现代服务业的现代性特点反映了现代服务业发展具有时代特点。从现代性特点出发，归纳出现代服务业的"现代性"特点具有以下内涵。

（1）时间维度的"现代性"

现代服务业是随着现代经济和社会的发展需要而产生的，其时代特点十分明显，这种时间维度的"现代性"可以从三个方面理解。一是时间的先后顺序。现代服务业是在传统服务业基础上提出的，要对现代服务业与传统服务业进行区分，就要在出现时间先后方面进行阐释，具有时间顺序意义上的现代属性。二是时间的相对性。不同国家在同一时间阶段内的现代服务业内涵不同，同一国家在不同时间阶段的现代服务业内涵也不同，因此现代服务业在时间维度的"现代

[①] 现代服务业领域总体专家组：《2014 现代服务业发展战略报告》，科学出版社 2014 年版，第 1 页。
[②] 杨旭：《"现代服务业"的内涵：一个综合性分析框架》，《现代管理科学》2010 年第 8 期。

性"是一个相对的概念。三是时间在服务业发展生命周期中的体现。服务业发展具有生命周期,在不同的经济和社会发展阶段上表现出不同的增长水平,并且在服务业中的比重也有所变化。与服务业中发展较为成熟或者开始进入衰退阶段的传统服务业相比,一些顺应现代经济和社会发展需要而产生的新兴服务业,以及在服务业领域占比逐渐增大的、具有高增长势头的现代服务业,在生命周期的发展过程中具有明显的上升发展趋势,表现出"朝阳"产业的现代属性。[①]

（2）技术维度的"现代性"

现代科学技术和信息技术运用于服务业,使服务业具有技术意义上的现代属性。基于技术哲学的视角来看,技术使服务业的现代化成为可能,一方面,技术推动了服务业的现代化,塑造了现代服务业在技术维度上的现代性;另一方面,现代服务业在技术维度上的现代性也提供了理解技术作用于服务业的机制。[②]

在宏观层面上,现代服务业发展的技术支撑体系需要关注基础技术。为有效解决现代服务业中信息量大、服务群体广泛、服务内容丰富、服务方式多样、服务质量要求高等问题,需要从服务的生成、运行和使用三个方面将服务支撑技术进行划分,具体包括数据存储和检索技术、数据融合集成技术、数据挖掘分析技术、虚拟现实技术、人机交互技术、个性化定制技术等。[③]

在微观层面上,现代信息技术的快速发展和应用与现代服务业在技术维度上的现代性密切相关。根据现代信息技术对服务业的作用机理,可以将现代信息技术对服务业的影响分为直接效应和间接效应。其中,直接效应表现为信息技术服务业是现代服务业的重要行业。随着人工智能技术、互联网技术、高速传输技术、多媒体技术等新技术

[①] 周振华:《服务经济发展:中国经济大变局之趋势》,格致出版社、上海三联书店、上海人民出版社 2013 年版,第 32 页。

[②] 张成岗:《技术与现代性研究——技术哲学发展的相互建构论诠释》,中国社会科学出版社 2013 年版,第 5 页。

[③] 高新民、安筱鹏:《现代服务业:特征、趋势和策略》,浙江大学出版社 2010 年版,第 91 页。

的日趋成熟，计算机技术、通信技术、广播电视技术不断渗透和融合，信息技术服务业的规模不断扩大，内容不断丰富，成为现代服务业的重要行业。间接效应是由现代信息技术应用高度集中于服务业引起的，是指现代信息技术通过改变传统服务业的服务内容、服务方式和服务管理等促进服务业现代化。现代信息技术对服务业影响的直接效应和间接效应共同构成了现代服务业在服务内容维度、服务方式维度和服务管理维度的"现代性"内涵。

（3）服务内容维度的"现代性"

信息技术促进了现代服务业服务内容的现代化。现代服务业在服务内容维度上的"现代性"突出表现为新兴服务业的出现与发展。

第一，信息技术服务业自身衍生出许多新兴业态。信息技术的快速发展，使无线通信与国际互联网等多媒体通信实现有机结合，图像、音乐、视频等多种媒体形式的无线传输速度大幅度提高，信息技术服务业可以提供网页浏览、电话会议、电子商务等多种信息服务。并且随着以大数据、物联网、人工智能、移动互联网为代表的新一代信息技术的加速发展，信息技术服务业可提供的业务规模不断扩大，业务类型也逐渐增加。以软件业为例，出现了"软件作为服务"的新趋势，产生了一些市场潜力大的新型服务业态，包括软件外包、互联网信息服务、通信增值服务等。

第二，信息技术促进了分工体系的现代化。随着产业链重组和专业化分工的不断加深，一方面，信息技术的发展促进生产性服务业和制造业分离，加快制造业服务化进程。以现代科技和现代管理为支撑的生产性服务业从制造业中独立出来，融入现代服务业发展进程，如设计研发、市场调查、工程咨询等。另一方面，信息技术是服务外包产生的直接动因。服务外包是一个社会性的技术创新，为企业获得竞争优势提供了丰富的新源泉，而这种社会技术创新正是从信息技术服务外包开始发展的。[1]

---

[1] 夏杰长等：《迎接服务经济时代来临：中国服务业发展趋势、动力与路径研究》，经济管理出版社2010年版，第104页。

第三，信息技术与其他现代服务业融合产生的新业态。随着信息技术的发展，现代服务业与新技术相融合，催生出许多新业态。例如，电子竞技产业就是信息技术与传统体育产业相结合而产生的新业态。尤其是新技术与生产性服务业的渗透与融合，促进了电子商务、远程教育、现代金融、现代物流等新兴服务业的快速发展。在现代商业领域，信息技术正引发全球商业的变革。例如，专营店、无店铺销售、新零售等新业态正在不断涌现和发展，"未来商店"已经出现，在批发和零售服务业中的B2B、B2C的商业模式占有重要地位，一批新技术在批发零售服务业中的应用效果明显，无线射频、自助服务机、智能商业服务等正在引领现代商业服务业的发展，前景十分广阔。[①]

（4）服务方式维度的"现代性"

发达国家的实践经验表明，服务方式的网络化、连锁化、信息化、科技化等现代化发展趋势，是推进现代服务业资源有效整合、创新服务业态、提高产业整体质量的重要方式，有利于打造方式更先进、内容更丰富、质量更高的现代服务产业体系。其中，技术进步特别是信息技术的突破发展，为现代服务业经营模式的创新提供了广阔的发展空间。[②]

信息技术及信息服务促进了服务提供方式的现代化，扩展了服务性行业的经营领域和范围，改变了传统的服务方式，将服务方式从线下伸展到线上，再发展为线上与线下相结合。例如，信息技术的渗透会使异地会诊、远程教育、电子商务、网络银行快速发展。在信息化视角下，服务方式的现代化表现在两个方面：一是将传统服务业信息化；二是依据信息技术的特点对传统服务业进行业务流程再造，促进

---

① 张祥：《转型与崛起：全球视野下的中国服务经济》，社会科学文献出版社2012年版，第73页。

② 程晓等：《服务经济崛起："互联网＋"时代的服务业升级与服务化创新》，中国经济出版社2018年版，第37—38页。

传统服务业向现代服务业转型。① 在信息技术领域,"互联网+"的根本理念是将信息技术渗入各行各业,改变产业的结构与生产方式,特别是在服务业。"互联网+"背景下的现代服务方式不再是对传统服务方式的修补,而是一次涉及诸多领域的根本性变革,传统服务业的服务流程在互联网技术的支持之下得以再造。传统服务方式主要是以线下服务为主,随着"互联网+"行动计划的实施,现代服务业的服务方式从线下服务转向线下与线上服务相结合。与传统服务方式相比,这种线下与线上相结合的服务方式能够突破线下服务的局限性,在客户分析等价值链上的多个领域具有无可比拟的优势。在互联网技术的支持之下,顾客与企业可以搭建平等的沟通平台,打破空间限制,加强服务者与顾客之间的交流。在顾客关系管理方面,"互联网+"带来的不仅是技术上的革新,而且使企业更加关注顾客需求,从根本上颠覆了服务双方的关系,强调以顾客为中心,打造一种更加符合顾客需要的智慧服务新模式。在顾客需求分析方面,基于大数据的数据挖掘与学习分析技术,将使服务者有针对性地为顾客供给服务,满足顾客的个性化服务需求。②

(5) 服务管理维度的"现代性"

现代服务业企业管理离不开信息技术的支持。一方面,企业内部采取信息化战略会影响企业内部信息流动的方向,也会使得信息能够共享,从而采取一致的行动;另一方面,企业的生产运行过程中采取新的技术,可以改变服务流程和组织模式,导致服务管理模式进行相应的调整,以适应信息技术带来的变化。③

信息技术对于服务管理的影响,主要体现在信息流动和信息共享。信息技术不仅使信息在现代服务业企业的流动更为通畅,而且使信息在更广范围内实现共享。因此,信息技术提高了企业对信息收

---

① 陈宪:《服务经济学学科前沿研究报告》,经济管理出版社2017年版,第2页。
② 郝天聪、石伟平:《"互联网+"下的职业教育服务新态:内涵、目标与转向》,《现代教育管理》2017年第6期。
③ 雷小清:《服务业信息化研究》,经济科学出版社2014年版,第67页。

集、处理、分析的效率和准确性，有助于现代服务业企业制定更加科学的管理决策。一方面，信息技术促进现代服务业企业进行业务流程再造，进一步整合企业的各项资源或生产要素；另一方面，现代服务业企业采取与信息环境相适应的服务管理模式，改变控制过于集中的局面，从而实现分权式的管理模式。在分权管理模式下，企业被划分为若干个业务单元，既保持着单元的独立性，又具有整体的协调性，能够提升资源配置效率，在信息技术条件下达到资源最佳组合，最终提高现代服务业企业的管理效率和竞争力。例如，信息技术服务提高了现代服务业企业的控制能力，促使连锁经营快速发展，出现了连锁经营的服务管理模式。再如，现代金融服务业的网络化经营管理和现代物流业的系统化物流链条管理等，都需要现代信息技术的支持。

2. 复杂性

（1）行业种类繁多

现代服务业涉及范围广，所涵盖的行业非常多。信息传输、计算机服务和软件业，金融业，科学研究、技术服务和地质勘查业，教育，卫生、社会保障和社会福利业，公共管理和社会组织均是具有典型现代服务特征的行业门类，[①] 六类典型现代服务业所涵盖主要职业种类数见表2-1。

以金融业为例，根据《中华人民共和国职业分类大典（2015年版）》的职业类型划分，表2-2显示了金融业所涵盖的主要职业。

（2）行业统计非常复杂

由于现代服务业的行业种类繁多，变动频繁，导致行业统计非常复杂。因为现代服务业行业分类和统计口径之间的差异，以及对于第三产业的分类体系不够完善，所以在各国经济统计中，服务业行业是遗漏最多的部门，一般很难取得完整的现代服务业生产活动资料。同样，中国在现代服务业测度中也存在诸多困难，在统计中存在的缺口

---

① 高新民、安筱鹏：《现代服务业：特征、趋势和策略》，浙江大学出版社2010年版，第41页。

第二章 高职院校现代服务业人才培养的核心概念与研究框架

表2-1 六类典型现代服务业所涵盖主要职业种类数

行业	主要职业种类数
信息传输、计算机服务和软件业	19
金融业	23
科学研究、技术服务和地质勘查业	154
教育	12
卫生、社会保障和社会福利业	69
公共管理和社会组织	12

资料来源：笔者根据《中华人民共和国职业分类大典（2015年版）》整理而得。

表2-2 金融业所涵盖的主要职业

行业	主要职业种类数
金融业	银行货币发行员、银行国库业务员、银行外汇管理员、银行清算员、银行信贷员、银行国外业务员、银行信托业务员、银行信用卡业务员、银行储蓄员、金融守押员、信用管理师、证券发行员、证券交易员、证券投资顾问、理财规划师、黄金投资分析师、精算师、保险推销员、保险理赔员、鉴定估价师、典当业务员、拍卖师、粮油竞价交易员等

资料来源：笔者根据《中华人民共和国职业分类大典（2015年版）》整理而得。

较多。除此之外，现代服务业的产生和发展是为了满足生产分工逐渐细化以及社会和经济发展等需求，随着现代科学技术的广泛应用以及经济社会环境的变迁，现代服务业也在不断发展。因此，现代服务业的统计范畴在不断变化，对现代服务业的界定与划分也在不断调整和完善。[1]例如，现代服务业转型升级的不断加快，各种现代服务业新业态不断涌现等，使得新型现代服务业行业在统计年鉴中无法反映或者反映滞后，

---

[1] 孙永波：《我国现代服务业发展机制及其对策研究》，经济科学出版社2017年版，第11页。

出现行业分类和统计口径的一致性问题,导致行业统计更加复杂。①

3. 动态性

现代服务业是现代产业体系的重要组成部分,其内涵随着经济和社会发展而不断变化,②呈现出典型的动态性特点,集中体现在现代服务业内涵的动态性变化和现代服务业内部行业的阶段动态性变化两个方面。

(1) 现代服务业内涵的动态性变化

现代服务业是从过去演变或从现代兴起而来的。例如,第三方物流和电子商务是新兴的和从传统商业和运输业中衍生而来的。③现代服务业内涵的动态性变化集中体现在现代服务业新职业的出现和旧职业的消失两个方面。

第一,新服务催生新职业,使现代服务业内涵不断丰富。新兴服务业不断出现,成为现代服务业类型不断丰富的主要动力。从产业演进规律来看,一部分现代服务业是在传统服务业发展演进中形成的,是在传统服务业发展过程中融入了新知识、新技术和新信息等元素,形成了新的服务内容、服务方式和服务管理形式等;另一部分是受高新技术的作用和现代市场因素影响而催生出来的新兴服务业,其内涵随着经济社会的发展而不断丰富。④伴随着知识的创造、传播、应用和科技创新活动的日趋频繁,一大批新兴服务业迅速形成,成为高速增长的现代经济部门。⑤

现代服务业中的许多行业都出现了一些源于科技进步、技术更新、制度改革等因素导致的职业变迁。较为典型的为金融服务业和计算机服务业的发展。

市场经济的发展奠定了金融服务业在银行业中的核心地位,为职业发展创造了良好条件。其一,随着银行服务规模的扩大,职业总量

---

① 陶峻:《知识密集型服务企业知识能力研究》,经济管理出版社2013年版,第60页。
② 计国君:《服务科学与服务管理》,厦门大学出版社2015年版,第34页。
③ 刘北林:《现代服务学概论》,中国物资出版社2008年版,第35页。
④ 张汉飞:《现代服务业与现代物流业知识读本》,西南师范大学出版社2009年版,第6页。
⑤ 陈宪:《服务经济学学科前沿研究报告》,经济管理出版社2017年版,第2页。

第二章 高职院校现代服务业人才培养的核心概念与研究框架

迅速增加。其二,银行业在不断开发综合业务项目、为社会提供多元化服务的过程中,伴随着新产品和新服务的开发与供给,银行服务的分工不断专业化、细化,新职业被源源不断地开发出来,较为典型的有银行票据业务员、银行房屋按揭业务员等新职业。此外,在中国证券业从无到有的发展过程中,以证券交易与咨询服务为核心,诞生了一大批新兴职业,如证券交易员、证券经纪人和部门管理人员等,形成了全新的职业体系,丰富了金融服务职业体系。其三,金融服务市场化改革不断深入,金融服务业开放程度逐步提升,与其他行业的联系逐渐密切,在金融服务功能交叉的众多领域,社会需求客观存在、金融服务功能的扩散以及服务方式的模仿,衍生出新的服务活动,新的职业也随之产生。例如,融资项目经理是负责公司项目资金投资、运作的管理人员;资本运营经理是负责组织协调企业国内外投融资工作的人员,协同制订企业资本运营中的长期战略规划等。

随着计算机和互联网渗入各行各业,计算机服务业出现了一系列的新职业。计算机网络技术的发展大致经历了以单个计算机为中心的远程联机系统,以多个主机通过通信线路互联、具有统一的网络体系结构并遵循国际标准的开放式和标准化的网络,光纤及高速网络技术,多媒体网络和智能网络四个阶段。计算机程序设计员、可编程控制系统设计师、数控程序员、系统架构设计师、计算机维修工、计算机网络管理员、网络系统设计师、网络综合布线员、网络建设工程师、计算机操作员、信息系统安全师、信息系统管理师、数据库系统管理员、信息系统监理师、信息系统评估师、信息资源开发与管理人员、信息系统设计人员、半导体器件测试工、半导体器件制作工艺师、半导体器件制造工、半导体器件支持工、半导体器件封装工、计算机平面设计师、网络编辑员、计算机网络客户服务人员、网上销售员等都是在计算机服务业发展过程中产生的新职业。[1]

---

[1] 中国就业培训技术指导中心:《中国现代服务业典型职业发展观察报告(2010)》,中国劳动社会保障出版社2011年版,第166—167页。

第二，旧职业消失，使现代服务业内涵不断变化。多方面的原因促成了一些职业的消失，其中主要原因包括经济体制转型和技术的变迁两个方面：在经济体制转型方面，一些与计划经济紧密相连的职业在市场经济迅速发展下逐渐消失；在技术变迁方面，技术革新导致产业不断整合、更新，一些旧技术及产业被淘汰的同时，与之相关的职业也随之消失。

以物流交通服务业为例，在科学技术进步的推动下，很多技术和岗位已经不再被需要，进而逐渐消失。例如，改革开放初期，公交售票员是每辆公共汽车上的必备岗位，随着社会的进步，城市公共汽车绝大多数换成了无人售票车，公交售票员这一职业逐渐萎缩；在装卸货物的码头，有专门的港口系缆工、篷布修理工，而在《中华人民共和国职业分类大典（2015年版）》中这两种职业已经消失；在电信服务行业，报务员、接线员等职业也随着行业技术的发展逐渐消失。这些服务业职业都是当时社会背景下的特定产物，随着科学技术的发展，这些服务业职业逐渐被其他职业替代，在职业变迁中逐渐消失。[①]

（2）现代服务业内部行业的阶段动态性变化

通过审视现代服务业内部行业发展的生命周期，发现现代服务业发展的阶段动态性特点十分明显。在不同国家情境下和不同时间节点上，现代服务业的发展定位是不同的。其一，随着经济全球化和信息技术的快速发展，时间维度上新兴服务业出现的先后顺序和技术维度上现代科学技术与信息技术运用程度的差距，均在逐渐缩小。许多在发达国家率先出现的新兴服务业能够被发展中国家较快地复制并发展。其二，生命周期维度上的现代服务业出现、成长、成熟、衰落和退出等阶段，与不同经济发展阶段紧密联系，处于不同经济发展阶段中的现代服务业，其生命周期的阶段性表现也不相同。

例如，在发达国家，随着人均收入水平提高和消费需求的不断变化，餐饮与旅馆服务业、批发与零售服务业、运输与仓储服务业等部

[①] 中国就业培训技术指导中心：《中国现代服务业典型职业发展观察报告（2010）》，中国劳动社会保障出版社2011年版，第169页。

门已经处于产业生命周期中的成熟阶段,增长速度逐渐减缓,在服务业中的比重呈现下降趋势,在生命周期维度上逐步丧失其现代属性。而医疗与保健服务业、教育培训服务业等部门则处在产业生命周期中的成长阶段,呈现高增长和高比重的特点,具有明显的现代属性。相比之下,在新兴经济体或发展中国家,与其人均收入水平和消费需求相适应,经过现代科学技术和信息技术应用并改造的商业服务业、物流服务业、餐饮与旅馆服务业等部门,在产业生命周期中仍处于高增长阶段,并且在服务业中所占据的比重较高,仍然体现出较为明显的现代属性。而医疗与保健服务业、教育培训服务业等部门,尽管具有潜在成长性和良好的未来发展趋势,但是当前尚未进入产业生命周期中的高增长阶段,在服务业中所占据的比重也较低,所呈现出来的现代属性仍不明显。因此,在不同国家情境下和不同时间节点上,现代服务业的发展定位是不同的,是动态变化的。在中国情境下,中国在现代服务业的定位中,除了按照知识、技术与信息的融入程度之外,还应该参照服务经济发达国家的现代服务业发展轨迹和经验,将当前中国经济发展阶段中尚未充分体现高增长和高比重而已经被服务经济发达国家实践经验证明将在未来经济发展阶段成为现代服务业的部门,视为潜在的现代服务业。[①]

4. 知识和技术密集性

20世纪60年代,美国著名经济学家威廉·杰克·鲍莫尔(William Jack Baumol)在一篇研究经济增长的论文中提出,本质上属于劳动密集型的服务产业,其生产效率的提升要比制造业困难得多,这一论断被学术界称为"鲍莫尔病"。然而,由于鲍莫尔忽视了服务业也可能成为知识和技术密集型产业,因此在服务业的实际演进中"鲍莫尔病"并没有大规模出现。20世纪80年代,以保罗·罗默(Paul Rome)为代表的新经济增长理论学派将知识和技术要素引入服务业

---

① 周振华:《服务经济发展:中国经济大变局之趋势》,格致出版社、上海三联书店、上海人民出版社2013年版,第33页。

增长的内生变量中,使知识成为与资本、劳动力、土地同样重要的生产要素,从而推动了发达国家的服务业从资本和劳动密集型服务业向知识和技术密集型服务业转型,服务业的知识化、技术化、信息化、智能化等发展态势日益明显。因此,服务业增长从传统依靠资本、劳动力驱动转型为主要依靠专业性知识和技术驱动。金融服务业、法律服务业、互联网与大数据服务业、设计与研发服务业、管理服务业等以专业知识为基础、附加值较高的知识和技术密集型服务业为产业转型升级带来较大的发展潜力和市场空间。①

现代服务业主要是以现代科技手段和现代知识为支撑,服务活动是依靠现代高新技术,特别是信息通信技术而提供的专业性服务,服务过程包含较高的知识和技术含量,因此现代服务业具有典型的知识和技术密集性特点。② 其中,知识和技术密集性是指现代服务业提供的服务是具有一定知识和技术含量的,或者是以知识和技术为基础来提供问题解决方案的。③

(1) 高知识密集性

中国已经进入服务经济时代,知识成为一种战略性资源,这已经得到学术界和实业界的普遍认同。如何持续不断地创造并使用知识是企业管理层需要思考的战略问题。现代服务业企业是服务经济中最活跃的组织,在国家创新体系中扮演着重要角色,属于知识创造和转移过程中的中坚力量。④

现代服务业区别于其他产业的一个显著特点,就是能够为顾客提供高度专业化的知识和高智力附加值的服务。现代服务业企业通常与

---

① 程晓等:《服务经济崛起:"互联网+"时代的服务业升级与服务化创新》,中国经济出版社2018年版,第37页。

② 张汉飞:《现代服务业与现代物流业知识读本》,西南师范大学出版社2009年版,第5页。

③ 朱海燕:《知识型服务业与产业集群升级 基于"关系—结构"嵌入的分析》,科学出版社2013年版,第8页。

④ 陈新辉:《知识密集型服务企业知识创造体系研究》,知识产权出版社2013年版,第1页。

第二章 高职院校现代服务业人才培养的核心概念与研究框架

技术发展、创新、研发等密不可分,这是现代服务业的重要特点,是其存在和发展的基础。尽管所有的经济活动都或多或少是基于知识的,但现代服务业的特殊性在于,它的服务是要向顾客提供高度专业化的知识,并且现代服务业持续发展的动力就是在与顾客的互动过程中不断产生、更新和积累知识。现代服务业企业的价值主要体现在以显性的或隐性的专业知识解决顾客问题。具体包括三个方面:知识的广度,即能否提供综合性、整体性的服务;知识的深度,即对特定问题的深入分析、判断与解决的能力;知识的精确度,即现代服务业企业是否专注于提供某项特定服务。[1]

(2)高技术密集性

现代服务业是基于现代技术发展起来的。技术进步和高新技术对现代服务业的渗透程度不断增强,同时现代服务业的飞速发展也从根本上改变了技术进步的速度、技术创新的深度和技术变化的发展方向。

第一,信息技术。信息技术的发展,使得现代服务业成为使用现代信息技术最为广泛的产业。现代服务业运用信息技术的同时,也促进了现代信息技术的深度发展。现代服务业将技术与产业发展连接起来,不仅积极地应用新技术为现代服务业企业提供个性化服务(如金融、保险、广告),而且创造、传播着新技术(如软件开发)。现代服务业包含了特殊领域的技术知识,信息技术咨询、工程咨询、管理咨询都聚集了大量的知识,其中最具代表性的例子是信息通信技术(Information and Communication Technology,ICT)的高度使用。[2]

同时,以互联网技术为代表的信息技术的快速发展,为现代服务业发展提供了以往不可比拟的发展环境。互联网技术提供了以"点击率"为基础的商业盈利模式,使大量自娱自乐的创作可以转化为商业

---

[1] 陶峻:《知识密集型服务企业知识能力研究》,经济管理出版社2013年版,第62—65页。
[2] 陈小连等:《现代服务业管理原理、方法与案例》,北京大学出版社2010年版,第15页。

创意，具备了市场价值以及足够激励，[①] 使现代服务业发展的信息化特点更加凸显。一方面促使专业服务效率得到前所未有的提高，现代服务业的生产技术在不断信息化；另一方面出现了以信息技术为基础的新型服务业，如电子商务平台支持、软件导入与开发、数据存储与传输等信息服务业，在全球得到了快速发展。[②]

第二，智能技术。智能技术引发了劳动力市场的巨大变革，其中以职业替代最为严峻和深刻。智能技术的职业替代类型多、范围广，三大产业均面临被智能机器替代的风险。实践显示，智能农业机器人、智能工业机器人和智能服务机器人已应用到三大产业的多个领域。其中，辅助人工服务的银行机器人、物流机器人、医护机器人、教育机器人等智能机器是现代服务业智能技术应用的代表。这些智能机器的出现，对现代服务业职业提出了新的挑战。一方面，在服务人员数量上，智能机器的出现将会减少一大批服务人员，甚至形成对劳动力的规模性替代；另一方面，在服务人员质量上，智能机器的应用对现代服务业从业者的能力和素质提出了新要求。由于智能机器一般都利用先进智能技术，所以在系统维护管理上则要具备相当程度的专业知识。一项对智能技术应用和人才需求的调查表明，智能机器换人后会带来一大批与智能机器相关的新职业岗位需求，主要包括智能机器人的调试和维修、智能生产线的运行以及智能车间的远程监测和在线管理等。[③] 因此，对于完成智能机器换人改造的现代服务业企业，更加需要三个层次的高技能人才供给：一是能够重新设计生产流程、供应链管理流程、产品再设计、大数据分析等复杂工作的人才；二是能够维持机器人调试、维修、供应链运营等工作的人才；三是面对机

[①] 江小涓：《网络空间服务业：效率、约束及发展前景——以体育和文化产业为例》，《经济研究》2018年第4期。

[②] 陈新辉：《知识密集型服务企业知识创造体系研究》，知识产权出版社2013年版，第1页。

[③] 石伟平、郝天聪：《走向工业4.0还需要中等职业教育吗》，《光明日报》2017年4月6日第14版。

器人升级后具备更高操作能力和运营能力的人才。①

以银行服务业为例，自动柜员机的出现和普及，为银行大厅的个人业务柜台以及柜台服务员节省了很多人力。但是自动柜员机的技术含量高，对银行内部人员要求也高，而且由于技术原因，中国的自动柜员机多为引进，很多说明和提示为英文，因此对银行内部自动柜员机系统管理或维护人员、日常运行管理人员的业务技能提出了更高的要求。因此，富有高科技含量的终端智能设备的广泛应用，是社会发展和技术进步的产物，推广和普及是大势所趋。现代服务业相关从业人员职业标准将不断提升，产业的发展将带动其职业从业者与时俱进，以适应时代发展的潮流。②

现代服务业从业者是新技术主要应用者和推广者，特别是从事技术服务和支持的服务业从业者，现代服务业职业对新技术的使用促进了多项技术之间的互相沟通和发展。现代服务业新职业涉及管理、策划创意、设计、分析和制作等工作，对从业人员的理论知识和实践技术技能都有较高的要求，多属于高技能人才。因此，现代服务业具有的高知识和技术密集性的特点决定了现代服务业对高素质人才的依赖，③要求从事现代服务业的劳动者必须接受良好的教育或培训，在某一方面具备一定的专业知识和技术，人力资本的知识性和技术性特点比较明显。④这也是通过现代服务业特点对其发展依赖于高素质劳动者和技术技能人才观点的再次论证。

（三）现代服务业的分类

虽然现代服务业的定义和特点还没有形成统一认识，但已有的定

---

① 王岚、许艳丽：《智能时代：职业风险与高职教育应对》，《高等工程教育研究》2018年第2期。
② 中国就业培训技术指导中心：《中国现代服务业典型职业发展观察报告（2010）》，中国劳动社会保障出版社2011年版，第174页。
③ 孙永波：《我国现代服务业发展机制及其对策研究》，经济科学出版社2017年版，第13页。
④ 焦青霞：《新兴服务业发展与区域经济增长》，经济管理出版社2015年版，第38页。

义和特点为归纳现代服务业分类及范围界定提供了重要依据。当前,较具影响力的现代服务业分类如下:

1. 以辛格曼分类法为代表的西方国家现代服务业分类法

1978年,美国经济学家乔基姆·辛格曼(Joachim Singelmann)按照不同的经济行为和社会特征将服务业分为四个子类别:分配服务业(Distributive Services)、生产者服务业(Producer Services)、社会服务业(Social Services)和个人服务业(Personal Services)。[1] 后来西方学者基于辛格曼的"四分类法"做了细微调整,前后对比见表2-3。

1985年,美国学者罗纳德·肯特·谢尔普(Ronald Kent Shelp)等人在《服务业与经济发展》(Service Industries and Economic Development)一书中将现代服务业分为五种类型:非技术性的个人服务业、技术性的个人服务业、产业服务业、大众消费者服务业和高科技产业服务业。谢尔普等指出,每一种类型的发展,都是与西方社会所经历的某一发展阶段和相关的经济形势相呼应的,而西方社会走过的路,也是许多发展中国家正在经历的。[2] 以谢尔普等人的现代服务业分类为依据,可以看出从传统服务业向现代服务业发展的历史轨迹。以高科技产业服务业为例,都是知识分子创造的特殊服务,进而培养出对全新、高科技、个性化服务的新需求,属于较为典型的现代服务业。[3]

2. 基于国民经济行业分类的中国现代服务业分类法

从实践来看,国内对服务业的分类是一个逐渐演化的过程,也是一个不断深化、细化和逐渐科学的过程。1985年国家统计局在《关于建立第三产业统计的报告》中将服务业分为流通部门、为生产和生活服务的部门、为提高科学文化水平和居民素质服务的部门和为社会

---

[1] Browning, H. L., Singelmann, J., "The Transformation of the U. S. Labor Force: The Interaction of Industry and Occupation", *Politics and Society*, Vol. 8, No. 3, 1978, pp. 481–509.

[2] Kent, S. R., Stephenson, J. C., Sherwood, T. N., et al., *Service Industries and Economic Development*, New York: Praeger Publishers, 1985, p. 3.

[3] [美]卡尔·阿尔布瑞契特、让·詹姆克:《服务经济:让顾客价值回到企业舞台中心》,唐果译,中国社会科学出版社2004年版,第22—23页。

表 2-3　辛格曼分类法与西方国家现代服务业分类法的比较

辛格曼分类法		西方国家现代服务业分类法	
一级分类	二级分类	一级分类	二级分类
生产者服务业	银行、信托及其他金融业	生产者服务业	金融业
	保险业、房地产业		保险业
	工程和建筑服务业		
	会计和出版业、法律服务业		不动产业
	其他营业服务		商业服务
分配服务业	交通运输与仓储业	分配服务业	交通运输与仓储业
	通信业和批发业		邮电业
	零售业（不含饮食业）		商业
	广告业及其他销售服务		公共事业
个人服务业	家庭服务	个人服务业	餐饮业
	旅馆和餐饮业		
	修理服务、洗衣服务		旅馆业
	理发和美容服务		娱乐与休闲业
	娱乐和休闲		
	其他个人服务		私人服务业
社会服务业	医疗和保健业、医院	社会服务业	行政服务业
	教育		教育
	福利和宗教服务		健康
	非营利性机构		福利
	政府、邮政		国防
	其他专业化服务和社会服务		司法

资料来源：中国就业培训技术指导中心：《中国现代服务业典型职业发展观察报告（2010）》，中国劳动社会保障出版社 2011 年版，第 7 页。

公共需要服务的部门四个层次。①虽然1985年国家统计局的现代服务业分类法较为权威，但是经过30余年的发展，现代服务业的内涵和特点已经发生了很大变化，该分类法在一定程度上已经不能满足现代服务业发展需求。在此背景下，国家统计局和现代服务业研究者基于该分类法均提出了新的现代服务业分类法。2018年中国重新修订了三次产业划分标准，最新的国民经济行业分类见表2-4。

中国学者高新民等人在《现代服务业：特征、趋势和策略》一书中对于现代服务业的分类方式较为清晰，将现代服务业分为基础服务业、生产性服务业、个人消费服务业和公共服务业，具体分类见表2-5。

本书借鉴国际和国内的现代服务业分类方式，结合最新的国内服务业核算一级分类指标体系，将现代服务业分为以下四类：第一，流通服务业，主要指流通部门，具体包括：交通运输、仓储和邮政业；第二，生产性服务业，主要指为生产服务的部门，具体包括：信息传输、软件和信息技术服务业，金融业，房地产业，租赁和商务服务业，科学研究和技术服务业；第三，个人服务业，主要指为生活服务的部门，具体包括：批发和零售业，住宿和餐饮业，居民服务、修理和其他服务业，文化、体育和娱乐业；第四，社会服务业，主要指为社会公共需要服务的部门，具体包括：水利、环境和公共设施管理业，教育，卫生和社会工作，公共管理、社会保障和社会组织，国际组织。

---

① 注：服务业的四个层次：第一，流通部门，包括交通运输业、邮电通信业、商业饮食业、物质供销和仓储业；第二，为生产和生活服务的部门，包括金融保险业、地质普查业、信息咨询业、技术服务业、房地产业、公用事业、居民服务业、旅游业等；第三，为提高科学文化水平和居民素质服务的部门，包括教育、文化、广播电视事业、科学研究院事业、卫生、体育和社会福利事业等；第四，为社会公共需要服务的部门，包括国家机关、党政机关、社会团体，以及军队和警察。

表2-4　　　　　　　　　　国民经济行业分类表

产业分类	行业分类
第一产业	农、林、牧、渔业
第二产业	采矿业
	制造业
	电力、热力、燃气及水生产和供应业
	建筑业
第三产业	批发和零售业
	交通运输、仓储和邮政业
	住宿和餐饮业
	信息传输、软件和信息技术服务业
	金融业
	房地产业
	租赁和商务服务业
	科学研究和技术服务业
	水利、环境和公共设施管理业
	居民服务、修理和其他服务业
	教育
	卫生和社会工作
	文化、体育和娱乐业
	公共管理、社会保障和社会组织
	国际组织

资料来源：国家统计局：《关于修订〈三次产业划分规定（2012）〉的通知》，http://www.stats.gov.cn/tjgz/tzgb/201803/t20180327_1590432.html，2018年3月23日。

表 2-5　　　　　　　　　　现代服务业的分类

大类	第一级分类	第二级分类
基础服务业	通信服务业	基础电信服务
		广播电视服务
	信息技术服务业	计算机服务
		软件服务
		互联网服务
		网络数据库
生产性服务业	现代金融业	现代银行服务业
		现代证券服务业
		现代保险服务业
		其他金融活动
	现代物流业	数码仓库
		配送中心
		第三方物流
		配送服务
	现代商业	电子商务
		连锁商业服务
		其他商业服务
	专业服务业	法律服务
		会计服务
		管理及科技咨询服务
个人消费服务业	个人消费服务业	连锁商品销售
		数字内容产业
		旅游业

第二章 高职院校现代服务业人才培养的核心概念与研究框架

续表

大类	第一级分类	第二级分类
公共服务业	公共服务业	公共医疗
		公共教育
		社区服务
		电子政务

资料来源：高新民、安筱鹏：《现代服务业：特征、趋势和策略》，浙江大学出版社 2010 年版，第 14—15 页。

四 高技能人才

许多专家和学者都对高技能人才的概念做出过阐释，当前对于高技能人才的界定存在两种主流观点。

一是从职业资格的角度进行概念界定，较为权威的是《高技能人才队伍建设中长期规划（2010—2020 年）》（中组发〔2011〕11 号）中的定义：高技能人才是指具有高超技艺和精湛技能，能够进行创造性劳动并对社会作出贡献的人，主要包括技能劳动者中取得高级技工、技师和高级技师职业资格的人员。[1] 学术界以毕结礼学者为代表，认为高技能人才就是在生产和服务行业中具备熟练技能，能够在工作岗位上熟练地完成复杂工作并创造较高价值的人才，主要包括在职业资格中获得高级技工、技师和高级技师的人员。[2]

二是从高技能人才需要具备的能力与素质的角度对其进行界定，以职业技术教育学专家刘春生为代表，认为随着经济和社会发展，高技能人才的内涵也随之变化，不能用职称、职业资格的方式来评价一个人是否为高技能人才。刘春生提出，但凡具备过硬的专业技术以及

---

[1] 中共中央组织部、人力资源和社会保障部：《高技能人才队伍建设中长期规划（2010—2020 年）》，http://www.mohrss.gov.cn/SYrlzyhshbzb/zwgk/ghcw/ghjh/201503/t20150313_153951.html，2011 年 7 月 6 日。

[2] 毕结礼：《高技能人才开发探索与实践》，企业管理出版社 2005 年版，第 7—10 页。

◆❖ 高职院校现代服务业人才培养研究

掌握各种技能的全面综合型人才都属于高技能人才,因此高技能人才应该具有相对性、广义性和复合性特点。① 持有相同观点的学者还包括:格思里(Guthrie)指出高技能人才的职业能力特征包括专业知识过硬、技能娴熟并具有技术技能改良的创新能力。② 刘教民认为高技能人才是指在社会生产、经营、管理和服务一线,具有高素质和技术技能水平的劳动者。③

本书采用第二种高技能人才界定的观点,认为高技能人才的内涵会随着产业结构调整和科学技术进步而不断变化,主要是指在服务业企业中,在服务一线能够胜任技术含量大、劳动复杂度高的工作的人才。④ 他们在工作中既要动脑又要动手,既要具有较高的知识和创新能力,又要掌握熟练的服务技能。

高等职业教育是培养高技能人才的摇篮,⑤ 高职院校是高技能人才供给的主要组织。《中国教育百科全书》将高等职业教育的概念界定为培养高级实践应用人才的教育,属高等教育范畴,是职业技术教育的高等层次。教育形式包括学校学历教育和职业技术培训两种。⑥ 高等职业院校是高等职业教育最主要的实施机构、组织形式和运行主体,简称高职院校。因此,从高等职业教育的定义和高技能人才成长的角度来看,高技能人才培养包括职前阶段的高职院校培养和职后阶段的企业培训,所以高技能人才培养的主要组织包括高职院校和企业。⑦ 本书主要涉及的是,职前阶段的

---

① 刘春生、马振华:《高技能人才界说》,《职教通讯》2006年第3期。
② Guthrie, H., Harris, R., Simons, M., et al., "Teaching for Technical and Vocational Education and Training (TVET)", in Saha, L. J. and Dworkin, A. G. eds. *International Handbook of Research on Teachers and Teaching*, The Netherlands: Springer, 2009, pp. 851–863.
③ 刘教民:《建设应用科技大学 培养和造就高技能人才》,《教育发展研究》2013年第17期。
④ 丁大建:《高技能人才的短缺与价值评价错位》,《中国高教研究》2004年第5期。
⑤ 梁绿琦:《高等职业教育研究资料选编》,北京理工大学出版社2010年版,第75页。
⑥ 张念宏:《中国教育百科全书》,海洋出版社1991年版,第92页。
⑦ 郝天聪:《我国高技能人才培养的误区及模式重构——基于高技能人才成长的视角》,《中国高教研究》2017年第7期。

高职院校作为高技能人才主要供给主体的现代服务业高技能人才培养研究。

五 人才培养

（一）人才培养

教育是一种社会活动，其区别于其他社会事物的本质属性就是人的培养。① 人才培养是高等教育的首要任务。《中华人民共和国高等教育法》明确规定，高等学校应当以培养人才为中心。② 潘懋元先生指出，高等学校三个职能的产生与发展，是有规律性的。先有培养人才，再有发展科学，最后有直接为社会服务。它的重要性也跟产生的顺序一般，第一是培养人才，第二是发展科学，第三是为社会服务。③

人才培养的概念没有统一界定，学者们从不同角度为人才培养下定义。日本著名学者畠山芳雄认为，人才培养是促使对方发生变化，包括改变习惯、态度和增强能力三个方面。④ 中国学者更加注重从教育学视角来定义人才培养，其中被广泛接受的概念为在需要导向下的人才培养观点。例如崔益虎学者认为，人才培养是指按照社会对人才的要求而采用特定的教育方法对人才实施培养的过程。⑤

本书同样认为人才培养应该受到经济社会发展需求的影响，应该将人才培养定位于培养满足经济社会发展需求的人才。因此，本书将人才培养界定为，基于经济社会发展对人才的需求，围绕人才培养关键要素直接或间接作用于受教育者身心的教育活动的总和。

（二）人才培养模式

"人才培养模式"一词最早出现在学者文育林1983年发表的

---

① 潘懋元：《高等教育学（上）》，人民教育出版社1984年版，第11页。
② 《中华人民共和国高等教育法》，中国人大网，http://www.npc.gov.cn/npc/c30834/201901/9df07167324c4a34bf6c44700fafa753.shtml，2019年1月7日。
③ 潘懋元：《高等学校的社会职能》，《高等工程教育研究》1986年第3期。
④ ［日］畠山芳雄：《人才培养百原则》，鲁军等编译，生活·读书·知新三联书店1988年版，第2页。
⑤ 崔益虎：《高校创新人才个性化培育模式探索》，东南大学出版社2016年版，第6页。

《改革人才培养模式，按学科设置专业》一文中，文章主要探索了高等工程教育人才培养模式改革问题。①该文虽然未对人才培养模式的概念进行阐释，但是人才培养模式的提出引发了教育领域对人才培养模式内涵的思考。1993年，刘明竣在专著《大学教育环境论要》中首次对人才培养模式做出定义，指出人才培养模式是在一定的办学条件下，为实现一定的教育目标而选择或构思的教育、教学样式。②

关于人才培养模式的定义，学术界有诸多阐述，学者们从教育过程总和、教育运行方式、人才培养系统、人才培养方案、人才培养规范、人才培养结构、培养活动样式、目标实现方式、整体教学方式、教学活动程序等不同侧重点对人才培养模式进行了界定。董泽芳在对上述人才培养模式观点进行剖析后指出，从"模式"的内涵来看，模式作为一种科学认识手段和思维方式，它是连接理论与实践的中介，其既不属于内容范畴和形式范畴，也不属于目的范畴和结果范畴，而是属于过程范畴。③董泽芳提出的人才培养模式定义属于过程论观点，当前中国人才培养模式的过程论观点影响较大，是人才培养模式概念的主流观点，代表性学者还包括龚怡祖、魏所康等。龚怡祖指出，人才培养模式是指在一定教育思想和教育理论指导下，为实现培养目标而采取的培养过程的某种标准构造样式和运行方式，具有明显的系统性与范型性。龚怡祖指出，人才培养模式的外延为整个人才培养过程。超出人才培养过程就会和办学模式混淆不清，小于人才培养过程则成为教学模式。人才培养模式的属性，表现在是一种过程范畴，是关于人才培养过程质态的总体性表述。④魏所康认为，人才培养模式是指一定教育机构或教育工作者群体普遍认同和遵从的关于人才培养活动的实践规范和操作样式，以目的为导向、以内容为依托、

---

① 文育林：《改革人才培养模式，按学科设置专业》，《高等教育研究》1983年第2期。
② 刘明竣：《大学教育环境论要》，北京航空工业出版社1993年版，第5页。
③ 董泽芳：《高校人才培养模式的概念界定与要素解析》，《大学教育科学》2012年第3期。
④ 龚怡祖：《略论大学培养模式》，《高等教育研究》1998年第1期。

第二章　高职院校现代服务业人才培养的核心概念与研究框架

以方式为具体实现形式,是直接作用于受教育者身心的教育活动全要素的综合概括和全过程的总和。①

基于人才培养模式概念,需要说明以下两点:第一,人才培养模式虽是以理论形态表现的,但它的内容是实践的。它是教育理论的具体化,教育经验的抽象化,培养目标、培养内容和培养方式的统一。② 第二,从现有研究来看,实际中人才培养模式改革较为多样。按照上述人才培养模式概念,当前许多学校所提出的人才培养模式更应该称为一种具体的培养方式,③ 两者的关系在于,人才培养方式是人才培养模式的关键要素之一。

在职业教育领域,人才培养模式的过程论观点影响也较为广泛,王启龙、徐涵两位学者将职业教育人才培养模式界定为,在一定的职业教育理念的指导下,职业教育机构和教育工作者群体所遵从的关于技术技能人才培养活动的实践规范和操作样式,它以现代职业教育理念为基础,以形成学生的职业能力为目标,以技术知识和工作过程知识为主要内容,以行动导向教学为主要的培养方式。④ 其中,理念、目标、内容和方式就是人才培养过程的具体体现。何新哲从过程论观点出发,认为职业教育人才培养模式是指培养主体为了实现人才培养目标,在一定的职业教育理念指导和职业教育人才培养制度保障下设计的,根据经济社会发展对人才规格的要求和学校自身教育资源的特点,由若干要素构成的,有关人才培养过程的运作模型与组织样式。⑤ 需要说明的是,由于职业教育与经济领域的联系更为紧密,职业教育人才培养模式要以经济社会发展需求为导向,应该强调与企业的合

---

① 魏所康:《培养模式论》,东南大学出版社2004年版,第24页。
② 魏所康:《培养模式论》,东南大学出版社2004年版,第25页。
③ 聂建峰:《关于大学人才培养模式几个关键问题的分析》,《国家教育行政学院学报》2018年第3期。
④ 王启龙、徐涵:《职业教育人才培养模式的内涵及构成要素》,《职教通讯》2008年第6期。
⑤ 何新哲:《职业教育国际化人才培养模式的理论审视与实践探索——以宁波TAFE学院"中外合作、中高贯通"为例》,《现代教育管理》2018年第1期。

作,将校企合作作为职业教育人才培养模式中的人才培养方式。

(三) 高职院校现代服务业人才培养

高等职业教育人才培养,主要是将一般意义上的人才培养概念导入高等职业教育范畴。[①] 即高职院校现代服务业人才培养是将一般意义上的人才培养具体到了高职院校现代服务业专业学生这一特定群体上。基于人才培养的定义和人才培养模式的关键要素,本书将高职院校现代服务业人才培养界定为,在现代服务业发展需求的导向下,高等职业院校以现代服务业发展需要的知识、能力和情感目标为引导,以服务知识、服务能力和服务情感培养为依托,以校企合作人才培养方式为具体实现形式的直接或者间接作用于高职院校现代服务业专业学生的教育活动过程的总和。

第二节　高职院校现代服务业人才培养的理论基础与研究框架

一　服务学的理论内涵及其指导意义

(一) 服务学的理论内涵

服务学,国际上称为服务科学(Service Science),全称为服务科学、管理与工程(Service Science, Management, and Engineering, SSME)。国际公认国际商业机器公司(International Business Machines Corporation, IBM)是服务科学的始创者和倡导者。早在2002年IBM研究院以吉姆·施波尔(Jim Spohrer)博士为核心组建了IBM第一个专注于服务创新的服务研究团队。该研究团队从社会与技术体系入手,探索服务创新的新途径。2004年IBM正式提出了服务科学的概念。同年,美国国家创新峰会上,服务科学被作为21世纪美国国家创新战略之一。至此,服务科学在美国的学术地位得以建立。2006

---

① 曾令奇、张希胜:《我国高等职教人才培养模式理论研究综述》,《职教论坛》2006年第9期。

第二章 高职院校现代服务业人才培养的核心概念与研究框架

年，IBM 正式把服务科学的概念引入中国，中华人民共和国教育部与 IBM 正式签署了《开展"现代服务科学方向"研究合作项目备忘录》，成立"教育部—IBM 服务学专家协作组"，服务科学的研究和建设正式在中国全面启动。① 表 2-6 为 IBM 服务学学科体系。

表 2-6　　　　　　　　　IBM 服务学学科体系

一级分类	二级分类
服务学通论	服务学教育、服务学研究、服务学政策、服务史、案例研究等
服务基础理论	服务理论、服务哲学、服务经济学、服务理论模型、服务数学模型、服务复杂性理论、服务创新理论、服务基础理论教育等
服务工程	服务工程理论、服务标准、服务优化、服务系统工程、服务供应链、服务工程管理、服务系统绩效、服务质量工程、新服务工程、计算机服务、信息技术服务、服务工程教育等
服务管理	服务营销、服务运营、服务管理、服务生命周期、服务创新管理、服务质量、人力资源管理、顾客关系管理、服务外包、服务法规、商务教育等
服务人文方面	服务系统演化、服务行为模型、服务决策、服务系统中的人、服务中的组织变革、服务社会学、服务认知、客户心理学、服务人文教育等
服务的设计	服务的设计的理论、服务的设计的方法论、服务表征、服务美学、服务的设计的教育等
服务艺术	服务艺术理论、传统服务艺术、表演艺术、服务艺术史、服务艺术教育等
服务产业	服务行业、公用事业、批发贸易、零售业、运输与仓储、信息服务、金融与保险、不动产与租赁业、专业与技术服务、管理服务、行政管理与支援服务、教育服务、卫生与社会救助服务、艺术娱乐与休闲、住宿及餐饮服务、公共管理服务、其他服务业

资料来源：根据 Pinhanez, C., Kontogiorgis, P., "A Proposal for a Service Science Discipline Classification System", https：//www.researchgate.net/publication/228868881_A_Proposal_for_a_Service_Science_Discipline_Classification_System, January 15, 2008，整理而得。

---

① 陈嘉嘉：《服务设计——界定·语言·工具》，江苏凤凰美术出版社 2016 年版，第 78 页。

服务学是面向现代服务业研究的学科,[①] 现代服务业发展呼唤服务学建设。[②] 本书选取了服务学中的三个理论,分别为服务经济学中的后工业社会理论、服务管理学中的基于能力的人力资源管理理论和顾客关系管理理论。

1. 后工业社会理论

在服务经济学理论中,1973年,美国著名社会学家丹尼尔·贝尔(Daniel Bell)在《后工业社会的来临——对社会预测的一项探索》(*The Coming of Post-Industrial Society: A Venture in Social Forecasting*)一书以美国社会为蓝本对工业经济发展之后的经济社会态势做了一个前瞻性和系统性的预测,提出了以服务为主的后工业社会理论。贝尔指出,后工业社会应该从五个方面理解:第一,在经济方面从产品生产经济转变为服务经济;第二,在职业分布上专业与技术人员阶级处于主导地位;第三,后工业社会存在中轴原理,知识处于中心地位,是社会革新与制定政策的源泉;第四,在未来的发展中需要控制技术发展,对技术进行鉴定;第五,创造新的智能技术。[③]

贝尔论述了后工业社会与人力资源的基本关系,主要包括三个观点:第一,劳动力的工作领域从产品生产经济转变为服务经济,大多数劳动力不再从事农业或制造业的生产活动,而是转向贸易、金融、运输、保健、娱乐、研究、教育和管理等服务工作;第二,劳动力群体中的专业技术人员阶层处于主导地位,特别是科学家和工程师成为后工业社会的关键性群体;第三,知识在后工业社会发展中的首要性。其中,贝尔通过对后工业社会中轴原理的描述,重点论述了知识的首要地位。贝尔将知识定义为对事实或思想的一套

---

① 陈嘉嘉:《服务设计——界定·语言·工具》,江苏凤凰美术出版社2016年版,第78页。

② 陈德人:《现代服务产业呼唤服务学学科建设——电子商务与物流等新兴服务业的创新创业型人才需求分析》,《中国大学教学》2012年第6期。

③ [美]丹尼尔·贝尔:《后工业社会的来临——对社会预测的一项探索》,高铦译,新华出版社1997年版,第14页。

有系统的阐述提出合理的判断或者经验性的结果，通过某种交流手段，以某种系统的方式传播给其他人。贝尔指出，后工业社会是围绕知识组织起来的。虽然知识对任何社会的运转均是必不可少，但是后工业社会所不同的是知识本身性质的变化，对于组织决策和指导变革具有决定性意义的知识处于中心地位。[①] 知识与后工业社会人力资源的关系上，集中体现为知识是专业技术人员的重要素质。由于后工业社会中处于中心的是专业技术人员，他们具备教育和专门的培训背景，具有专业知识这些素质是后工业社会日益急需的。其中所指的素质就是专业技术人员通过教育和专门培训所获得的专业知识，即本书中的服务知识。

2. 基于能力的服务业人力资源管理理论

在服务管理学理论中，2002年英国学者马雷克·科尔钦斯基（Marek Korczynski）在专著《服务业人力资源管理》（Human Resource Management in Service Work）中提出了服务业人力资源管理理论，重点揭示了服务业特性与服务人员实践之间的内在联系，认为传统意义上由管理人员和员工两个维度决定的雇用关系，在服务业领域中需要重新定义为管理人员、员工和顾客三个维度决定的雇用关系。[②] 在此基础上，2013年，比利时弗拉瑞克鲁汶根特管理学院服务管理中心学者保罗·格默尔（Paul Gemmel），巴特·范·路易（Bart Van Looy）和罗兰·范·迪耶多克（Roland Van Dierdonck）在合作出版的专著《服务管理：整合的视角》（Service Management：An Integrated Approach）中提出了基于能力的服务业人力资源管理理论，认为引入能力的概念能够为服务业企业发展需求与服务业企业员工职能之间的平衡创造更好的机会。在基于能力的服务业人力资源管理理论中，将服务能力从组织和人力两个层面进行论述，理论的核心观点是能力系统

[①] ［美］丹尼尔·贝尔：《后工业社会的来临——对社会预测的一项探索》，高銛译，新华出版社1997年版，第21页。

[②] ［英］马雷克·科尔钦斯基：《服务业人力资源管理》，何建华译，人民邮电出版社2004年版，第2页。

的开发可以将企业服务能力和员工的服务能力连接起来。其中,企业的服务能力是指能够构成企业竞争优势的内部资源的特定组合,员工的服务能力是指与高绩效相关的人的技能。在基于能力的服务业人力资源管理理论中,组织层面的动态能力受到关注,个人层面的与学习和创新相关的能力受到关注。[①] 本书中的服务能力指服务工作中劳动者必需的技能。[②]

3. 顾客关系管理理论

顾客关系是企业与其顾客在向对方确定了潜在目的后双方之间的联系,顾客关系管理是一种通过管理服务人员与顾客之间的关系而使双方受益的过程。[③] 2006年,顾客关系管理学的奠基人、美国杜克大学顾客关系管理学研究专家邓·皮泊斯(Don Peppers)和马沙·容格斯(Martha Rogers)在著作《客户关系管理》(*Managing Customer Relationship*)中从顾客关系管理的背景和历史入手,对关系理论进行考察,构建出"识别顾客—区分不同顾客—与顾客进行互动—专门化对待顾客"的顾客关系管理架构。皮泊斯和容格斯指出,真正的顾客关系,不仅是消费关系,它在很大程度上是一种感知,是由信任、依赖性、相互尊重、关心、热情和有效的交流和互动等情感因素所形成的。[④]

法国学者让·克洛德·德劳内(Jean Claude Delaunay)和让·盖雷(Jean Gadrey)将顾客关系的理论成果总结为四个方面:第一,服务供给方和顾客的合作生产过程以及由此带来的成本(金钱和时间上)。第二,服务供给方和顾客之间信息和知识传播的形式

[①] [比] 保罗·格默尔等:《服务管理:整合的视角(第3版)》,陈福军、曹婷译,清华大学出版社2017年版,第75—77页。

[②] [印] 尼密·乔杜里:《服务管理》,盛伟忠等译,上海财经大学出版社2007年版,第293页。

[③] [英] 特里·吉伦:《客服人员技能培训》,魏清江、方海萍译,机械工业出版社2004年版,第23页。

[④] [美] 邓·皮泊斯、马沙·容格斯:《客户关系管理》,郑先炳、邓运盛译,中国金融出版社2006年版,第58页。

第二章　高职院校现代服务业人才培养的核心概念与研究框架

是合作生产的独特因素，而且越来越重要。第三，服务供给方和顾客之间的相对位势，有的是顾客占优势地位（比如跨国公司和它的一些审计师、顾问），有的是相反的情形（例如医师和他的大部分病人）。第四，服务供给方和顾客之间建立的关系中含有情感因素，如英国学者约翰·厄里（John Urry）将服务业劳动称为"情感工作"。①

美国学者卡尔·阿尔布瑞契特（Karl Albrecht）和让·詹姆克（Ron Zemke）在《服务经济：让顾客价值回到企业舞台中心》(*Service America in the New Economy：Restore Customer Value to the Center Stage of Business*)一书中提出了著名的"服务金三角理论"，用于阐述顾客、服务战略、服务企业和服务人员之间的互动关系。在论述服务人员与顾客的互动关系时，阿尔布瑞契特和詹姆克明确指出，优质服务源于情感付出，这种情感付出代表了"服务人员了解顾客的感受，服务人员关心顾客，服务人员可以体会到顾客的困境，服务人员知道顾客发生了什么事情"，其最高境界是让顾客觉得受到肯定，得到关怀。② 服务业企业希望服务人员向顾客传递积极情感，尤其是有助于实现顾客需求的情感。③ 因此，顾客关系的建立与维系需要情感劳动，情感是描述顾客关系的一种素质和指标，在服务活动中表现出更强的关系性，情感就越会成为顾客关系的核心要素。本书将情感劳动过程中需要的情感称为服务情感，并且根据服务关系理论得出，顾客关怀是服务情感中的重要内容。

（二）服务学理论的价值与指导意义

第一，服务学理论中关于人力资本对现代服务业发展重要意义

---

① [法]让-克洛德·德劳内、让·盖雷：《服务经济思想史——三个世纪的争论》，江小涓译，格致出版社、上海人民出版社2011年版，第87页。
② [美]卡尔·阿尔布瑞契特、让·詹姆克：《服务经济：让顾客价值回到企业舞台中心》，唐果译，中国社会科学出版社2004年版，第122页。
③ [英]马雷克·科尔钦斯基：《服务业人力资源管理》，何建华译，人民邮电出版社2004年版，第69页。

的论述，指导本书进一步明确高技能人才是驱动现代服务业发展关键要素的观点，为本书探讨高等职业教育与现代服务业之间的供需关系提供了理论依据。服务学是面向现代服务业研究的学科。[①] 一方面，人力资本是推动服务经济发展的三大资本之一。[②] 服务经济学与现代服务业紧密联系，服务经济学主要是从现代服务业产业层面的宏观理论论述。服务业是服务经济中的主导产业，现代服务业是服务业的重要组成部分，是驱动服务经济发展的新动力。古典服务经济学家已经注意到服务业与人力资本的关联性，而后工业社会理论的出现，将服务业发展对具有专业知识的劳动者的依赖程度提到一个新的高度，明确指出具有专业知识的劳动者已经成为社会主流，专业和技术人员阶级处于主导地位，后工业社会理论在服务业与人力资本之间建立了清晰的联系。另一方面，人力资源是促进服务管理质量提升的有效路径。服务管理学主要是从现代服务业企业层面的微观理论论述，关注组织层面和员工个人的发展。在服务管理学理论中，基于能力的服务业人力资源管理理论和顾客关系管理理论均将人力资源视为服务业企业竞争力的关键，强调服务业企业应该重视服务人员在能力和情感方面的培训。因此，服务经济学理论中涉及的服务经济状态下劳动者人力资本特征的论述，以及服务管理学理论中涉及的现代服务业企业对于雇员具体素质需求的论述，使本书进一步明确高技能人才是驱动现代服务业发展的关键要素，为本书探讨高等职业教育与现代服务业之间的供需关系提供了理论依据。

第二，服务学理论中关于人才需求的论述为本书提供了以需求为导向的研究思路，为构建高职院校现代服务业人才培养研究框架奠定了理论基础。从农业经济到工业经济，再到服务经济，不同经济形态

[①] 陈嘉嘉：《服务设计——界定·语言·工具》，江苏凤凰美术出版社2016年版，第78页。

[②] 李勇坚：《从产品经济到服务经济：对人类社会经济发展史的新考察》，中国社会科学出版社2016年版，第3页。

第二章 高职院校现代服务业人才培养的核心概念与研究框架

对劳动力的需求不同。长期以来，在职业教育人才培养探索过程中，大部分人才培养环节是以掌握岗位技术或技能为目的。[①] 重视技术技能培养是中国职业教育的优势，也是对工业经济背景下人才培养路径的依赖。当前，中国已经进入服务经济时代，仅强调专业知识和专业技能还不能满足现代服务业发展对高技能人才日益增长的需求，需要重新审视现代服务业高技能人才的素质结构，将现代服务业发展的人才需求作为高职院校现代服务业人才培养研究的重要导向。根据服务学中后工业社会理论、基于能力的服务业人力资源管理理论和顾客关系管理理论，将现代服务业发展的人才需求确定为服务知识、服务能力和服务情感三个方面，并以此为基础构建高职院校现代服务业人才培养研究框架，进而在第三章、第四章和第五章对高职院校现代服务业专业学生的服务知识、服务能力和服务情感培养进行深入探索。因此，服务学理论中关于人才需求的论述为高职院校现代服务业人才培养研究提供了以需求为导向的研究思路，是本书构建研究框架的重要依据。

二 人才培养模式的理论内涵、价值与指导意义

（一）人才培养模式的理论内涵

人才培养是高等职业教育的首要任务。在高等职业教育中，人才培养被视为高等职业教育的中心工作与根本任务，是高等职业教育改革的目标和重点。其中，人才培养模式是人才培养的重中之重。人才培养模式的概念和构成要素是人才培养模式理论的主要内容。

人才培养模式的概念是人才培养模式理论的首要内容。人才培养模式是指一定教育机构或教育工作者群体普遍认同和遵从的关于人才培养活动的实践规范和操作样式，以目的为导向、以内容为依托、以

[①] 邬宪伟：《选择的教育：职业教育的一个新视角》，上海教育出版社2009年版，第15页。

方式为具体实现形式,是直接作用于受教育者身心的教育活动全要素的综合概括和全过程的总和。① 人才培养模式概念中的"一定教育机构或教育工作者群体"是模式的运用主体。一般来说,模式的运用主体是群体而非个体,因为人才培养活动是群体行为而不是个体行为,模式的概括范围较大,一般不对个体的具体教学行为进行概括。"普遍认同和遵从",点明"人才培养模式"具有普遍性、稳定性、操作性等特点。短时间内采取的一些新措施、新做法,尚未定型化、制度化,一般不将其称为"人才培养模式"。这种"普遍认同和遵从",会受到某种教育理念的指导,可能来自管理机构的硬性规定,也可能来自某种评价标准或传统、习惯。"实践规范和操作样式"是人才培养模式的本质属性,因为人才培养模式主要表现为实践规范和操作样式,重点涉及怎么做的问题。"以目的为导向,以内容为依托、以方式为具体实现形式",是对人才培养模式的构成要素和运行机理的交代。

在明确人才培养模式概念的基础上,需要明确人才培养模式理论的第二个重要内容:人才培养模式到底由哪些要素构成?当前研究对于人才培养模式要素的观点主要包括:"三要素"观点、"四要素"观点、"五要素"观点和"六要素"观点等多要素观点。总结发现,对于人才培养模式关键要素的观点,学术界尚未达成一致意见,主要分歧在于是否要将培养思想、培养主体、培养客体、培养制度、培养评价等作为单独要素列出。研究指出,人才培养模式的构成要素很多,最主要的构成要素是人才培养目标、人才培养内容和人才培养方式。②

本书从人才培养过程涉及的主要环节出发,采用学术界普遍认可的"三要素"观点,遵循"培养什么人,培养人的什么,怎么培养人"的逻辑,将人才培养的关键要素确定为人才培养目标、人才培养

---

① 魏所康:《培养模式论》,东南大学出版社2004年版,第24页。
② 魏所康:《培养模式论》,东南大学出版社2004年版,第24页。

内容和人才培养方式三个方面。

1. 人才培养目标要素

人才培养目标是全部人才培养工作的核心，是一切人才培养活动的出发点和归宿，同时也是确定人才培养内容、选用人才培养方式的重要依据。人才培养活动作为一种人为的活动，应该有明确的人才培养目标。本书主要以需求为导向确定高职院校现代服务业人才培养目标。

2. 人才培养内容要素

人才培养内容是人才培养的重要依托，包括知识涵盖、课程设置、教材选用等，是人才培养目标能否实现的关键。人才培养内容源于人类不断劳动、实践以及探索而形成的对于客观世界的认识。人类对客观世界的认识范围广阔，其中任何一点对于人类来说都具有某种意义或价值，但是要求个体掌握所有知识并不现实，因而产生了如何选择知识、组织知识、提供知识的问题。因此，人才培养内容的关键在于知识选择和提供的差异。本书主要探索了高职院校培养现代服务业专业学生服务知识、服务技能和服务情感三个方面的人才培养内容。

3. 人才培养方式要素

人才培养方式是为实现人才培养目标、掌握人才培养内容而采用的程序、方法和手段的总和。人才培养目标是通过系统的复杂动作或操作行为来实现的，而这些复杂动作或操作是以科学的顺序和步骤为前提的，这种科学的顺序和步骤便是人才培养方式的运行机制。本书主要研究了基于校企合作的高职院校现代服务业人才培养方式。

（二）人才培养模式理论的价值与指导意义

第一，人才培养模式的概念为高职院校现代服务业人才培养研究提供了逻辑起点。从人才培养和人才培养模式的关系来看，人才培养是一个系统工程，除了涉及人才培养的主客体外，还包括理念、模式、制度等诸多要素。人才培养模式是人才培养系统中最重要的构成之一，其关注的是培养过程中目标设置是否科学、内容安排是否合理、方式选择是否有效等主要问题。因此，人才培养模式的概念使本书的论域更加明确，将高职院校现代服务业人才培养研究聚焦到高职院校现代服务业人才培养目标、内容和方式研究，确定了本书的逻辑起点。

第二，人才培养模式的关键要素为构建高职院校现代服务业人才培养研究框架奠定了重要基础。人才培养模式涉及多种要素，但是主要包括三个方面：一是培养什么人，二是培养人的什么，三是怎么培养人。这三个问题主要涉及的是人才培养目标、人才培养内容和人才培养方式。[①] 本书遵循上述逻辑，将人才培养的关键要素确定为人才培养目标、人才培养内容和人才培养方式三个方面，并以此为基础构建高职院校现代服务业人才培养研究框架，进而在第三章、第四章和第五章分别对高职院校现代服务业人才培养目标、人才培养内容和人才培养方式进行专门探讨。因此，人才培养模式的关键要素是本书构建研究框架的重要支撑。

三 高职院校现代服务业人才培养的研究框架

基于服务学和教育学理论，构建出高职院校现代服务业人才培养的研究框架。基于服务学中后工业社会理论、基于能力的服务业人力资源管理理论和顾客关系管理理论，将现代服务业发展的人才需求确定为服务知识、服务能力和服务情感。基于教育学中人才培养模式理论，将高职院校现代服务业人才培养的关键要素确定为人才培养目标、人才培养内容和人才培养方式。根据服务学和教育学理论，构建出高职院校现代服务业人才培养的研究框架，见图2-1。

---

① 周丽娟：《近二十年职业教育人才培养模式研究综述》，《教育教学论坛》2015年第8期。

第二章 高职院校现代服务业人才培养的核心概念与研究框架

图2-1 高职院校现代服务业人才培养的研究框架

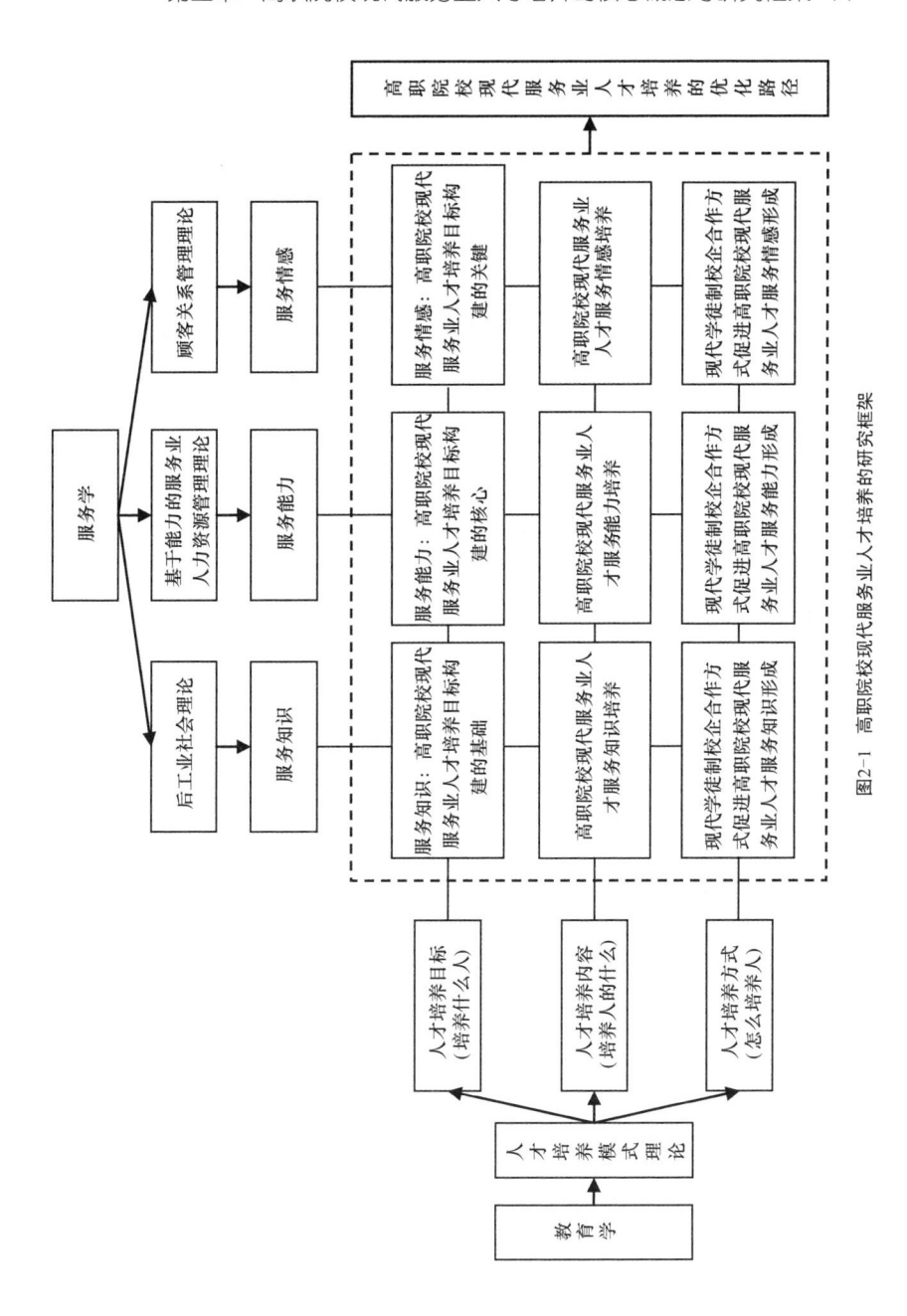

第三章 需求导向下的高职院校现代服务业人才培养目标研究

人才培养目标是人才培养的出发点,是研究"培养什么人"的问题。现代服务业发展的人才需求是高职院校现代服务业人才培养目标设置的导向。《教育部关于全面深化课程改革 落实立德树人根本任务的意见》要求,学校在设置人才培养目标时应该将学生个人发展与满足社会需求相联系,使学生运用必备品格和关键能力适应社会的同时,获得自身的可持续发展。[①] 高等职业教育作为一种通过培养高技能人才直接服务于产业发展的教育,只有当其人才培养目标与产业发展的人才需求相一致时,高等职业教育服务产业发展的能力才有可能最大限度地实现。因此,现代服务业发展的人才需求是高职院校人才培养目标的职业性基础,高职院校人才培养目标是现代服务业发展人才需求的教育化过程。本章运用内容分析法,从宏观的现代服务业产业层面和微观的现代服务业用人单位层面,深入分析了现代服务业发展的人才需求。在此基础上,参照布卢姆教育目标分类体系,构建出高职院校现代服务业人才培养的三维目标体系。

[①] 《教育部关于全面深化课程改革 落实立德树人根本任务的意见》,http://www.moe.gov.cn/srcsite/A26/jcj_kcjcgh/201404/t20140408_167226.html,2014年3月30日。

第一节 现代服务业发展的人才需求分析

职业教育对经济发展的促进作用主要是通过满足产业发展的人才需求来实现的，具有鲜明的市场导向性特点。在人才需求研究中，当前研究主要是从宏观和微观两个层面对产业发展的人才需求进行探索。在宏观层面上，有学者从人才数量和人才质量两个方面探索了京津冀地区健康养老行业专业人才需求状况，[①] 有学者从人才结构方面探索了京津冀产业结构特点和人才需求结构状况；[②] 在微观层面上，学者们主要探索了企业对人才的知识、能力和素质需求，如基于企业人才需求高职酒店管理专业人才培养模式研究、[③] 职业教育培养目标研究视角下的企业人才需求调查研究等。[④]

经济转型背景下中国现代服务业的飞速发展对高技能人才提出了新要求与新挑战。现代服务业是一种知识和技术密集型服务业，其发展对于高技能人才具有高度相倚性。现代服务业发展的人才需求是高职院校培养现代服务业人才的基础，这里的现代服务业发展的人才需求主要是指两个方面：宏观层面的现代服务业产业对高技能人才提出的需求；微观层面的现代服务业用人单位对高技能人才提出的需求。其中，在宏观层面上，主要是从人才数量、人才结构和人才质量三个维度刻画现代服务业产业的总体人才需求；在微观层面上，主要从服务知识、服务能力和服务情感三个维度刻画现代服务业用人单位的具体人才需求。

[①] 张中兴等：《京津冀地区健康养老行业专业人才需求状况调查与分析》，《中国职业技术教育》2017年第10期。
[②] 赵福伟、贾冬青：《京津冀产业结构特点和人才需求结构》，《人民论坛》2018年第3期。
[③] 湛艳琳、陈波：《基于企业人才需求高职酒店管理专业人才培养模式研究》，《中国成人教育》2015年第7期。
[④] 查吉德：《职业教育培养目标研究视角下的企业人才需求调查研究》，《中国职业技术教育》2014年第33期。

一 宏观层面：现代服务业产业的高技能人才需求分析

在宏观层面上，重点分析了现代服务业产业对高技能人才提出的新需求。在现代服务业产业发展背景下，从高技能人才数量、人才结构、人才质量三个维度探讨现代服务业人才需求的总体情况。

（一）现代服务业需要大规模的高技能人才

在经济发展方式转型过程中，现代服务业正逐渐成为占主导形式的经济形态，创造了更多的就业岗位和社会财富，发展为世界经济中增长幅度最快的行业。丹尼尔·贝尔（Daniel Bell）指出，后工业社会是从产品生产经济转变为服务经济，其首要特点是大多数劳动力不再从事农业和制造业，而是从事服务业。[①] 美国是第一个服务经济国家，是第一个大多数人既不从事农业生产，也不从事工业生产的国家。数据表明，20世纪70年代，约有60%的美国劳动力从事服务行业，到1980年上升到70%，[②] 2010年，美国从事服务行业的劳动力高达81.2%。[③] 1970—2004年，德国从事制造业的劳动力数量减少了大约190万人，而服务业从业者人数增长了340万人，2010年从事服务业的劳动力达到70%。[④] 此外，法国、英国、荷兰、西班牙等发达国家在2010年从事服务业的劳动力均在70%以上。[⑤] 中国服务业的发展符合产业结构演进规律，即随着工业化进程的深入，产业结构分别由以第一产业为主向以第二产业为主，再向以第三产业为主转变。整体来看，服务业就业比重大幅上

[①] ［美］丹尼尔·贝尔：《后工业社会的来临——对社会预测的一项探索》，高铦译，新华出版社1997年版，第14页。

[②] ［美］丹尼尔·贝尔：《后工业社会的来临——对社会预测的一项探索》，高铦译，新华出版社1997年版，第15页。

[③] 国家统计局：《国际统计年鉴（2012）：按产业类型划分的就业构成》，http://www.stats.gov.cn/ztjc/ztsj/gjsj/2012/201307/t20130702_74152.html，2013年7月2日。

[④] ［德］布纳德·斯坦思等：《服务科学：基础、挑战和未来发展》，吴健等译，浙江大学出版社2010年版，第66、21页。

[⑤] 国家统计局：《国际统计年鉴（2012）：按产业类型划分的就业构成》，http://www.stats.gov.cn/ztjc/ztsj/gjsj/2012/201307/t20130702_74152.html，2013年7月2日。

升。数据显示,自 2004 年以来,中国第一产业的就业人数呈下降趋势,第二产业和第三产业的就业人数呈上升趋势,服务业容纳就业人口的能力明显高于第二产业。[①] 2012—2016 年,中国服务业就业人数累计增加 6067 万人,就业比重从 36.1% 升至 43.5%,成为吸纳劳动力最多的产业。从服务业内部看,现代服务业就业增长最为迅速。2012—2015 年就业增长最快的 3 个行业依次是租赁和商务服务业,科学研究、技术服务和地质勘查业,信息传输、计算机服务和软件业,分别增长 72.7%、50.3%、38.7%。[②] 现代服务业行业多,门类广,信息、知识和技术密集程度高,能够吸纳大量高技能人才就业。2016 年《中国劳动力市场技能缺口研究》报告显示,劳动力市场对现代服务业中专业人才的需求呈现上升趋势,其中 IT 服务、软件服务、研发服务、会计服务、市场和客户服务、金融服务等全球化程度较高的现代服务业人才需求将逐步增加,需要吸收大量高等教育水平的劳动力。[③] 因此,现代服务业的迅速发展将不断催生出技术综合化和技术含量较高的职业岗位,需要大量能够从事现代服务业的高技能人才,同时大规模的现代服务业高技能人才储备也会支撑产业发展以保持现代服务业的领先优势。

(二)现代服务业需要结构均衡的高技能人才

现代服务业是知识密集型产业,主要分为流通服务业、生产性服务业、个人服务业和社会服务业四类。每一类现代服务业都有其具体的服务内容与服务对象,需要具有一定专业知识和技术技能的高技能人才,最终达到结构均衡的供需状态。首先,专业化程度逐渐提高是现代服务业职业的发展趋势,这促使现代服务业高技能人

---

① 中国就业培训技术指导中心:《中国现代服务业典型职业发展观察报告(2010)》,中国劳动社会保障出版社 2011 年版,第 28 页。

② 郭同欣:《改革创新促进了我国就业持续扩大》,《人民日报》2017 年 3 月 29 日第 11 版。

③ 复旦大学、清华大学:《中国劳动力市场技能缺口研究》,https://www.tsinghua.edu.cn/_ _ local/4/E6/DA/A12EB75B9D564353167D4F107C5 _ D711D7DB _ 79EC7D.pdf, 2016 年 10 月 30 日。

才更加专注于相关行业的某一环节，在熟练程度提高的同时，也能更加了解服务对象，掌握相关领域知识，提升服务水平。其次，在技术技能方面，知识密集型服务业是服务业的重要组成部分，当前知识密集型服务业在整个服务业中的比重上升，对经济增长作用明显增强。现代服务业从业者是新技术最主要的使用者和推广者，特别是从事技术服务和技术支持的现代服务业从业者，他们对新技术的普遍应用促进了技术之间的融合与发展，对新技术的发展起到了重要的推动作用。[1] 现代服务业的服务对象是人，服务内容为专业和技术服务，高技能人才处于主导地位。随着现代服务业的发展，所需劳动力的职业结构和专业能力发生了重要变化，从事智力服务的高技能人才数量增加。现代服务业新职业涉及的管理、策划创意、设计、分析和制作等工作，对从业人员的理论知识和实际职业能力都有较高要求。人力资本投资是形成专业技能的途径，现代服务业需要受过专业训练的、具有专业和技术能力的高技能人才，进而为现代服务业内部各类行业提供人才支撑，使现代服务业内部结构均衡发展。

（三）现代服务业需要高质量的高技能人才

在现代经济社会中，单纯的产品竞争已经让位于服务质量竞争，开始了从"生产型制造"向"服务型制造"的转变，服务产品化成为现代化服务发展的重要趋势，先进的技术与优质的服务相结合才能顺利地推动现代服务业的发展。顾客是服务业竞争的驱动力，[2] 满足顾客不断变化的需求是服务业发展的规则。[3] 顾客满意度是营销学中的概念，是顾客对一个产品的感知效果与期望相比较后，形成的

---

[1] 中国就业培训技术指导中心：《中国现代服务业典型职业发展观察报告（2010）》，中国劳动社会保障出版社2011年版，第42页。

[2] Park, Y., Lee, S., "How to Design and Utilize Online Customer Center to Support New Product Concept Generation", *Expert Systems with Applications*, Vol. 38, No. 8, 2011, pp. 10638 – 10647.

[3] Kurt, İ., Yılmaz, N. K., Karakadılar, İ. S, "Features of Innovative Applications in the Service Industry and Exploration of their Effect on Firm Efficiency", *Procedia-Social and Behavioral Sciences*, Vol. 99, 2013, pp. 572 – 581.

第三章 需求导向下的高职院校现代服务业人才培养目标研究

愉悦感或失望感的评测,是顾客满意水平的反映。[1] 随着经济全球化不断发展,组织认识到顾客不满的原因大多与产品无关,顾客对产品的需求已经扩展到精神领域,更加关注服务的品质,顾客满意度研究的重点逐渐从产品转向服务,并形成一种新的质量观,即将顾客需求当作服务质量的标准,服务质量的提升成为顾客满意度增加的前提。服务质量是指顾客的"事前期待"和"实际评价"的对应关系。[2] 从顾客视角看,产品质量和服务质量是不可分离的;从组织视角看,服务质量比产品质量有更大的潜力去创造一种竞争优势。[3] 由于顾客对服务的"期望"并不是单纯对一种产品的渴望,而是一种因人而异的需求,顾客满意度成为评价服务质量的重要标准。根据美国顾客满意度指数模型(American Customer Satisfaction Index,ACSI),顾客对产品或服务的预期质量和感知质量间的差距会影响其对产品或服务的感知价值,从而进一步影响顾客满意度。[4] 感知价值指产品或服务的质量与价格相比,在顾客心目中形成的感知定位。ACSI模型将顾客抱怨和顾客忠诚作为评价顾客满意度的结果,当顾客感知质量高于预期质量时,顾客的感知价值升高,顾客满意度提高,顾客对产品或服务的抱怨减少,顾客忠诚度增加;当感知质量低于预期质量时,顾客的感知价值降低,顾客满意度下降,顾客对产品或服务的抱怨增加,顾客忠诚度降低。服务业不同于其他行业,人的因素在整个服务过程中起着决定性的作用,服务质量的好坏是由服务的提供者和顾客共同控制的,并且服务质量比产品质量更加难以把握和控制,需要由具有服务素质的高技能人才提供,这些具有服务素质的现代服务业高技能人才成为提升服务创新能力和服务竞争力的关键所在。现代服务业高技能人才的服务态度、服务能力

---

[1] 张富山:《顾客满意——关注的焦点》,中国计划出版社2001年版,第88页。
[2] [日]畠山芳雄:《服务的品质》,包永花译,东方出版社2004年版,第7页。
[3] [美]富勒·麦斯尼克:《顾客是总裁》,罗汉、陈燕玲译,上海人民出版社1998年版,第112页。
[4] Fornell, C., Johnson, M. D., Anderson, E. W., et al., "The American Customer Satisfaction Index: Nature, Purpose, and Findings", Journal of Marketing, Vol. 60, No. 4, 1996, pp. 7 – 18.

对服务质量、顾客满意度乃至现代服务业企业的发展有着至关重要的影响。因此，在现代服务业发展进程中，培养具有较高文化素质和技术技能素质的高技能人才，是提升现代服务业人才培养质量的关键。[1]

二 微观层面：现代服务业用人单位的高技能人才需求分析

在微观层面上，重点分析了现代服务业用人单位对高技能人才提出的新需求。根据能力本位职业教育理论，职业教育人才培养需要以相应的工作分析为基础，所以要研究现代服务业人才培养目标，应该首先分析现代服务业用人单位对劳动者能力需要的差异。现代服务业用人单位的人才需求是表征现代服务业发展的人才具体需求的最小单位，本书运用内容分析法探索现代服务业用人单位对高技能人才的具体需求情况，并得出研究结论。

（一）内容分析法及其应用于用人单位人才需求研究的适切性

1952年，伯纳德·贝雷尔森（Bernard Berelson）在《内容分析：传播研究的一种工具》（*Content Analysis in Communications Research*）中对内容分析法进行了定义。在总结前人对内容分析特征的基础上，贝雷尔森指出，内容分析法是指一种对传播的显性内容进行客观的、系统的和定量的描述研究技巧。[2] 内容分析法的实质是对传播内容中信息数量与信息变化的分析，是通过表征有意义的字、词、句等将内容信息转化为定量数据，通过编码和建立类目分解信息内容，进而推断研究结果的过程。内容分析法主要包括：第一，确定研究问题；第二，选取样本；第三，确定分析单位；第四，建立类目与内容编码；第五，信度和效度检验；第六，数据分析与研究结论。[3]

---

[1] Harding, J. A., Popplewell, K., Fung, R. Y. K., et al., "An Intelligent Information Framework Relating Customer Requirements and Product Characteristics", *Computers in Industry*, Vol. 44, No. 1, 2001, pp. 51–65.

[2] Berelson, B., *Content Analysis in Communications Research*, New York: Hafner, 1952, p. 18.

[3] 周翔：《传播学内容分析研究与应用》，重庆大学出版社2014年版，第17—19页。

第三章 需求导向下的高职院校现代服务业人才培养目标研究

本书主要采用内容分析法进行数据分析。在已有研究中，涉及用人单位需求的研究在研究方法上多采用以雇主或雇员为对象的调查或访谈方式，但是这种方式的弊端在于，所选择的样本代表性有限或研究者在调查或访谈中主观性较强。研究指出，基于网络招聘信息的内容分析已经成为国外劳动力市场研究的一种重要方法。[1] 劳动力市场到底需要什么样的现代服务业人才，需要具体从现代服务业企业的招聘信息中获取。基于此，本书采用内容分析法，借助网络爬虫技术获取现代服务业用人单位的人才招聘信息，再以一定量的网络招聘信息为数据来源，挖掘招聘信息中现代服务业用人单位的深层次人才需求，通过比较现代服务业企业的岗位特征与能力素质需求之间的关联，分析用人单位对现代服务业专业毕业生的能力素质需求的现状和特征，为高职院校培养现代服务业人才提供依据，提升高等职业教育人才培养与劳动力市场需求的适切度。

（二）基于内容分析法的现代服务业用人单位人才需求分析

1. 确定研究问题

近年来，中国高职院校毕业生的就业率持续保持高位水平，数据显示，2017—2021 年高职院校毕业生半年后就业率稳定在 90% 左右。[2] 但是，高职院校毕业生仍面临较为严峻的就业质量问题，结构性失业问题突出。主要原因在于，高职院校培养的人才不能满足经济和社会发展的人才需求，即高职院校培养的学生没有具备满足用人单位需求的能力和素质。高职院校培养现代服务业人才同样面临该问题，所以劳动力市场的人才需求信息成为高职院校培养现代服务业人才的重要依据，明确劳动力市场具体的人才需求是高职院校培养现代服务业人才的基础和前提。那么，劳动力市场对高职院校的现代服务

---

[1] 宋齐明：《劳动力市场需要什么样的本科毕业生——基于近 1.4 万条招聘信息的量化分析》，《中国高教研究》2018 年第 3 期。
[2] 丁雅诵、闫伊乔：《高职和中职毕业生半年后就业率分别稳定在 90%、95% 左右》，《人民日报》2021 年 12 月 20 日第 1 版。

业人才有哪些迫切的、具体的需求？这成为高职院校现代服务业人才培养目标设置前需要探索的重要问题。

2. 选取样本

（1）数据来源

招聘信息是用人单位吸引人才应聘而发布的岗位说明。招聘信息在发挥招聘效应的同时，也起到了筛选人才的重要作用，是与应聘者建立联系的主要方式。招聘信息是用人单位人才需求最为具体和直接的表达方式，通常以简洁明了的方式传递出用人单位较为基本和迫切的需求。在信息技术快速发展和网络社会崛起的时代，通过网络发布招聘信息已经成为用人单位招聘人才的重要途径。本书选择网络招聘信息作为现代服务业用人单位发展的人才需求数据来源，主要基于以下三个前提：第一，在招聘过程中，用人单位具有非常明确的用人需求，并将其认为最重要的能力和素质特征列入招聘信息中予以发布；第二，限于网络版面与字数限制，用人单位在招聘信息中提及某一特征的频次越多，表明用人单位对这个特征越重视；第三，在越多招聘信息中出现的频次越多，表明该特征越能够被用人单位广泛认同。[①] 网络招聘信息使用了比较规范和统一的书写和发布模式，网络招聘信息的内容一般包含用人单位简介、招聘岗位介绍和用人单位人才需求三个部分。其中，用人单位简介主要包括用人单位的名称、性质（国企、民营、外资、合资等）、规模、地址和所属行业等信息；招聘岗位介绍主要为应聘者上岗后的工作内容；用人单位人才需求主要包含了具体岗位对知识、技能和情感的需求。因此，本书选择网络招聘信息这一反映现代服务业用人单位人才需求的信息源作为数据来源。

（2）采样工具

网络爬虫技术属于典型的大数据分析技术，是指自动抓取网络

---

① 潘香笑、丁敬达：《企业信息咨询职业核心技能需求研究——基于招聘广告的内容分析》，《情报理论与实践》2017年第2期。

信息的程序或者脚本，可以自动采集所有按照指定要求访问的页面内容信息，进而获取网站内容和页面信息。本书采用大数据软件 GooSeeker 作为采样工具。GooSeeker 是一种网络爬虫软件，其功能在于将网页内容进行语义标注和结构化转换。GooSeeker 的工作原理在于，将整个 Web 视为一个大数据库，不同研究者按照需求将 Web 中的内容赋予不同的语义，通过语义标注挖掘出有价值的信息。

（3）样本选取

当内容分析对象数量有限时，可以对一定范围内的所有信息进行考察。但由于网络信息的海量、多元、链接无限拓展等特点，如果选择总体为研究对象就会增加研究成本，而且会为后续内容分析的编码操作增加难度，因此要对网络信息进行抽样处理。[①]

综合考虑网络招聘信息发布的质量，本书选取中国当前最大的招聘网站前程无忧（www.51job.com）作为取样来源。具体样本选取过程为：第一，进入前程无忧官方网站，打开职位搜索页面。第二，设置搜索条件。检索条件设置如下：学历要求设定为大专，工作类型设定为全职，工作年限设定为无经验，发布日期设定为 24 小时内，工作地点设定为北京、天津、上海、重庆。[②] 第三，抓取和筛选招聘信息。用网络爬虫软件 GooSeeker 抓取招聘信息，抓取时间为 2017 年 4 月 13 日。对爬取的招聘信息进行去重和筛选，剔除不包含任职要求、非现代服务业等不符合研究需求的招聘信息，最终获得有效样本 26191 份。

3. 确定分析单位

分析单位是用来考察和总结同类事物特征、解释其中差异的单

[①] 周翔：《传播学内容分析研究与应用》，重庆大学出版社 2014 年版，第 123 页。
[②] 注：本书关注现代服务业人才需求，北京、天津、上海和重庆四个城市属于直辖市，四个城市的现代服务业占据了各城市产业结构中的绝对优势地位，并且四个城市的现代服务业发展在全国处于领先水平，因此选择该四个城市作为样本选取的地区。

位。① 简单而言，就是研究者描述和解释的最小单位。选择合适的分析单位至关重要，因为分析单位的大小和性质的确定直接影响到测量的层级和结果，不仅关系到统计分析的内容和质量，还关系到对内容实质的解释。量化内容分析是通过合适的测量工具对研究对象进行的数字化处理。在这样一个文本的数字转换过程中，需要根据研究目的对分析内容进行单位化。②

分析单位的具体选择取决于文本的性质、解读文本的惯例和解答研究问题的适切性。以分析文本材料为例，分析单位可以是字词、标题、载体、段落、篇章、角色、人物行为、单件作品等，或者是以上各项的不同组合。本书将分析单位确定为现代服务业用人单位网络招聘信息中的任职要求。在网络招聘信息中，任职要求一般为20—150字，体现了用人单位较为重视和迫切的人才需求。

4. 建立类目与内容编码

在内容分析中，类目建构和文件编码是联系理论架构和实际操作的关键环节。类目构建在很大程度上是为研究主题设立下属类别系统，并给予不同赋值。

（1）建立类目

类目本质上是一个概念的设计，类目建构建立在概念界定的基础上，具体到操作层面就是确定与研究问题或研究目的相关的变量并对其进行分类。③ 根据服务学中后工业社会理论、基于能力的服务业人力资源管理理论和顾客关系管理理论对人才需求的论述，将服务知识、服务能力和服务情感作为现代服务业用人单位人才需求类目框架构建的主维度。在此基础上，对26191条网络招聘信息进行分词和词频整理，进而构建类目体系。具体过程如下：

---

① ［美］艾尔·巴比：《社会研究方法（第10版）》，邱泽奇译，华夏出版社2005年版，第93页。
② 周翔：《传播学内容分析研究与应用》，重庆大学出版社2014年版，第135页。
③ 周翔：《传播学内容分析研究与应用》，重庆大学出版社2014年版，第18页。

第三章　需求导向下的高职院校现代服务业人才培养目标研究

第一，分词与词频统计。本书运用 python 中文分词组件 pynlpir 进行分词及文本词性标注，运用自然语言工具包 nltk 实现词频统计。将同义词进行合并处理，剔除无意义的词义搭配。

第二，筛选高频关键词。关于词频分布较为权威的理论为齐普夫定律（Zipf's Law）。齐普夫定律揭示了文本的词频分布规律，并为高低词频的分界点提供了重要依据。基于齐普夫定律，米兰达·L. 宝（Miranda L. Pao）归纳出高低词频的分界公式：$T = (1 + \sqrt{1 + 8I})/2$。其中，T 为高低频次的分界频次，大于等于 T 的为高频词，小于 T 的为低频词；I 为频次等于 1 的词的数量。[1][2] 计算可得，现代服务业用人单位的人才需求的高低词频分界点为 241。将意义接近的关键词予以合并处理，并且剔除无关搭配，最终得到 24 项现代服务业用人单位人才需求指标，包括工作经验、知识背景、人际沟通能力、表达能力、团队合作能力、销售能力、协调能力、学习能力、执行能力、顾客关系能力、问题分析和解决能力、信息技术能力、思维能力、策划能力、创新创业能力、服务意识、服务品质、性格开朗、工作认真、合作精神、责任心、亲和力、身体素质、抗压能力等。

第三，构建类目框架。根据服务学中后工业社会理论、基于能力的服务业人力资源管理理论和顾客关系管理理论对人才需求的论述，将服务知识、服务能力和服务情感作为现代服务业用人单位人才需求类目框架构建的主维度。通过对 26191 条网络招聘信息的高频关键词筛选，将 24 项现代服务业用人单位人才需求的指标进行分类，类目框架见表 3-1。

---

[1] Pao, M. L., "Automatic Text Analysis Based on Transition Phenomena of Word Occurrences", *Journal of the American Society for Information Science & Technology*, Vol. 29, No. 3, 2014, pp. 121–124.

[2] 叶飞、宋志强：《一种基于齐普夫定律的确定语料中高低词频分界点的新方法——以科学计量研究为例》，《情报学报》2013 年第 11 期。

表 3-1　　现代服务业用人单位人才需求的类目框架

主维度	子维度	内容描述
服务知识	专业知识	相关专业优先，相关知识背景优先
服务能力	人际沟通能力	喜欢沟通，善于沟通，喜欢人际交往
	表达能力	语言表达能力较强，文字表达能力较强
	团队合作能力	具有团队合作能力
	问题分析和解决能力	分析、判断问题准确，反应敏捷，快速解决问题
	销售能力	具有销售能力、营销能力
	协调能力	协调能力较强
	顾客关系能力	建立、管理顾客关系
	学习能力	具备一定的学习能力
	执行能力	执行能力较强
	信息技术能力	熟练使用办公软件，打字速度快，具备网络知识
	创新创业能力	勇于挑战、开拓创新、具有创新和创业精神
	思维能力	思维能力较强
	策划能力	策划能力较强
服务情感	服务意识	具备较强的服务意识
	服务品质	诚实守信，品行端正，能够为顾客着想
	性格开朗	性格外向，乐观，积极，活泼
	工作认真	工作细致，认真仔细，耐心严谨，踏实肯干
	合作精神	具有良好的合作精神
	责任心	责任心强
	亲和力	具有亲和力
其他	身体素质	身体健康，身体素质较好
	抗压能力	能够承受工作压力
	工作经验	相关工作经验者优先，具有相关工作经验可以适当放宽条件

(2) 内容编码

本书通过对网络招聘信息的解读，分析出现代服务业用人单位所提及的能力和素质，以记录频数赋予相应分值，某项具体的岗位要求若出现即记 1 分，否则记 0 分。以中国人寿保险股份有限公司上海市浦东支公司的管培生岗位为例，其任职要求与编码如表 3-2 所示。

表 3-2　现代服务业用人单位的岗位任职要求与编码示例

用人单位：中国人寿保险股份有限公司上海市浦东支公司
岗位名称：管培生
任职要求：（1）大专及以上学历，有无经验均可；（2）形象好、具有亲和力，热情开朗，善于交际；（3）责任心强，有服务精神，具备良好的职业操守和团队合作精神；（4）吃苦耐劳，思维敏捷，逻辑性强，乐观积极，自信有激情；（5）理解能力强，能准确把握客户意图，说服能力强，表达简练切中要害。

内容编码：

专业知识	人际沟通能力	表达能力	团队合作能力	问题分析和解决能力	销售能力	协调能力	顾客关系能力
0	1	1	0	0	0	0	1
学习能力	执行能力	信息技术能力	创新创业能力	思维能力	策划能力	服务意识	服务品质
0	0	0	0	1	0	1	0
性格开朗	工作认真	合作精神	责任心	亲和力	身体素质	抗压能力	工作经验
1	1	1	1	1	0	0	0

5. 信度和效度检验

(1) 信度检验

信度（Reliability）是指测量数据独立于测量工具的程度，即根据一种测量程序，不同的研究者对同一现象进行重复测试产生一致结果

111

的程度。①② 重复测量的结果越一致，表明该测量程序的信度就越高；重复测量的结果越不一致，表明该测量程序的信度就越低。

对于内容分析而言，内容分类或类目构建是其核心，一套分类体系如果完整、准确，将其运用于同样的形容，由于不同的分析者以此划分类目进行编码，无论其执行的具体环境如何，理论上应该得出相同或相似的结果，这就是贝雷尔森提出的分析者一致性，也称编码员间信度（Intercoder Reliability）。贝雷尔森将其定义为，独立的编码者评估一则信息的特征并达到相同结论的程度，即不同编码员运用同一编码表中相同类别设定分析相同内容时所达到的一致程度。③

奥尔·鲁道夫·霍尔斯蒂（Ole Rudolf Holsti）提出了分析者一致性的计算公式，即霍尔斯蒂系数计算公式 $PA_o = 2A/(n_A + n_B)$。其中，PA_o 表示观察到的一致比例，A 表示两位编码员编码一致的单位数，$n_A + n_B$ 表示编码员 A 和编码员 B 各自编码的单位数。④ 该计算方法的统计数范围为 [0, 1]，其中 0 代表无一致性，1 代表完美的一致性。为保证现代服务业用人单位人才需求内容分析的有效性和可靠性，随机抽取 50 个现代服务业用人单位网络招聘信息，让两名博士研究生同时编码，对其编码结果进行对比。根据霍尔斯蒂系数计算公式，计算得出编码的信度为 95.42%，可信度满足理论要求，⑤ 信度检验方法与结果符合标准。

（2）效度检验

与信度一样，效度也是所有测量质量的中心议题。比较特殊的是，在大部分内容分析中，如从国际学术期刊中运用内容分析法的学

---

① ［美］艾尔·巴比：《社会研究方法（第 10 版）》，邱泽奇译，华夏出版社 2005 年版，第 137—140 页。

② ［美］迈克尔·辛格尔特里：《大众传播研究：现代方法与应用》，刘燕南等译，华夏出版社 2000 年版，第 94—97 页。

③ Berelson, B., *Content Analysis in Communications Research*, New York: Hafner, 1952, pp. 172 - 173.

④ Holsti, O. R., *Content Analysis for the Social Sciences and Humanities*, New Jersey: Addison-Wesley, 1969, pp. 137 - 141.

⑤ 注：霍尔斯蒂系数大于等于 0.8 为一致性可接受，大于等于 0.9 为一致性良好。

术论文来看，研究者一般不会像给出信度测试方法和结果那样，明确说明研究的效度问题，因为内容分析的研究效度会隐含在概念界定和研究设计过程中，特别是体现在类目建构这一环节上，准确地界定类目和选择指标可以有效解决效度问题。[①]

在经验操作层面上，内容分析研究效度的建立一般包括两个步骤。第一，发展出一套合理、适用、直接指向研究问题的编码方案，并引导编码员分析内容。马歇尔·S. 普勒（Marshall S. Poole）和约瑟夫·P. 佛格（Joseph P. Folger）将创建一套好的编码方案视为效度的关键，他们指出，编码方案本质上是一种"翻译手段"，借此让调查者将话语置入理论类目中。[②] 第二，就是以一定的标准，对编码员的编码决定进行评估，如果这些编出来的代码与正确决定的标准相吻合，那么编码员的编码就被认为是准确的，产生了有效数据。[③] 本书严格按照内容分析法步骤，构建出合理、适用的编码方案，产生的数据能够反映现代服务业用人单位的真实用人需求，产生了有效数据，研究的效度较好。

6. 数据分析

（1）现代服务业用人单位网络招聘信息的整体分析

现代服务业用人单位网络招聘信息的概况如表3-3、表3-4和表3-5所示。

表3-3　　　　　现代服务业用人单位的行业分布情况

用人单位所属行业	频次	比例
信息传输、软件和信息技术服务业	7879	30.08%
金融业	5783	22.08%

[①] 周翔：《传播学内容分析研究与应用》，重庆大学出版社2014年版，第243页。
[②] Poole, M. S., Folger, J. P., "Modes of Observation and the Validation of Interaction Analysis Schemes", *Small Group Behavior*, Vol. 12, No. 4, 1981, pp. 477–493.
[③] 周翔：《传播学内容分析研究与应用》，重庆大学出版社2014年版，第249页。

续表

用人单位所属行业	频次	比例
租赁和商务服务业	2328	8.89%
房地产业	2276	8.69%
教育	1987	7.59%
批发和零售业	1669	6.37%
文化、体育和娱乐业	1317	5.03%
科学研究和技术服务业	1249	4.77%
交通运输、仓储和邮政业	577	2.20%
卫生和社会工作	408	1.56%
住宿和餐饮业	365	1.39%
公共管理、社会保障和社会组织	217	0.83%
水利、环境和公共设施管理业	136	0.52%
合计	26191	100.00%

表3-3显示，第一，信息传输、软件和信息技术服务业的用人需求最大，占现代服务业人才需求的30.08%，金融业的用人需求次之，占现代服务业人才需求的22.08%，两类现代服务业用人需求占总需求的一半以上。第二，租赁和商务服务业，房地产业，教育，批发和零售业，文化、体育和娱乐业，科学研究和技术服务业，交通运输、仓储和邮政业的用人需求较大，合计占到现代服务业用人需求的43.54%。第三，卫生和社会工作，住宿和餐饮业，公共管理、社会保障和社会组织，水利、环境和公共设施管理业的用人需求较小，合计占到现代服务业用人需求的4.3%。

第三章　需求导向下的高职院校现代服务业人才培养目标研究

表3-4　　　　　　　现代服务业用人单位的规模情况

用人单位规模	频次	比例
少于50人	3437	13.12%
50—149人	5846	22.32%
150—499人	6183	23.61%
500—999人	3605	13.77%
1000—4999人	3748	14.31%
5000人以上	3372	12.87%
合计	26191	100.00%

表3-4显示，第一，在发布网络招聘信息的全部现代服务业用人单位中，规模在150—499人的现代服务业用人单位的数量最大，占到了全部数量的23.61%。规模在50—149人的现代服务业用人单位的数量位列第二，占到了全部数量的22.32%。第二，规模在5000人以上的现代服务业用人单位的数量最少，占全部数量的12.87%。

表3-5　　　　　　　现代服务业用人单位的地区分布情况

用人单位所在地区	频次	比例
上海	14308	54.63%
北京	6105	23.31%
重庆	3681	14.05%
天津	2097	8.01%
合计	26191	100.00%

表3-5显示，在四个直辖市中，上海市现代服务业用人单位发布的人才需求信息频次最高，其网络招聘信息占到了全部网络招聘信

息的一半以上。北京市以 23.31% 位居第二，重庆市和天津市分别为 14.05% 和 8.01%。

（2）现代服务业用人单位网络招聘信息的人才需求分析

将现代服务业用人单位网络招聘信息中各项具体人才需求指标进行描述性统计分析，如图 3-1 所示。

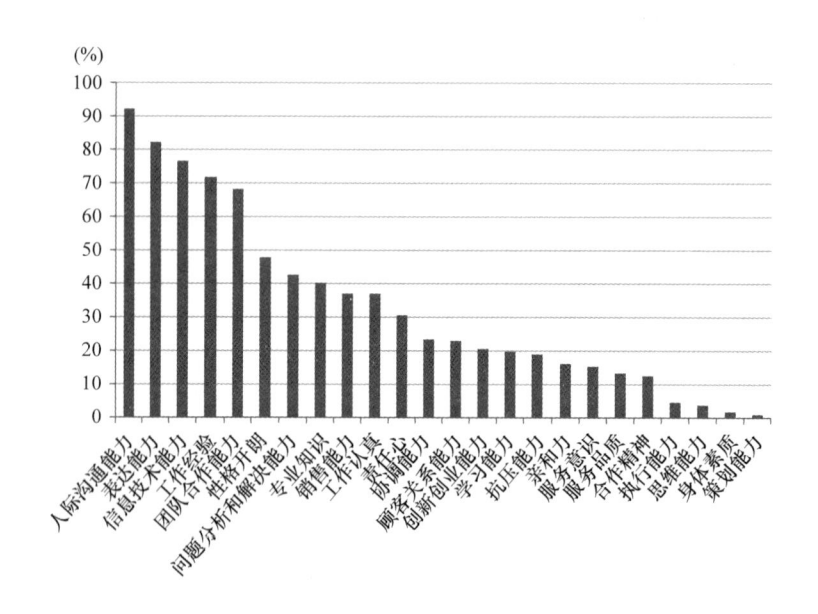

图 3-1　现代服务业用人单位具体人才需求被提及的比例

图 3-1 显示，第一，在现代服务业用人单位网络招聘信息的各项人才需求指标中，比例最高的是人际沟通能力，92.21% 的用人单位在岗位要求中提及此项。表达能力以 82.10% 位居第二。两项能力需求比例较高充分表现出现代服务业有异于其他产业的特点，即现代服务业立足于人与人之间的交互作用，尤其是顾客与服务者之间的关系，[①] 与顾客进行良好的沟通交流并将服务内容顺利表达给顾客是现

---

① ［德］布纳德·斯坦思等：《服务科学：基础、挑战和未来发展》，吴健等译，浙江大学出版社 2010 年版，第 52 页。

代服务业用人单位对高技能人才的首要需求。

第二，团队合作能力（68.09%）、问题分析和解决能力（42.60%）、销售能力（37.18%）、协调能力（23.47%）、顾客关系能力（23.13%）、学习能力（19.85%）、执行能力（4.77%）等分布在现代服务业用人单位网络招聘信息的各项人才需求指标中的不同位置，与排位第一的人际沟通能力和第二的表达能力共同属于现代服务业高技能人才的个性化服务能力。在服务经济快速发展过程中，为顾客提供个性化的服务成为现代服务业发展的重要内容，这就需要现代服务业高技能人才具备个性化服务能力。

第三，信息技术能力在现代服务业用人单位网络招聘信息的各项人才需求指标中以76.68%的比例位居第三。与传统服务业相比，现代服务业是以现代科学技术特别是信息网络技术为主要支撑而发展起来的。大数据分析技术、人工智能技术、物联网技术等新一代信息技术的快速发展使现代服务业的商业模式、服务方式和管理方法在不断变化，再加上国家"互联网+"战略实施的不断深入，共同促使现代服务业用人单位对高技能人才信息技术能力需求的增加。

第四，创新创业能力、思维能力和策划能力在现代服务业用人单位网络招聘信息人才需求指标中的比例分别为20.61%、3.85%和0.95%，排位处于中下位置，三项指标共同属于现代服务业高技能人才的创新服务能力。中国已经进入服务经济时代，现代服务业对于人才需求处于从数量到质量的转型过程中，服务创新需求已经崭露，再加上创新型国家建设和创新驱动战略实施的不断加深，共同促使现代服务业用人单位对高技能人才的创新服务能力的增加。

第五，性格开朗（47.90%）、工作认真（37.14%）、责任心（30.80%）、亲和力（16.37%）、服务意识（15.42%）、服务品质（13.59%）、合作精神（12.52%）等指标共同属于现代服务业高技能人才的服务情感指标，是现代服务业用人单位网络招聘信息中人才需求较为重要的方面。这主要是由于现代服务业需要高技能人才付出情绪劳动，促使现代服务业用人单位在招聘信息中对高技能人才的服务情感作出要求。

第六，专业知识在现代服务业用人单位网络招聘信息的各项人才需求指标中排位居中，比例为40.11%。这表明在服务知识领域现代服务业用人单位较为重视高技能人才专业知识的获得。

（三）研究结论

现代服务业要求提高高等职业教育人才培养与劳动力市场需求的适切度，明确现代服务业用人单位的人才需求可以为高职院校培养现代服务业人才提供重要参考。基于对2.6万条现代服务业用人单位网络招聘信息的数据挖掘和内容分析发现，现代服务业用人单位的人才需求主要包括服务知识、服务能力和服务情感三大部分。其中，服务知识在现代服务业用人单位的用人需求中处于中等位置，但由于服务知识是服务能力和服务情感的基础，需要引起足够重视。服务能力主要包括个性化服务能力（其中人际沟通能力、表达能力、团队合作能力、问题分析和解决能力等是其主要方面）、信息化服务能力、创新服务能力（其中创新创业能力、思维能力和策划能力是其主要方面）三个部分。服务情感主要包括性格开朗、工作认真、责任心、亲和力、服务意识、服务品质、合作精神等，进一步分析这些服务情感可以将其概括为服务人员对顾客的关怀，所以以顾客需求为导向为顾客提供关怀是服务情感的重点。综上所述得出以下研究结论：现代服务业需要具有服务知识、服务能力和服务情感的高技能人才，高职院校培养现代服务业人才的重点在于对服务知识、服务能力和服务情感的培养。

第二节　基于现代服务业需求的高职院校人才培养三维目标构建

人才培养目标反映了时代对培养人的规格的总要求，[1] 能够指引

---

[1] 陆有铨：《把握教育目的的时代内涵》，《教育科学论坛》2006年第8期。

第三章 需求导向下的高职院校现代服务业人才培养目标研究

和约束人才培养内容与方式。人才培养目标发挥着承上启下、沟通内外的重要作用：向上承连着国家教育方针，向下指导着职业院校教学实践，对外满足经济和社会发展的人才需求，对内规制和引领人才培养改革。高等职业教育人才培养目标是人才培养活动的基本依据，决定着高等职业教育改革的方向。在产业转型升级背景下，设置既适应经济社会发展要求又满足个体成长需要的人才培养目标，是促进高素质劳动者和技术技能人才可持续发展并提升高等职业教育人才培养质量的方向。应该确立人才培养目标设置的需求导向观，并以此作为高职院校现代服务业人才培养目标设置的重要基础，推动高职院校现代服务业人才培养目标设置实现新的转变。

布卢姆教育目标分类体系为高职院校现代服务业人才培养目标设置奠定了理论基础。著名教育学和心理学家本杰明·S.布卢姆（Benjamin S. Bloom）将教育目标分为认知领域、情感领域和动作技能领域，三个领域共同构成了教育目标分类理论。布卢姆教育目标分类理论的标志性成果包括《教育目标分类学——认知领域》（*Taxonomy of Educational Objectives：The Classification of Education Goals. Handbook Ⅰ：Cognitive Domain*）、[1]《教育目标分类学——情感领域》（*Taxonomy of Educational Objectives：The Classification of Education Goals. Handbook Ⅱ：Affective Domain*）[2] 和《教育目标分类学——动作技能领域》（*Taxonomy of Educational Objectives：The Classification of Education Goals. Handbook Ⅲ：Shill Domain*）。[3] 布卢姆教育目标分类体系的具体指标见表3-6。

---

[1] [美]本杰明·S.布卢姆：《教育目标分类学（第一分册：知识领域）》，罗黎辉等译，华东师范大学出版社1986年版。
[2] [美]大卫·R.克拉斯沃尔、本杰明·S.布卢姆：《教育目标分类学（第二分册：情感领域）》，施良方、张云高译，华东师范大学出版社1986年版。
[3] [美]安妮塔·J.哈罗、伊丽莎白·J.辛普森：《教育目标分类学（第三分册：动作技能领域）》，施良方、唐晓杰译，华东师范大学出版社1989年版。

表 3-6　　　　　　　　布卢姆教育目标分类体系

层次	认知领域	技能领域	情感领域
1	知道（主要指对先前所学内容的回忆，包括对具体事实、方法、过程、理论等的回忆）	知觉（指运用感官获得以后可用于指导动作的相关信息）	接受（指注意到某种现象）
2	领会（指能把握所学内容的意义，具体表现为能用自己的话表述、能加以说明、能进行简单的推断）	定向（指从生理、心理和情绪等方面做好活动的准备）	反应（指主动参与）
3	应用（指能将所学内容运用于新的具体情境，包括概念、方法、理论的应用）	有指导的反应（指对某一动作技能的模仿和尝试）	价值的评价（指接受或偏爱某种价值标准，愿意为某种价值标准作奉献）
4	分析（指能分析所学内容的结构）	机械动作（指能以某种熟练和自信水平完成动作）	组织（指能对不同的价值标准进行比较，建立内外一致的价值体系）
5	综合（指能创建新的知识结构，比如说拟订一项操作计划或概括出一组关系等）	复杂的外显反应（指能熟练操作复杂的动作）	价值或价值体系的个性化（指能运用价值体系长期规范自己的行为）
6	评价（指能依据内、外在标准对所学内容进行价值判断，是最高水平的认知学习结果）	适应（指技能的高度发展水平，即学生能根据具体情境修正自己的动作）	
7		创新（指根据具体情境的需要创造出新动作，强调以高度发展的技能为基础的创造能力）	

表 3-6 显示，在布卢姆教育目标分类体系中，认知领域目标分为知道、领会、应用、分析、综合和评价 6 个层次；技能领域目标分为知觉、定向、有指导的反应、机械动作、复杂的外显反应、适应和创新 7 个层次；情感领域目标分为接受、反应、价值的评价、组织以

第三章　需求导向下的高职院校现代服务业人才培养目标研究

及价值或价值体系的个性化 5 个层次。在教育目标分类体系中的各领域教育目标具有由简单到复杂的层次结构,并且后一类目标建立在前一类目标达成的基础之上。布卢姆教育目标分类体系最初应用于初等教育领域,随后扩展到高等教育阶段。[①]

从农业经济到工业经济,再到服务经济,不同经济和社会形态对人才的要求是不同的。长期以来,在职业教育人才培养过程中,大部分环节以掌握岗位技术或技能为目的。[②] 重视技术技能培养是中国职业教育的优势,也是对工业经济背景下人才培养的路径依赖。但是,在现代服务业发展需求的驱动下,仅强调专业知识和专业技能是不够的,需要依据布卢姆教育目标分类体系,重新审视现代服务业高技能人才需求。基于布卢姆的教育目标分类理论,高职院校现代服务业人才培养目标设置逻辑如下。

第一,由于认知领域的范围主要是针对不同类型的知识提出的,如事实性知识、概念知识、程序知识、元认知知识等,因此本书的服务知识与认知领域相对应,高职院校现代服务业人才培养目标设置的第一个维度为服务知识。

第二,高职院校现代服务业人才培养目标设置的第二个维度为服务能力。在理论上,一方面,布卢姆教育目标分类中的技能指动作技能,是狭义的技能界定。广义的技能界定包括动作技能和智力技能。职业教育中的技能一般是指完成某项岗位工作任务的肢体和智能活动,是技能在职业活动领域中的具体应用和体现。[③] 职业教育领域的技能运用了广义上技能的内涵,包括动作技能和智力技能。另一方面,对于能力的内涵,中国著名教育心理学专家吴红耘和皮连生指

[①] Veeravagu, J. V. J., Muthusamy, C., Marimuthu, R., et al., "Using Bloom's Taxonomy to Gauge Students' Reading Comprehension Performance", *Canadian Social Science*, Vol. 6, No. 3, 2010, pp. 205–212.

[②] 邬宪伟:《选择的教育:职业教育的一个新视角》,上海教育出版社 2009 年版,第 15 页。

[③] 乔为:《技能还是能力:从〈中等职业学校专业教学标准〉谈起》,《职业技术教育》2015 年第 28 期。

出,广义上的能力包括语言信息、智力技能、认知策略和动作技能;狭义上的能力仅指技能。① 此时的技能指应用知识和使用专门技术以完成任务和解决问题的能力。② 技能和能力的内涵表明,在理论上可以将狭义的能力内涵与职业教育运用的广义的技能内涵相对应。在实践中,用人单位在招聘信息中对于具体岗位人才需求的描述以能力为主,如需要具有信息能力、沟通能力、合作能力的人才等,这表明在实际就业中"能力"一词运用更为广泛。综合理论和实践中的考察,本书认为使用"能力"一词更为适切,也更有利于后续研究的进行。

第三,高职院校现代服务业人才培养目标设置的第三个维度为服务情感。在布卢姆的教育目标分类体系中,情感领域属于第二领域。但相对于农业和工业的人才需求,服务业尤其是现代服务业对于人才的情绪劳动具有特殊需要,是人才培养的重要内容。因此将情感目标放在第三个维度,作为高职院校现代服务业人才培养目标构建的关键进行重点论述。

按照上述逻辑,将服务知识、服务能力和服务情感需求纳入高职院校现代服务业人才培养目标设置的逻辑框架,构建出以服务知识为基础、以服务能力为核心、以服务情感为关键的三维人才培养目标体系。

一 服务知识:高职院校现代服务业人才培养目标构建的基础

(一) 以服务知识目标为基础构建高职院校现代服务业人才培养目标的内涵

高职院校培养现代服务业人才的基础是对服务知识的理解,这是人才培养目标在服务知识层面的一级概念。服务知识的迁移是指高职

---

① 吴红耘、皮连生:《心理学中的能力、知识和技能概念的演变及其教学含义》,《课程·教材·教法》2011年第11期。
② Gordon, J., Halász, G., Krawczyk, M., et al., "Key Competences in Europe: Opening Doors for Lifelong Learners Across the School Curriculum and Teacher Education", https://papers.ssrn.com/sol3/papers.cfm? abstract_ id = 1517804, January 26, 2010.

院校现代服务业专业学生将理解和掌握的服务知识迁移到不同的情境中，运用服务知识解决不同情境中的问题，尤其是在不同服务情境中的顾客问题解决，这是人才培养目标在服务知识层面的二级概念。服务知识创新是指高职院校现代服务业专业学生能够在教材规定内容的基础上生成超越教材规定内容的知识，或者对顾客问题解决进行推广和变换而得到的新的问题解决方式，能够总结提升为新的服务知识，这是人才培养目标在服务知识层面的三级概念。根据上述界定和分类，将服务知识的理解、服务知识的迁移和服务知识的创新确定为高职院校现代服务业人才培养目标中服务知识层面的三级目标，这也是以服务知识目标为基础构建高职院校现代服务业人才培养目标的主要内涵。

（二）高职院校现代服务业人才培养方案中服务知识目标设置现状

通过查阅高职院校现代服务业人才培养方案中的目标设置发现，当前中国高职院校将服务知识目标维度作为人才培养目标设置的基础。

在流通服务业领域中，物流管理专业的人才培养目标明确指出该专业毕业生"首先要掌握物流管理专业所需基本理论与实务知识，熟悉物流业务、国际贸易及货运相关领域运作与管理知识，熟悉企业财务管理、成本分析等知识；其次要掌握系统的采购和现代物流理论知识，熟悉物流系统及其构成、物流成本、服务、质量与标准化、第三方物流、国际物流、电子商务下的物流管理等基础知识"。

在生产性服务业领域中，财务管理专业的人才培养目标明确指出该专业毕业生要"具备基本的经济、管理、金融、法律、税收等相关知识"。电子商务专业的人才培养目标明确指出该专业毕业生"首先要掌握管理学，市场营销，经济学以及财会基础等商务管理基础知识；其次要重点掌握电子商务专业相关的如网络营销，电子商务案例分析，电子商务项目策划，搜索引擎营销与优化，电子商务法等知识"。

在个人服务业领域中，旅游管理专业的人才培养目标明确指出该专业毕业生要"掌握渊博的导游基础知识和导游操作流程，能独立完成旅游团队的带团任务；掌握计调业务操作知识，能设计定价合理、行程合理的旅游线路"。会展专业的人才培养目标明确指出该专业毕业生要"掌握会展营销、会展策划、会展现场管理、国际会展服务、会展礼仪接待、会展展位设计等的基本知识"。

在社会服务领域中，护理专业的人才培养目标明确指出该专业毕业生要"掌握护理专业所必需的基础医学与临床医学基本知识和预防保健知识，以及掌握健康评估、健康教育的基本知识"。康复专业的人才培养目标明确指出该专业毕业生"首先要具有与本专业相关的基础医学知识、临床医学知识、中医基础知识、现代康复医学及康复治疗学的基本理论知识；其次要具有一定的养生保健、美容医学的基本知识等"。①

（三）高职院校现代服务业人才培养目标构建中服务知识目标设置的新转向

服务知识目标的构建要实现从"固定知识掌握者"到"动态知识掌握者"的转变。服务经济是基于知识的经济，现代服务业属于知识密集型服务业，高技术密集度、高知识含量、高附加值的特点使现代服务业的发展需要大量将创新成果转化为现实生产力的知识型员工，因此，现代服务业突出人的知识在服务活动中的价值地位。职业教育是与经济社会发展最为密切的教育类型，人才培养目标不仅受到教育内部政策、理论等的影响，还受到经济和社会发展需求的挑战，具有动态性特点。② 信息技术驱动产业转型升级，在瞬间获取无限多信息成为可能，知识本身及其所蕴含的力量已被信息弱化。该种情境体现在人才培养目标上，高职院校应当使其培养的现代服务业高技能人才从"固定知识掌握者"转型为"动态知识掌握者"，能够在知识生产模式转型背景下进行终身学习。英国调查数据显示，在工作稳定

---

① 资料来源：顺德职业技术学院2016年人才培养方案。
② 乔为：《走进核心素养：职业教育培养目标系统的发展》，《职业技术教育》2017年第7期。

性不断下降的趋势下，企业员工很愿意接受培训、学习新知识和新技能，进而应对在不同岗位之间转换带来的挑战，[①] 因此成为"动态知识掌握者"更加有利于现代服务业高技能人才的职业生涯发展。

二 服务能力：高职院校现代服务业人才培养目标构建的核心

（一）以服务能力目标为核心构建高职院校现代服务业人才培养目标的内涵

职业教育中的能力培养是按照职业岗位所需要的能力来开展的。[②] 高职院校根据各行业企业中具体工作岗位对能力的要求，实行专业与产业、职业岗位对接，不断细化人才培养目标，进而培养出大批具有熟练操作技能和较强职业能力的高素质劳动者和技术技能人才。因此，能力培养是高职院校人才培养目标实现的核心。[③] 在现代服务业发展过程中，服务能力是与完成服务活动相关的肢体和认知的动作体系、实践知识和经验的总和，是服务人员在特定的服务活动和服务情境中，充分运用已经掌握的服务知识完成服务任务的能力。高职院校现代服务业人才的服务能力培养要与具体岗位对接，使高技能人才具有较强的岗位适应性，帮助其尽快获得相应的工作岗位，同时使现代服务业用人单位更有针对性地获得具有服务能力的高技能人才，这是以服务能力目标为核心构建高职院校现代服务业人才培养目标的主要内涵。

（二）高职院校现代服务业人才培养方案中服务能力目标设置现状

通过查阅高职院校现代服务业人才培养方案中的目标设置发现，当前中国高职院校将服务能力目标维度作为人才培养目标设置的核心。

[①] ［英］乔·迪德、［美］福兰克·M. 赫尔：《服务创新》，李靖华译，知识产权出版社2010年版，第88页。

[②] 陈斌：《高等职业教育课程目标与培养目标的比较》，《职业技术教育》2007年第29期。

[③] 乔为：《走进核心素养：职业教育培养目标系统的发展》，《职业技术教育》2017年第7期。

在流通服务业领域中，物流管理专业的人才培养目标明确指出，该专业毕业生要"具有物流市场分析与供需管理能力；仓储管理与库存控制的能力；配送、运输管理能力；物流方案策划能力；物流成本核算与分析控制能力；供应链管理能力；较强的分析判断能力和语言文字表达能力；一定的计算机应用能力、较高英语阅读、翻译和交流能力；新知识、新技能的学习能力、信息获取能力和创新能力；良好的协调能力、组织能力和管理能力"。

在生产性服务业领域中，财务管理专业的人才培养目标明确指出，该专业毕业生要"掌握财务会计的基本技能和经济业务中的各种错弊及其查找技能；具有较强的业务判断能力和处理能力；较强的分析判断能力和语言文字表达能力；一定的计算机应用能力、英语阅读、翻译和交流能力；一定的继续学习能力和创新能力"。电子商务专业的人才培养目标明确指出，该专业毕业生要"具有较强的电子商务操作能力。具体表现在具有较强的中文功底和文字处理能力；较强的选题、策划、信息采集和处理能力、归纳分析能力；运用电子商务和网络营销技术和工具为企业服务的能力；运用各种宣传媒介进行网络推广的能力；团队合作能力；与人沟通和谈判的能力；独立处理和解决问题的能力；运用外语和专业知识进行外贸交易的能力。还要具有一定的分析判断能力和语言文字表达能力；一定的计算机应用能力；一定的英语阅读、翻译和口语交流能力；较强的自学能力、创新能力和创业能力；良好的协调能力、组织能力和管理能力"。

在个人服务业领域中，旅游管理专业的人才培养目标明确指出，该专业毕业生要"具有良好的人际关系和较强的交际能力，能与酒店、景区、交通部门等合作单位保持良好的关系，掌握基本的销售技巧，能成功销售公司产品；较强的分析判断能力和语言文字表达能力；一定的计算机应用能力、英语阅读、翻译和交流能力；新知识、新技能的学习能力、信息获取能力和创新能力"。会展专业的人才培养目标明确指出，该专业毕业生要"具有较强的外语水平和组织及沟通能力；执行与合作能力；市场分析与营销策划能力；广告宣传及品牌推广能力；政府及行业推广会展经济及创意产业的职业技能和可持续学习、适应能力；较强的分析判断能力和语言文字表达能力；一定的计算机应用能力、英语阅读、翻译和交流能力；较强的社会适应能力和社交沟通能力；新知识、新技能的学习能力、信息获取能力和创新能力"。

在社会服务领域中，护理专业的人才培养目标明确指出，该专业毕业生要"具有应用生理、心理、社会、人文社科等知识提供'以病人为中心'的系统化整体护理的技能；能够规范、熟练地实施基础护理和专科护理操作的能力；较强的分析判断能力和语言文字表达能力；一定的计算机应用能力、英语阅读、翻译和交流能力；利用系统化资源服务病人的能力"。康复专业的人才培养目标明确指出，该专业毕业生要"具有物理治疗技术能力；作业治疗技术能力；以及其他康复治疗技术能力；较好的言语沟通能力；一定的社会工作能力；一定的组织管理能力；一定的教学辅导和参与科研的能力"。[①]

（三）高职院校现代服务业人才培养目标构建中服务能力目标设置的新转向

服务能力目标的构建要实现从"单一技能者"到"复合技能者"的转变。当前中国高等职业教育人才培养目标定位是"产业转型升级和企业技术创新需要的发展型、复合型和创新型的技术技能人才"。[②]"单一技能者"不可能成为"高技能人才"，"技术技能人才"一定强调多技术的复合发展。[③] 随着个性化消费需求的日益凸显，一专多能的"复合技术者"应当成为高职院校现代服务业人才培养目标的新定位。在工业经济中，职业教育的人才培养理念是激

---

① 资料来源：顺德职业技术学院2016年人才培养方案。
② 周建松、唐林伟：《高职教育人才培养目标的历史演变与科学定位——兼论培养高适应性职业化专业人才》，《中国高教研究》2013年第2期。
③ 李伟、石伟平：《智能制造背景下高职人才培养目标新探：基于技术哲学的视角》，《教育与职业》2017年第21期。

发人类内在的生产潜能并为促进工业革命培养高效的劳动力。[①] 受工业经济人才培养理念的影响，高等职业教育人才培养是基于"产品"的单一模式，主要是培养能够从事产品生产的技术人才。在服务经济中，集中化和专业化所强调的效率遭到挑战。高职院校现代服务业人才培养理念应该从现代服务业发展需求出发，从竞争性的个人发展转变成相互合作、充满关爱的学习体验，让现代服务业高技能人才具有创新服务能力、信息化服务能力和个性化服务能力等综合服务能力，这就要求现代服务业高技能人才能够从"单一技能者"转型为"复合技能者"，从而在完成服务工作的过程中能够胜任多种角色并承担起多重任务。

三 服务情感：高职院校现代服务业人才培养目标构建的关键

（一）以服务情感目标为关键构建高职院校现代服务业人才培养目标的内涵

随着"以人为本"服务理念的逐渐确立，消费者的个性化需求和现代服务业发展的产业文化需求不断提升，要求服务人员在服务过程中应该具有符合职业要求的情绪，这使情绪劳动受到越来越多的重视和关注。一方面，从消费者角度来看，满足其服务情感是消费目标的关键。具备服务情感的服务过程已经超越了一般的专业化服务思维，不再拘泥于传统服务知识和服务能力的获取，而是建立一种更高层次的情感关系来提升服务质量，让顾客从被关怀的角度体验尊重和价值，进而提高顾客在消费过程中的幸福感和满意度。另一方面，从服务者角度来看，具备服务情感是服务工作目标的关键。其根据服务满意映射原理，那些服务热情、与顾客心灵相通的服务业员工也会在服务顾客过程中找到自我满足感，[②] 有助于其实现职业生涯发展目标。

[①] [美] 杰里米·里夫金：《第三次工业革命》，张体伟、孙豫宁译，中信出版社2012年版，第247页。
[②] [英] 马雷克·科尔钦斯基：《服务业人力资源管理》，何建华译，人民邮电出版社2004年版，第35页。

第三章　需求导向下的高职院校现代服务业人才培养目标研究

因此，服务双方主体之间关怀的互动性特征对现代服务业高技能人才提出了更高的要求与挑战，使服务情感目标成为高职院校现代服务业人才培养目标构建的关键。

（二）高职院校现代服务业人才培养方案中服务情感目标设置现状

通过查阅高职院校现代服务业人才培养方案中的目标设置发现，[①]当前中国大部分高职院校忽略了服务情感目标维度的设置，服务情感目标设置也因此成为人才培养目标设置中最为薄弱的目标维度。通过查阅高职院校现代服务业人才培养方案发现，几乎没有高职院校在人才培养目标中提及服务情感目标维度的关键词，可见中国高职院校还没有重视现代服务业高技能人才服务情感的培养。在高职院校人才培养目标设置中，部分高职院校将现代服务业专业的服务情感目标维度纳入了综合素质的目标层次中。该种目标设置方式既是对农业经济和工业经济人才培养的路径依赖，也是当前中国高职院校现代服务业人才培养相关探索较为薄弱的表现。

（三）高职院校现代服务业人才培养目标构建中服务情感目标设置的新转向

服务情感目标的构建要实现从"被动服务者"到"主动服务者"的转变。中国已经进入服务经济时代，现代服务业高技能人才需要具备服务型人格。服务型人格主要指人的服务品质，属于服务情感范畴。美国著名社会学家赖特·米尔斯（Wright Mills）在其代表性著作《白领：美国的中产阶级》（*White Collar: The American Middle Classes*）中指出，在从手工技术向"处理"艺术、销售、为他人服务的巨大转变中，雇员个人的品质进入了交换领域，成为劳动力市场上的商品，并强调服务型企业更加关注员工的人格魅力，认为员工的服务型

[①] 注：查阅的高职院校现代服务业人才培养方案资料包括《现代服务业技能人才培养培训方案及研究论文汇编》、顺德职业技术学院2016年人才培养方案、江西机电职业技术学院2017年人才培养方案。

人格要比知识、经验和技能更加重要。① 在服务经济发展过程中，人的因素在整个生产和服务过程中起着决定性作用，现代服务业高技能人才需要解决个性化和不确定性问题。多元化、个性化、高度定制化等因人而异的需求对现代服务业高技能人才提出了挑战，需要现代服务业高技能人才具有健全的服务型人格。顾客获得服务不仅是为了谋求基本的服务功能，还需要得到情感和精神上的满足，所以明确提出了服务情感方面的要求，需要服务人员付出情绪劳动，这就要求现代服务业高技能人才能够在服务过程中具备真实的服务情感，发挥情感的内在驱动力量主动服务顾客，从"被动服务者"转型为"主动服务者"。

---

① ［美］莱特·米尔斯：《白领：美国的中产阶级》，周晓虹译，南京大学出版社2006年版，第142页。

第四章　高职院校现代服务业人才培养内容研究

人才培养内容是人才培养的重要依托，是研究"培养人的什么"的问题。本章根据现代服务业发展的高技能人才需求和高职院校现代服务业人才培养的三维目标体系，确定了高职院校现代服务业人才培养内容主要包括三个部分：一是服务知识的培养；二是服务能力的培养；三是服务情感的培养。在高职院校现代服务业人才服务知识的培养中，专业知识是服务知识的主要内容，课程是服务知识的重要载体，课程内容、课程组织方式、课程评价等是高职院校通过课程设置加强现代服务业专业学生服务知识培养的重点。在高职院校现代服务业人才服务能力的培养中，创新服务能力、信息化服务能力和个性化服务能力是现代服务业人才的核心服务能力。在高职院校现代服务业人才服务情感的培养中，顾客关怀是现代服务业人才缺失较为严重的服务情感，关怀品质是现代服务业人才服务情感培养的关键。

第一节　高职院校现代服务业人才服务知识培养

一　课程作为服务知识载体的重要性

OECD 在《在服务中推动创新》（Promoting Innovation in Services）报告中指出，服务的日益增长是以知识为基础和驱动的，服务创新很少来自传统的研究和发展,更多地来自外部资源和协作所获取的知识。① 服务知识的获取是高技能人才应用服务知识的前提,也是学习新知识的准备。服务知识应用是学习的目的。在高职院校学习期间,虽然不一定要将所有知识均用于实践,但是最终目的是应用知识解决问题。通过服务知识的运用,可以加深对服务知识的理解,也为促进服务能力和服务情感的形成奠定基础。

在高等职业教育领域,一个核心问题是在知识与工作之间建立恰当关系。传统观点认为,雇员要做好工作就需要恰当的知识,这是知识的资格方面。在现代知识社会中,资格的重要性仍然在提升,但是知识与工作的其他关系形式也需要注意。在这些关系中,知识表现为工人工作的目标或使用的工具。这些基于知识的目标或工具包括报告、合同、法律代码、计算机软件等,所有这些都或多或少地体现了专业知识。② 因此,将上述知识与工作的关系运用到现代服务业领域,专业知识是服务知识的主要内容。

课程是服务知识的重要载体,是职业教育的核心议题,是高技能人才培养的必备环节。中国著名教育学家潘懋元指出,在人才培养过程中,教师与学生的双边活动是通过教学内容来实现的,课程是把教学内容按一定程序组织起来的一个系统。③ 课程建设是高等职业教育的核心议题,高职院校现代服务业人才培养变革的重心在于课程改革与发展。《国务院关于加快发展现代职业教育的决定》(国发〔2014〕19号)明确指出,要服务经济社会发展和人的全面发展,推动课程内容与职业标准对接。④ 因此,高等职业教育课程设置应该作为服务知识获得的逻辑起点,并且高职院校应该不断加强课程在现代服务业

---

① OECD, "Promoting Innovation in Services", http：//value-chains.org/dyn/bds/docs/497/WolflOECDEnhancingPerformanceServicesSector.pdf#page=130, December 31, 2005.
② [德]克劳斯·贝克:《职业教育教与学过程》,徐国庆译,外语教学与研究出版社2011年版,第356页。
③ 潘懋元:《高等教育学(上)》,人民教育出版社1984年版,第197页。
④ 《国务院关于加快发展现代职业教育的决定》, http：//www.gov.cn/zhengce/content/2014-06/22/content_8901.htm, 2014年6月22日。

人才服务知识培养中的重要作用。

二 高职院校现代服务业人才培养课程设置困境审视

高等职业教育课程改革不仅是由技术进步所引发,改革背后所蕴含的是知识生产模式的变革与发展。知识生产模式转型对高职院校课程建设产生了重要影响,是引发高职院校现代服务业人才培养课程改革的主要原因。在知识生产模式转型背景下,运用知识生产模式转型中的五类典型特征,发现当前高等职业教育课程设置对于服务知识的表征具有浅表化特点,使高职院校现代服务业人才服务知识培养面临困境,表现为高职院校现代服务业人才培养课程改革面临情境转型困难、学科限制、同质性严重、自主导向严重和质量评价单一等问题。

(一) 知识生产模式的转型

知识生产模式由迈克尔·吉本斯 (Michael Gibbons) 等学者于 1994 年在著作《知识生产的新模式:当代社会科学与研究的动力学》(*The New Production of Knowledge*: *The Dynamics of Science and Research in Contemporary Societies*) 中提出。根据吉本斯等人的论述,知识生产模式可以分为知识生产模式Ⅰ(传统的知识生产模式)和知识生产模式Ⅱ(新的知识生产模式)两种,并且由"模式Ⅰ"向"模式Ⅱ"转型。[1] 两种知识生产模式的主要特征见表4-1。

吉本斯等人对两种知识生产模式的典型特征做出如下释义。第一,与模式Ⅰ的单一学科性特征不同,模式Ⅱ中知识生产的内容和范围已经超越了单一学科,具有较为明显的跨学科性特征。第二,模式Ⅰ的知识生产主体具有同质性特点,主体构成相对稳定;模式Ⅱ的知识生产主体是异质性的,问题解决的团队较少以稳定的方式呈现,更多是随着需求的改变而不断变化。第三,模式Ⅰ的知识生产内容根据个人的价值观和喜好而定;而模式Ⅱ中的知识生产主体开始对个人知

---

[1] Nowotny, H., Scott, P., Gibbons, M., "Introduction: 'Mode 2' Revisited: The New Production of Knowledge", *Minerva A Review of Science Learning & Policy*, Vol. 41, No. 3, 2003, pp. 179-194.

识生产的喜好和价值进行反思，知识生产内容的确定更加关注社会需求。第四，模式Ⅰ是根据特定学科的操作规则解决问题；模式Ⅱ则是将问题置于具体的应用情境中展开。第五，模式Ⅰ中知识生产的质量主要是依靠同行来对个人贡献做出评价；在模式Ⅱ中，知识生产的质量控制增添了其他不同群体的评价维度。①

表4-1　　知识生产模式Ⅰ与知识生产模式Ⅱ的特征比较

知识生产模式Ⅰ	知识生产模式Ⅱ
学科性	超学科性（跨学科性）
同质性	异质性
自主性	反思性
学科情境	应用情境
传统的质量控制（同行评议）	新的质量控制（评价群体多样化）

资料来源：Hessels, L. K., Lente, H. V., "Re-thinking New Knowledge Production: A Literature Review and A Research Agenda", *Research Policy*, Vol. 37, No. 4, 2008, pp. 740–760。

（二）基于知识生产模式转型的高职院校现代服务业人才培养课程设置困境

1. 课程设置的学科限制困境

知识的高度综合化使得运用单一学科知识解决问题逐渐困难，单一学科发展正在被超学科和跨学科趋势所代替。新知识更多的是在跨学科情境中被生产出来，并且进一步驱动不同学科之间沟通与合作的频繁和深入。就像美国学者本诺特·戈丁（Benoit Godin）指出的，知识从来不会孤立地产生，其生产过程总会涉及其他学科的要素。②

---

① ［英］迈克尔·吉本斯等：《知识生产的新模式——当代社会科学与研究的动力学》，陈洪捷等译，北京大学出版社2011年版，第3—8页。

② Godin, B., "Writing Performative History: The New New Atlantis?", *Social Studies of Science*, Vol. 28, No. 3, 1998, pp. 465–483.

高职院校现代服务业专业学生对于服务知识的获取，课程目标设置首先要强调专业性的深度，但其发展却不能受限于此，更何况课程的专业性发展与跨学科发展并不矛盾。其中，现代服务业专业的课程设置与服务学的跨学科课程设置显得尤为紧迫。服务学是将科学、管理、工程的相关学科知识应用于服务领域的一门新的交叉学科，主要内容包括四个方面：第一，服务系统的设计与演化；第二，服务价值创造、捕捉和再投资的途径；第三，顾客与服务人员之间通过服务活动实现价值交换的机制；第四，对服务生产率、服务质量、服务创新等内容的科学测算和度量。这些内容的学习有助于学习者达到改善服务在生产率、质量、性能、增长点、创新等方面的可预测性的目标。[1]

通过查阅高职院校现代服务业人才培养方案中的课程设置发现，部分高职院校已经意识到在现代服务业专业的课程设置中体现服务学的内容。例如，在流通服务业领域，物流管理专业开设的服务学相关课程包括客户与团队关系管理、供应链管理等。在生产性服务业领域，电子商务专业开设的服务学相关课程包括市场营销、网店客服、网络营销、商务沟通等。在个人服务业领域，旅游管理专业开设的服务学相关课程包括顾客关系与营销实务、旅游人力资源管理等。在社会服务领域，护理专业开设的服务学相关课程包括护理人文修养等。[2]然而，大部分高职院校的课程设置还局限于单一学科范围内，与其他学科门类尤其是服务学之间的联系较少，在一定程度上阻碍了课程的跨学科发展。

2. 课程实施者的同质性困境

多元化的知识生产主体是新知识生产模式的典型特点。教师属于成熟的知识生产者，一般情况下，教师的教学过程与知识生产、知识创造过程是同步进行的。高职院校培养现代服务业人才需要"双师型"教师资源，但是当前课程实施面临授课教师资源配置的同质性困

---

[1] 计国君：《服务科学与服务管理》，厦门大学出版社2015年版，第7页。
[2] 资料来源：顺德职业技术学院2016年人才培养方案。

境。具体表现为：第一，授课教师的来源同质化。高职院校教师容易受到区域限制，授课教师大部分来源于本地院校，教师同出一门的现象较为严重，教师专业发展同质导致课程设置雷同。中国职业教育师资状况调查资料显示，当前中国高职院校中不论是专业课教师还是公共课教师，从企业聘请的经验丰富的兼职教师人数占高职教师总数的比例较低。[①] 第二，授课教师专业培训同质化。教育行政部门举办的培训班、研修班等普遍选用同质化的培训内容对不同发展层次的高职院校教师进行培训。该类培训将高职教师视为去个性化的统一整体，更多关注的是高职教师群体专业发展的共性需求，很少关注到高职教师在不同发展阶段和不同发展层次的个性化培训需求。第三，模范教师影响下的教师发展同质化。各级教育行政部门和高职院校强力推行的名师教学模式，很容易成为众多教师模仿和学习的标杆，形成一种同质化的课程教学模式，使教师的课程教学趋向于同质化的课程范式。

3. 课程内容设置的自主导向困境

知识生产要以社会发展和为人类服务为目标，这促使知识生产者以需求为导向，其社会责任感日益增强。教育学家关注课程对知识的反映，主要集中在"哪些知识应当传授，哪些知识具有价值"这个问题。根据日本早稻田大学安彦忠彦（Yasuihok Tadaihko）教授的观点，社会需求是学校知识设置的首要依据。[②] 因此，高职院校培养现代服务业人才的服务知识设置首先要服务于社会需求，并且将服务知识落实在课程设置过程中，应该以需求为导向进行内容设置。但是，当前高职院校现代服务业人才培养课程内容设置的自主性较强，面临自主导向困境。主要表现在课程内容的前沿性不足，反映不出经济社会需求最旺盛的服务知识，热点、难点和尚存争议的服务知识很少能及时反映到课程内容中（见表4－2）。

---

① 由建勋：《高职教师"双通道流动"机制的构建》，《教育发展研究》2007年第Z2期。

② 钟启泉：《"学校知识"的特征：理论知识与体验知识——日本学者安彦忠彦教授访谈》，《全球教育展望》2005年第6期。

表4-2 高职院校现代服务业部分专业的服务知识内容设置

专业	当前服务知识内容	服务知识前沿内容
工商管理专业	生产管理知识、人力资源管理知识、销售管理知识、财务管理知识等	企业制度、企业治理、国际化经营管理、柔性管理等
电子商务专业	计算机系统结构认知、计算机设备维护知识、程序开发知识、系统开发知识、网页设计知识等	区块链、新一代信息技术、移动电子商务、新零售、网络文化等
物流管理专业	现代物流行业认知、物流管理业务知识、国际物流业务知识、物流市场调查知识等	精细化管理、第四方物流、实时物流、信息化管理、智能物流、物流联盟等

4. 课程组织的情境转型困境

通过情境化的环境获取体验知识是课程组织的重点。知识生产的情境化是指知识生产以一种更明确、更具目的性的方式开展。[①] 服务知识主要体现为一种外在的、实用性的价值,服务知识的传授不只是对理论进行必要的阐述、论证、解释等,还包括讲清楚服务理论产生的实践根源和服务理论在服务实践中的应用,因此课程需要强调知识的实用价值。在高职院校现代服务业人才培养过程中,课程的实用性特点较为突出。知识生产的情境化,使高职院校现代服务业人才培养的课程设置呈现出越来越明显的应用依赖性,更加强调课程的效用。

通过查阅高职院校现代服务业人才培养方案发现,一部分高职院校现代服务业人才培养的课程组织仍然以讲授法为主,实践活动、第二课堂、实训等课程组织形式较少,忽略了在应用情境中提升现代服务业专业学生的服务知识。以工商管理专业的课程设置为例,服务知识包括生产管理知识、人力资源管理知识、销售管理知识、财务管理知识等,在人才培养方案中,这些服务知识的培养形式均为理论课程

---

① [瑞士]海尔格·诺沃特尼等:《反思科学——不确定性时代的知识与公众》,冷民等译,上海交通大学出版社2011年版,第75页。

学习的讲授法。① 另一部分高职院校已经意识到具体情境在课程组织的运用，并在人才培养方案中设计并实施。例如，在流通服务业领域，物流管理专业的核心课程内容包括采购管理、供应链管理、运营计划及预算管理、组织管理、信息系统及物流应用等，在人才培养方案中，这些服务知识的培养形式为课堂讲授和实训相结合。在生产性服务业领域，财务管理专业的核心课程内容包括会计基础与实务、会计实务、财务管理基础、成本核算与管理、企业纳税实务、财务分析与决策、税务筹划等，在人才培养方案中，这些服务知识的培养形式为课堂讲授、项目教学和实训相结合。电子商务专业的核心课程内容包括电子商务基础与应用、网页设计与制作、视觉营销设计、网店运营与管理、网络营销、搜索引擎营销与优化、移动电子商务、跨境电子商务等，在人才培养方案中，这些服务知识的培养形式为课堂讲授和实训相结合。在个人服务业领域，旅游管理专业的核心课程内容包括导游业务、导游基础与应用、旅行社计调、旅游景区服务与管理等，在人才培养方案中，这些服务知识的培养形式为任务驱动、项目导向和教学做一体化相结合。会展专业的核心课程内容包括旅游、酒店及餐饮业概况、会展策划、顾客关系与营销实务、会展设计、会展英语、会展服务与管理、财务会计、形体与礼仪等，在人才培养方案中，这些服务知识的培养形式为课堂讲授和实训相结合。在社会服务领域，护理专业的核心课程内容包括常用护理技术、内科护理、外科护理、妇产科护理、儿科护理、护理人文修养等，在人才培养方案中，这些服务知识的培养形式为课堂讲授、项目教学和实训相结合。康复专业的核心课程内容包括人体解剖与运动学基础、康复评定技术、物理治疗技术、作业治疗技术、中国传统康复技术、常见疾病的临床康复等，在人才培养方案中，这些服务知识的培养形式为课堂讲授法、案例教学法、项目教学法和实训相结合。②

---

① 中国高等职业技术教育研究会：《现代服务业技能人才培养培训方案及研究论文汇编》，中国水利水电出版社2011年版，第16页。

② 资料来源：顺德职业技术学院2016年人才培养方案。

5. 课程效果的质量评价困境

质量控制是提升知识生产有效性的重要途径。[1] 新知识生产模式的质量控制主要强调两个方面：第一，质量评价主体的多元化；第二，质量评价的反馈环节不可或缺。同样地，完整的课程不应该是单向直线式，而应该是通过多次评价反馈来不断完善课程建设，进而构成一种螺旋上升式的课程状态。当前高职院校现代服务业人才培养的课程质量评价存在以下两个问题。其一，课程质量评价的主体较为单一，通常是任课教师自评是否达成课程目标。通过查阅高职院校现代服务业人才培养方案发现，当前高职院校现代服务业课程的主要评价方式分为考查和考试两种。以财务管理专业的课程设置为例，第一学期开设课程门数10门，其中考试4门，考查6门；第二学期开设课程门数11门，其中考试7门，考查4门；第三学期开设课程门数9门，其中考试4门，考查5门；第四学期开设课程门数7门，其中考试1门，考查6门；第五学期开设课程门数7门，其中考试0门，考查7门；第六学期开设课程门数1门，其中考试0门，考查1门。[2] 而这些课程的评价主体均为任课教师，表现出课程质量评价的主体单一性。其二，课程质量评价的反馈环节还较为薄弱，无法了解课程设置满意度和真实课程效果，导致进一步完善课程建设的通道受阻。

第二节　高职院校现代服务业人才服务能力培养

能力是指在智力发展基础上掌握知识、应用知识的本领，是包括单一能力和综合能力的多层次概念。在实际学习和工作过程中，单一能力难以完成一项学习或者活动，需要通过综合能力完成学习和工作任务。[3] 当前，中国高职院校现代服务业人才服务能力培养明显不足，严重阻碍了服务经济发展效率。本书基于现代服务业发展的高技能人

---

[1] 李正风：《科学知识生产方式及其演变》，清华大学出版社2006年版，第300页。
[2] 资料来源：顺德职业技术学院2016年人才培养方案。
[3] 潘懋元：《高等教育学（上）》，人民教育出版社1984年版，第160页。

才需求，构建了高职院校现代服务业人才3I型服务能力模型，从创新服务能力、信息化服务能力和个性化服务能力三个维度，对中国高职院校现代服务业人才服务能力培养问题进行深入剖析，以期为优化高职院校现代服务业人才服务能力培养路径提供指导，助力高职院校实现从适应到引领服务经济发展的重要转型。

一 高职院校现代服务业人才3I型服务能力模型构建

基于现代服务业发展的人才需求，将创新服务能力（Innovation Service Ability）、信息化服务能力（Informatization Service Ability）和个性化服务能力（Individuation Service Ability）确定为影响现代服务业人才有效供给的核心服务能力，构建高职院校现代服务业人才3I型服务能力模型（见图4-1）。

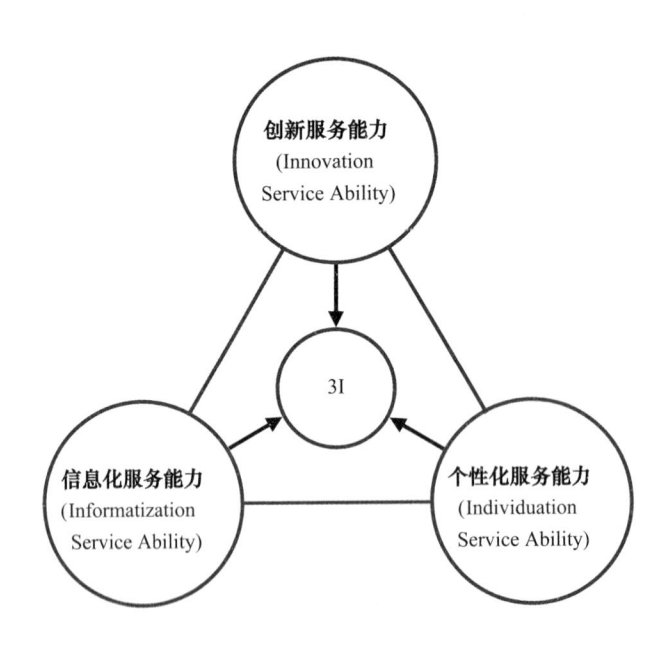

图4-1 高职院校现代服务业人才3I型服务能力模型

（一）创新服务能力

现代服务业发展需要服务创新。国家将创新驱动发展提升到战略高度,明确了创新是引领发展的第一动力。随着现代服务业转型升级,现代服务业内部处于产业链高端的具体行业比重逐渐增加。顾客不再满足于固定服务程序的简单式、重复式和模仿式的机械服务行为,更强调在提供专业服务的基础上创造新供给。研究指出,服务的日益增长是以知识为基础和驱动的,服务创新取决于高技能和高教育水平的员工。[1] 这要求现代服务业高技能人才在具备丰富的专业知识和高超的专业技能的基础上,能够提升创业创新能力,根据顾客的消费特点创新服务或重组原有服务,实现服务创新。

(二) 信息化服务能力

现代服务业的发展是基于现代科学技术特别是信息网络技术的发展和应用。美国社会学家曼纽尔·卡斯特(Manuel Castells)在《网络社会的崛起》(*The Rise of the Network Society*)一书中指出,信息密集的职业会成为新职业结构的核心。[2] 当前,新一代信息技术在服务业领域的广泛运用,改变了服务活动特有的属性,突破了传统服务供给的局限,形成了新的服务模式和业态,极大地提升了服务供给能力。这要求现代服务业高技能人才需做到:第一,具有信息化服务意识。在服务过程中能够主动运用信息化平台服务顾客,打破时间、空间以及单个服务组织信息库的服务限制,使顾客随时随地获取服务资源,进而扩大服务活动范围。第二,掌握新一代信息技术。现代服务业高技能人才必须掌握以大数据分析、物联网和移动通信等为代表的新一代信息技术,能够将其运用在服务顾客的过程中,提高顾客与现代服务业高技能人才的互动效率,在服务的内容、时间、地点、价格等方面超越顾客期待。

---

[1] [德]布纳德·斯坦思等:《服务科学:基础、挑战和未来发展》,吴健等译,浙江大学出版社 2010 年版,第 53 页。

[2] [美]曼纽尔·卡斯特:《网络社会的崛起》,夏铸九等译,社会科学文献出版社 2003 年版,第 252 页。

(三) 个性化服务能力

在服务主导的逻辑中，顾客的需求就是服务的起点。[①] 服务经济发展强调为不同顾客提供个性化服务，并且随着消费层次的提升，产品与服务需求间的种类与规模的比例逐渐发生变化，其中产品需求种类与规模的比例趋于缩小，服务需求种类与规模的比例趋于扩大。随着消费需求增加，消费层次逐渐提升，对供给提出了新的更高要求，要求现代服务业高技能人才逐渐提供多样化、差异化以及个性化服务。[②] 当需求层次上升到能够满足顾客的高级化需求时，现代服务业高技能人才的主要工作是提供大量的完全个性化服务。

二 高职院校现代服务业人才服务能力培养问题剖析

根据高职院校现代服务业人才3I型服务能力模型，分析发现高职院校现代服务业人才服务能力不足，集中体现为创新服务型、信息技术服务型、个性化服务型高技能人才的数量和服务能力还不能满足现代服务业发展的人才需求。

(一) 创新服务型高技能人才培养不能满足现代服务业发展需求

现代服务业发展需要能够提供创新服务的高技能人才。但是，创新服务型高技能人才的培养问题是当前高职院校培养现代服务业人才的短板。

第一，创新是引领现代服务业发展的第一动力，需要重点培养创新服务型高技能人才，但是中国创新服务型高技能人才数量供给不足。科学研究和技术服务业是典型的高创新服务行业，然而中国科学研究和技术服务业的高技能人才供给严重不足。以广东省为例，专业技术人员与科学研究人员占广东省人力资源市场人才需求的一半，但广东省高技能人才培养却不能满足当地科学研究与技术服务业发展需

[①] [比]保罗·格默尔等：《服务管理：整合的视角（第3版）》，陈福军、曹婷译，清华大学出版社2017年版，第22页。

[②] 周振华：《服务经济发展：中国经济大变局之趋势》，格致出版社、上海三联书店、上海人民出版社2013年版，第62页。

要，科学研究人员中各类技术和服务创新人才非常稀缺。[1] 文化创意产业属于现代服务业中创新程度较高的行业，要求高技能人才具备高水平的服务创新能力。但当前中国文化创意产业人才培养却存在"初级人员多，高级创意人才匮乏"的现实问题。[2] 2012年广东省文化创意产业高技能人才数据显示，动漫产业高技能人才占文化及相关产业从业人员的比例为0.24%，创意设计和工艺美术业为0.28%，文化旅游业为0.06%，文化创意产业高技能人才缺口较大。[3]

第二，高职院校培养现代服务业人才的服务创新能力薄弱，还不能为现代服务业转型升级提供创新服务。理论知识是创新的基础，理论课程是影响现代服务业高技能人才创新水平的关键。然而受传统职业教育人才培养观念的束缚，大部分高职院校仍将人才培养目标设定为为社会培养会干活的人，将人才培养重心放在高技能人才实践能力的提高上，所开设的理论课程不足，忽视了现代服务业高技能人才理论知识的建构。通过调研天津轻工职业技术学院发现，环境艺术设计、广告设计与制作、展览展示艺术设计、文物鉴定与修复等服务业类专业学生的实践技能较强、理论基础薄弱，专业化知识水平有待提高。这在一定程度上阻碍了高职院校现代服务业专业学生在未来工作岗位中服务创新水平的提升，导致高职院校现代服务业人才整体处于服务创新模仿阶段，创新高度有待提升。

（二）信息技术服务型高技能人才培养不能满足现代服务业发展需求

当前中国信息技术型高技能人才培养还不能满足服务经济发展需求，主要表现在以下两个方面。

第一，信息网络技术在服务业领域的广泛运用，改变了服务活动

---

[1] 李绍明：《广东省高职教育供给与产业升级的匹配度研究——基于企业调研的统计分析》，《中国职业技术教育》2013年第18期。

[2] 张东航：《关于当前文化创意产业人才"三多三少"现象的对策思考》，《艺术百家》2015年第5期。

[3] 谭菲：《广东省文化创意产业人才现状与策略》，《科技管理研究》2014年第21期。

的特有属性,突破了传统服务的局限,形成了新的服务模式和业态,极大地提升了服务供给能力,但是信息技术服务型高技能人才培养数量短缺。例如,浙江省服务业高技能人才供给不足,仅占服务业从业人员总数的2.23%,其中信息传输、计算机服务和软件业等现代服务业高技能人才比例更少,高技能人才培养不足1%。[1] 又如,互联网金融是传统金融行业与互联网技术和信息通信技术相结合的新行业,属于现代服务业中的新兴业态。2012年上海金融服务业从业人员调查显示,基础型的金融人才培养较为充裕,而保险精算、资产信托、投资分析、核保审赔、金融工程等领域的高技能人才异常匮乏。[2] 此外,电子商务、电子医疗、网络教育、数字社区等现代服务业的信息技术服务型高技能人才长期处于短缺状态。

第二,在信息技术飞速发展和网络社会崛起的时代,现代服务业高技能人才应该具有的信息技术能力尚未形成。一方面,信息化意识和互联网思维较为薄弱。在现代服务业高技能人才培养过程中,高职院校现代服务业专业学生在服务顾客过程中对传统服务方式具有明显的路径依赖,应有的信息化意识和互联网思维还未养成,导致高职院校现代服务业专业学生毕业后在工作岗位中忽略运用"互联网+"服务顾客。另一方面,高职院校现代服务业专业学生所掌握的新一代信息技术较少,在大数据分析、物联网、云计算等新一代信息技术的学习上依然滞后。部分高职院校服务业类专业的信息技术课程仅开设了64学时的计算机应用基础,主要内容为办公软件的基本操作和互联网的基本知识,不能满足服务经济对高技能人才信息技术能力的需要。

(三)个性化服务型高技能人才培养不能满足现代服务业发展需求

高职院校现代服务业人才还不能根据顾客消费特点提供个性化服

---

[1] 吕宏芬、王君:《高技能人才与产业结构关联性研究:浙江案例》,《高等工程教育研究》2011年第1期。
[2] 杨力:《中国经济转型背景下现代服务业人才培养战略研究》,《改革与战略》2014年第4期。

第四章 高职院校现代服务业人才培养内容研究

务，主要体现在以下两个方面。

第一，能够精准提供个性化服务的现代服务业高技能人才培养数量不足。例如，现代养老服务业对高技能人才个性化服务能力要求较高，能为老年人提供个性化服务的高技能人才十分短缺。中国现代养老服务业数据显示，高达66.7%的服务人员是初中及以下文化学历，他们从事中低端的护理工作，服务技能较差，而宜居社区、老年旅游、老年文化等新兴领域的高技能人才供给严重不足，无法在专业保健、康复护理、精神慰藉、社会参与等方面为老年人提供个性化服务。[1] 再如，现代物流业的快速发展使其顾客需求更加难以把握，需要能够提供个性化服务的高技能人才。当前中国现代物流业约50%的从业人员是从传统物流储运领域转型而来，物流计划与分析服务、存货计划与控制服务、运输管理、物流工程管理等高技能人才十分缺乏。深圳市物流与供应链管理协会的调查显示，深圳近半数的物流企业缺少高层次现代物流人才。企业指出，中高层次的物流人才主要通过企业内部培养，大部分职业院校培养的人才为基层物流人才。[2]

第二，随着现代服务业转型升级，处于产业链高端的行业比重逐渐增加，顾客不再满足于固定服务程序中简单式、重复式和模仿式的服务行为，更强调对专业服务的个性化供给。但是，高职院校现代服务业人才的个性化服务能力偏低，与经济社会高级化需求日益增加的趋势不相匹配。虽然大部分高职院校较为重视学生实践能力的培养，却并没有因此而提升现代服务业高技能人才的个性化服务水平，主要原因在于高职院校培养现代服务业人才实践能力的途径较为单一。以天津铁道职业技术学院的高速铁路动车乘务专业为例。该专业开设的高速铁路乘务礼仪（64学时）和旅客运输心理学（48学时）两门课程有助于提升学生的个性化服务水平。但调查显示，两门课程均以讲

---

[1] 杨力：《中国经济转型背景下现代服务业人才培养战略研究》，《改革与战略》2014年第4期。
[2] 《物流高端人才仍难求》，中国物流产业网，http://www.xd56b.com/wlzx/2017.jhtml，2013年11月6日。

授法授课为主,通过角色扮演、情境创设等新型教学模式授课的课时比例较小,阻碍了学生个性化服务能力的提高。

第三节 高职院校现代服务业人才服务情感培养

服务情感是服务人员在情绪劳动中所带出的情感。[1] 现代服务业创造了大量需要情绪劳动的工作,这要求高职院校对现代服务业专业学生的服务情感进行重点培养。现代金融服务业、现代养老服务业、现代旅游业等都对现代服务业高技能人才提出了情绪劳动的要求,即服务人员在服务过程中不仅需要付出体力和智力劳动,还需要通过不断调节情绪和表达方式来完成服务工作。同时,随着"以人为本"服务理念逐渐确立,消费者的个性化需求和现代服务业发展的产业文化需求不断提升,要求服务人员在服务过程中具有符合职业要求的情绪,这也使情绪劳动受到越来越多的重视和关注。研究指出,服务人员的情绪劳动是服务工作的重要组成部分,[2] 如何培养现代服务业人才的服务情感成为高职院校人才培养能否满足现代服务业人才需求的关键。

一 情绪劳动的内涵

情绪劳动的概念最先由阿莉·罗素·霍克希尔德(Arlie Russell Hochschild)提出。1983 年,霍克希尔德在《情绪管理的探索》(*The Managed Heart*: *Commercialization of Human Feeling*)一书中首次完整地阐述了情绪劳动的定义,指出情绪劳动是员工在工作过程中为了达到组织所期望的服务标准而调整和管理自己的情绪所需要付出的努力。[3]

---

[1] 注:在服务领域研究中,情感、情绪和心情三个词语等同使用。与情感密切相关的两个词是心情和情绪,虽然这三个词的具体含义有一定区别,但在服务领域研究中,研究者通常不区分心情、情感和情绪,将这三个词作为同义词使用。参阅苏秦《服务质量、关系质量与顾客满意度——模型、方法及应用》,科学出版社 2010 年版,第 181 页。

[2] 刘朝:《情绪劳动的理论与实证研究》,科学出版社 2015 年版,第 1 页。

[3] Hochschild, A. R., *The Managed Heart*: *Commercialization of Human Feeling*, Berkeley: University of California Press, 1983.

霍克希尔德通过分析空姐的服务工作发现,这样的努力主要是指员工与顾客在接触过程中必须消耗掉的情感努力,尤其是当员工所体验到的真实情感与组织要求的表达规则不一致时所要付出的情绪调节和管理方面的努力。霍克希尔德指出,情绪劳动多存在于服务人员与顾客进行互动交流的服务业领域,例如零售服务业、医疗服务业、教育服务业、咨询服务业和银行服务业等。在这些服务过程中,服务人员需要时刻保持微笑、真诚与热情,获得顾客的认可和满意,提升顾客满意度,在提升组织绩效的同时,从服务业企业中获得物质上的回报和精神上的荣誉表彰,进而提升服务员工的工作满意度和个人成就感。

随后,许多学者开始关注情绪劳动研究,并且重点关注情绪劳动在服务业发展中的重要作用,研究内容涵盖了情绪劳动的内涵、特点等理论研究和各类服务业中服务人员情绪劳动的实证研究。阿什福斯(Ashforth)和汉弗莱(Humphrey)在组织需求视角下将情绪劳动定义为一种为了满足组织要求而表达适当情绪的行为,两位学者提出情绪劳动不是内心的情绪感受管理,而是员工的情绪表达行为。[1] 莫里斯(Morris)和费尔德曼(Feldman)从工作特征的角度出发,认为情绪劳动是员工在服务过程中在心理调节和控制方面做出的努力,其目的是表达组织所要求的情绪,因此情绪劳动具有明显的工作特性。[2] 格兰迪(Grandey)在阿什福斯等和莫里斯等对情绪劳动研究的基础上,从工作过程视角提出情绪劳动是员工为了实现组织的目标而调节情绪感受和情绪表达的过程,并对两种调节行为进行了层次划分,其中对情绪表达的调节被认为是浅层行为,对情绪感受的调节被认为是深层行为。[3] 迪芬多夫(Diefendorff)和戈瑟兰德(Gosserand)在心

---

[1] Ashforth, B. E., Humphrey, R. H., "Emotional Labor in Service Roles: The Influence of Identity", *Academy of Management Review*, Vol. 18, No. 1, 1993, pp. 88-115.

[2] Morris, J. A., Feldman, D. C., "The Dimensions, Antecedents, and Consequences of Emotional Labor", *Academy of Management Review*, Vol. 21, No. 4, 1996, pp. 986-1010.

[3] Grandey, A. A., "Emotional Regulation in the Workplace: A New Way to Conceptualize Emotional Labor", *Journal of Occupational Health Psychology*, Vol. 5, No. 1, 2000, pp. 95-110.

理学视角下提出情绪劳动是一个动态的情绪加工过程,即通过控制处于失调状态的情绪表现,使之达到组织所期望的表现状态。[1] 哥伦布(Glomb)在情绪劳动类型视角下指出情绪劳动的概念主要包括真实的情绪表现、伪装的情绪表现和情绪压抑三个方面。[2]

虽然学者们对情绪劳动有着不同的观点和见解,但分析发现这些定义存在共同之处,因此有学者通过整合上述内容,提出情绪劳动定义的重点应该集中在以下几个方面:第一,情绪劳动大部分发生在人际接触过程中;第二,情绪劳动是动态加工的心理过程;第三,情绪劳动是可以直接觉察到的行为;第四,情绪劳动要求员工的情绪表达和组织要求的情绪表现达到一致。[3]

二 关怀品质是现代服务业人才服务情感培养的关键

关怀品质是指一种对他人关切的情感和行为:在情感上,表现为一种对他人的挂念、忧虑、担心;在行为上,表现为照顾他人或为了他人的好而做出有益其发展的行为。[4] 在学术界,有学者在高职院校护理专业学生情绪管理对关怀品质培养的影响,[5] 养老机构护理人员、医院临床护理人员的关怀品质培养等方面开展了有益探索。[6][7] 但是,当前关怀品质相关研究还局限于护理领域,尚未对现代服务业高技能人才关怀品质培养进行深入探讨。现代服务业发展趋势表明,顾客关怀逐渐成为现代服务业保持持续竞争优势的专有资源,基于顾客关怀

---

[1] Diefendorff, J. M., Gosserand, R. H., "Understanding the Emotional Labor Process: A Control Theory Perspective", *Journal of Organizational Behavior*, Vol. 24, No. 8, 2003, pp. 945-959.

[2] Glomb, T. M., Tews, M. J., "Emotional Labor: A Conceptualization and Scale Development", *Journal of Vocational Behavior*, Vol. 64, No. 1, 2004, pp. 1-23.

[3] 刘朝:《情绪劳动的理论与实证研究》,科学出版社2015年版,第9页。

[4] 苏静:《被关怀者道德品质的培育》,浙江教育出版社2009年版,第17页。

[5] 彭青、马丽:《情绪管理对高职实习前期护生人文关怀品质的影响研究》,《卫生职业教育》2022年第15期。

[6] 田红梅等:《广州市养老机构护理人员人文关怀品质的现状调查》,《中国实用护理杂志》2014年第35期。

[7] 崔金锐等:《临床护理人员人文关怀品质与医学叙事能力的相关性研究》,《护理学杂志》2021年第9期。

建立的服务关系能够产生很高的经济效益和社会效益。① 因此，现代服务业的发展不仅需要服务知识和服务能力的供给，还要求高技能人才具备关怀品质。尤其是直接参与服务活动的一线劳动者，需要更加注重其关怀品质的培养与提升。美国服务管理研究者詹姆斯·A. 菲茨西蒙斯（James A. Fitzsimmons）和莫娜·J. 菲茨西蒙斯（Mona J. Fitzsimmons）认为，在服务管理的关系范式中，顾客是具有不同背景和特定动态需求的主体，要求服务者具备设身处地为顾客着想（关怀顾客）的个人品质，这种关怀品质要比服务知识和服务能力更为重要，② 是现代服务业高技能人才培养的重要内容。

（一）内尔·诺丁斯的关怀理论

关怀理论兴起于 20 世纪 80 年代初的美国，经过约 40 年的发展，已经成为汇聚众多学者和研究成果的较为成熟的理论。其中，较为系统的、影响力较大的关怀理论当数美国教育学会会长内尔·诺丁斯（Nel Noddings）提出的以关怀为核心的道德教育理论。1984 年，诺丁斯在《关心：伦理和道德教育的女性视角》（*Caring: A Feminine Approach to Ethics and Moral Education*）一书中正式提出了以关怀为核心的新型道德教育模式，并以女性体验为基础建立了关怀理论，认为关怀理论是对由于现代化与后现代化国家共同存在的过度经济化导致人类精神和情感世界日益萎缩的时代问题的重要回应。1992 年，诺丁斯所著的《学会关心：教育的另一种模式》（*The Challenge to Care in Schools: An Alternative Approach to Education*）一书成为关怀伦理领域最具影响力的研究成果，也是关怀理论的集中体现，重点探讨了关怀理论在教育中的运用。

关怀理论的基础是关怀关系。诺丁斯指出，关怀最重要的意义在于它的关系性。关怀关系最基本的表现形式是两个人之间的一种连接

---

① ［美］邓·皮泊斯、马沙·容格斯：《客户关系管理》，郑先炳、邓运盛译，中国金融出版社 2006 年版，第 59 页。
② ［美］詹姆斯·A. 菲茨西蒙斯、莫娜·J. 菲茨西蒙斯：《服务管理：运作、战略与信息技术》，张金成等译，机械工业出版社 2000 年版，第 168 页。

或接触。[①] 关怀关系的建立始于关怀者的关怀行为，完成于被关怀者的关怀感受。在短暂的接触过程中，关怀者的心理处于一种动机位移状态，关注于他人的需要。被关怀者具有接受、确认和反馈的心理特征，被关怀者接受他人的关怀，并显示接受了关怀，这种确认反过来又被关怀者认知。这样，一个关怀关系就完成了。反之，如果关怀者和被关怀者任何一方没有做出适当的反应，关怀关系就没有在两者之间形成。

关怀理论主要包括四个部分，分别是榜样（Modeling）、对话（Dialogue）、实践（Practice）和认可（Confirmation）。[②]

1. 榜样是关怀的示范效应

诺丁斯将榜样视为以身作则，在示范的过程中，无须告知学生怎样关怀，只需与学生建立一种关怀关系，向学生展示在自己的社会关系范围内怎样关怀。诺丁斯指出，关怀他人的能力高低取决于有多少被关怀的经历和体验，这就更加促使关怀者扮演好榜样的角色。在日常生活中，每当有需要，关怀者便对需要作出回应。并且在关怀过程中，关怀者会时刻关注被关怀者的需求与变化，以便及时调整自己的关怀行为。这些都是源于关怀者内心的道德反映。

2. 对话是建立和维持关怀关系的基础

诺丁斯强调，关怀关系中的对话是双方共同追求理解、同情和欣赏的过程，该对话允许关怀者和被关怀者表达各自的心声，使双方相互了解，建立一种充满关怀的人际关系。关怀他人既需要知识和技巧等智力因素，也需要个性、态度等非智力因素。通过对话，可以深刻了解对方的需要及其产生需要的原因，进而成为一个关怀者，满足被关怀者的需求。

3. 实践是关怀的具体表现

诺丁斯认为所有学生都需要实践关怀，实践关怀的目的不仅在于

---

① ［美］内尔·诺丁斯：《学会关心：教育的另一种模式》，于天龙译，教育科学出版社2003年版，第30页。

② ［美］内尔·诺丁斯：《学会关心：教育的另一种模式》，于天龙译，教育科学出版社2003年版，第37—40页。

培养学生关怀他人的技术和能力,更重要的是培养学生的关怀态度和关怀意识。实践活动必须从培养学生学会关怀的角度来安排,鼓励学生主动关怀他人,积极地与他人建立关怀关系。让学生在体验关怀中实践关怀,充分发挥关怀者角色的自主性,在丰富而真实的社会环境中践行关怀行为。

4. 认可是关怀的反馈与评价

诺丁斯认同马丁·布伯（Martin Buber）对认可的描述,将认可定义为对他人行为的优点进行确认和鼓励。诺丁斯主张对关怀的认可有助于获得一个理解人本质的视野和机会。诺丁斯强调,认可更重要的意义在于关怀者要把被关怀者看作与他们一起致力于关怀的人,要维持关怀双方的一种联系,从被关怀者身上识别出一种更美好的至少是可接受的、潜伏着的某种品质。在此基础上,关怀者要鼓励被关怀者发展,形成与现实相符的积极的自我形象,保证关怀关系的连续性。

（二）关怀品质的内涵：两种解读

人类社会在从农业经济、工业经济向服务经济转型的过程中,关怀品质的内涵在不断丰富与发展。其中,关怀品质的公民道德素质内涵与职业道德素质内涵是在关怀对象逐渐扩展、关怀领域逐渐聚焦的过程中形成的具有代表性的双重内涵。

1. 作为公民道德素质的关怀品质

关怀是一种个人品质,是一种美德。最初的关怀对象被设定为妇女和儿童等弱势群体,关怀品质的基本含义是关怀者对被关怀者的同情、施舍和给予,是关怀者选择向善的方式,属于单向度的活动关系。随着关怀对象扩展为全人类,关怀品质也从单向度的关怀关系转向为一种关怀者与被关怀者双方的相互关怀关系。此时的关怀品质发展成一种可以称为关怀伦理的道德取向,[①] 属于公民道德素质的重要

---

① ［美］内尔·诺丁斯：《始于家庭：关怀与社会政策》,侯晶晶译,教育科学出版社2006年版,第27页。

内容。关怀伦理学家琼·特朗托（Joan Tronto）指出，作为公民道德素质的关怀品质不只是触动理智的关切，而是处于日常生活过程中的活生生的、能动的、人的关切，是由关心、照顾、给予关怀和接受关怀组成的实践过程。① 因此，作为公民道德素质的关怀品质体现为一种群体性的社会属性，是公民之间推崇善良、理解、关心、宽容等道德素质的一种社会关系。

2. 作为职业道德素质的关怀品质

职业道德素质包括职业道德准则、职业道德情操和职业道德品质。关怀品质是职业道德品质的重要体现。在具体行业或职业领域，作为职业道德素质的关怀品质并没有明确标准，但却需要职业工作者具有更加严格的关怀内驱意识，驱动从业者具备与职业活动紧密联系并符合职业特点所要求的关怀品质。

关怀品质先于且重于知识和技能的供给是现代服务业与其他行业的最大区别。现代服务业中所有的服务行为、服务过程和服务方式都具有关怀性，其情感性、关系性和个性化服务等重要特点也要求将关怀品质上升为现代服务业从业者的职业道德素质。现代服务业领域中的关怀品质不仅表现为一种服务双方主体之间的关怀，而且更加强调在服务双方相互理解、倾听和尊重的基础上建立一种以关怀为核心的服务关系。随着服务双方互动程度的不断深入，这种以关怀为核心的服务关系也从服务双方单一次数、不稳定的服务关系发展为多次数、相对稳定的服务关系。具体而言，主要包括服务者对顾客的关怀、顾客对服务者的关怀、顾客的自我关怀和服务者的自我关怀四种类型。本书的关怀品质主要指服务活动过程中服务者对顾客的关怀，即顾客关怀。研究指出，顾客关怀（Customer Care）是指在识别顾客需求的基础上，通过采取一系列符合顾客需求的特别关注、情感投入和利益回馈等增值服务和附加价值服务，提供给顾客包括经济价值和非经济价值在内的服务回馈，建立并维系良好的顾客关系，进而提高顾客满

---

① 苏静：《被关怀者道德品质的培育》，浙江教育出版社2009年版，第4页。

意度和忠诚度,实现企业可持续发展。①

(三)现代服务业对高技能人才关怀品质的深切诉求

现代服务业发展需要高技能人才具有关怀品质,其中现代服务业的情感性、关系性和个性化特点对高技能人才关怀品质提出深切诉求,主要体现在三个方面。

第一,现代服务业的情感性特点需要高技能人才对顾客付出以关怀为核心的情绪劳动。现代服务业具有情感性特点,② 顾客消费的过程是一个情感体验过程。③ 服务过程主要是一个与人打交道的互动过程,个体都有着独特的个性,服务过程需要体现个性与情感。④ 在服务过程中,服务人员与顾客频繁接触,服务双方的情感密切相关。顾客将服务者视为个人化和情感化的个体,并且受服务人员的影响,顾客的情感会不断变化。琳达·L. 普奈斯(Linda L. Price)等学者的调查显示,服务人员真诚的态度、对顾客利益的额外关心、与顾客之间的相互理解等情感投入行为,都会增强顾客的正向消费情感。⑤

关怀品质是现代服务业高技能人才付出情绪劳动的前提。顾客关怀是现代服务业情绪劳动的重要体现,需要高技能人才充分发挥关怀者的主观能动性。一方面,顾客获得服务不仅是为了谋求基本的服务功能,还需要得到情感和精神上的满足,所以明确提出了对服务关怀的要求,需要服务人员付出关怀劳动,发挥情感的内在驱动力量主动

---

① 肖阳、谢莉莉:《客户关怀构成因素与关系质量的影响研究》,《管理科学》2012年第6期。

② 注:此处的现代服务业情感性特点主要源于服务的不可分离性和互动性特点。作为服务的固有特点,不可分离性意味着服务本身总是离不开顾客,服务生产者与消费者之间存在心理上和物质上的双重紧密联系。互动性意味着服务人员与顾客相互观察、相互交流等行为贯穿服务的全过程。服务人员会将情感渗透在与顾客的互动过程中,并将这些情感传递给顾客。服务质量就是在这种互动过程中被顾客感知的。

③ Westbrook, R. A., Oliver, R. L., "The Dimensionality of Consumption Emotion Patterns and Consumer Satisfaction", *Journal of Consumer Research*, Vol. 18, No. 1, 1991, pp. 84 – 91.

④ 李勇坚:《从产品经济到服务经济:对人类社会经济发展史的新考察》,中国社会科学出版社2016年版,第141页。

⑤ Price, L. L., Arnould, E. J., Tierney, P., "Going to Extremes: Managing Service Encounters and Assessing Provider Performance", *Journal of Marketing*, Vol. 59, No. 2, 1995, pp. 83 – 97.

关怀顾客。另一方面,现代服务业的情感性特点导致顾客的整体服务感知较为主观。新西兰学者理查德·W. 布坎南(Richard W. Buchanan)在《顾客关怀:清除市场营销中的障碍》(When Customers Think We Don't Care)一书中发现,在无法区分服务质量的情况下,顾客将依靠直观感觉选择消费行为,例如在服务过程中是否得到一定的关注和照顾等。[1] 这就要求现代服务业高技能人才能够关怀顾客并付出实际的情绪劳动,在深层次了解顾客需求的基础上,为顾客创造惊喜,向顾客提供更加友好、轻松和便捷的服务体验,提升顾客的满意度和幸福感。

第二,现代服务业的关系性特点需要高技能人才与顾客建立以关怀为核心的服务关系。现代服务业的关系性特点十分突出。[2] 比利时学者保罗·格默尔(Paul Gemmel)等在探讨服务管理的本质时指出,在服务主导的逻辑中,价值创造源于关系导向,而非交易导向。从交易导向的角度分析,服务管理的重点聚焦于为顾客提供高质量产品,顾客被看作产品的接收者。从关系导向的角度来看,产品和服务由服务双方共同创造,通过建立服务关系,使服务双方均能获取专业能力(知识和技能)带来的收益。[3] 作为与顾客交互最频繁的产业,现代服务业的发展立足于人与人之间的交互作用,尤其是服务人员和顾客之间的服务关系。[4] 罗伯特·M. 摩根(Robert M. Morgan)将服务关系界定为服务者与顾客之间在经济上或心理情感上建立的广泛联系。[5] 就像德国学者布纳德·斯坦思(Bernard Stauss)等指出的,服务不仅

---

[1] [新西兰]理查德·W. 布坎南:《顾客关怀:清除市场营销中的障碍》,吴溪译,机械工业出版社2003年版,第147页。

[2] 注:此处的现代服务业关系性特点主要源于服务的互动性特点。

[3] [比]保罗·格默尔等:《服务管理:整合的视角(第3版)》,陈福军、曹婷译,清华大学出版社2017年版,第22页。

[4] [英]马雷克·科尔钦斯基:《服务业人力资源管理》,何建华译,人民邮电出版社2004年版,第2页。

[5] Morgan, R. M., Hunt, S. D., "The Commitment-Trust Theory of Relationship Marketing", *Journal of Marketing*, Vol. 58, No. 3, 1994, pp. 20–38.

是一种经济现象,还深深地根植于社会和文化关系中,① 已经由简单的交易行为上升为一种基于服务双方深入互动的服务关系建立、维持、发展和提升的过程。

关怀品质是现代服务业高技能人才建立服务关系的基础。日本著名管理学大师野口吉昭指出,服务关系管理就是建立服务双方相互关怀和尊敬的架构。② 以关怀为核心建立的服务关系,始于现代服务业高技能人才的关怀行为,完成于顾客的关怀感受,能够让顾客从被关怀者角色中体验到获得服务的满足与幸福。美国学者威廉·G. 齐克蒙德(William G. Zikmund)等还专门提出"关系主义"(Relationalism)来强调服务人员与顾客相互关怀、协同行动的服务关系特点。③ 在服务过程中,关怀顾客能够加速顾客心理变化,促使服务双方产生情感共鸣,主动投入以关怀为核心的服务关系建立中。

第三,现代服务业的个性化特点需要高技能人才为顾客提供以关怀为核心的个性化服务。现代服务业具有个性化特点,④ 主要表现为服务供给因人而异。与其他产业相比,现代服务业的工作对象是人,其工作内容和对象具有高度不确定性,其发展也越来越趋向于服务体验和个性化定制,所以,在服务过程中能否满足顾客的个性化需求、能否精准解决顾客的个性化问题成为现代服务业高技能人才职业能力的重要组成部分。并且,随着消费层次的提升,需要现代服务业高技能人才提供更多样化、差异化、个性化的服务。当消费层次上升到需要高技能人才满足完全个性化的需求时,高技能人才的主要工作是提供大量的、完全个性化的服务。⑤

---

① [德]布纳德·斯坦思等:《服务科学:基础、挑战和未来发展》,吴健等译,浙江大学出版社 2010 年版,第 41 页。
② [日]野口吉昭:《客户关系管理实施流程》,杨鸿儒译,机械工业出版社 2003 年版,第 34 页。
③ [美]威廉·G. 齐克蒙德等:《客户关系管理:营销战略与信息技术的整合》,胡左浩等译,中国人民大学出版社 2010 年版,第 95 页。
④ 注:此处的现代服务业个性化特点主要源于服务的异质性特点。
⑤ 周振华:《服务经济发展:中国经济大变局之趋势》,格致出版社、上海三联书店、上海人民出版社 2013 年版,第 62 页。

关怀品质是现代服务业高技能人才实现个性化服务的关键。服务者提供个性化服务的前提是关注顾客的真实想法、挖掘顾客的深层次需求、尊重顾客的主观选择、认可顾客的参与行为,而这些正是关怀品质的重要体现。研究发现,服务者越关注顾客需求,所提供服务的个性化程度越高,能够成功建立服务关系的机会就越大,顾客的满意度就越高。① 这就需要现代服务业高技能人才关怀顾客,并重点做到以下两个方面:第一,不同类型的顾客需要不同的关怀定位,分析顾客需求与偏好,提供个性化服务;第二,在服务过程中,现代服务业高技能人才的心理应该处于一种移情关怀状态,时刻关注顾客需求变化并及时调整关怀行为。

三 现代服务业高技能人才关怀品质缺失的现实表征

(一) 向顾客提供关怀服务的意识较为淡薄

现代服务业高技能人才应该具备关怀意识,时刻以顾客为中心,关注顾客服务需求。但是,当前现代服务业高技能人才的关怀意识还较为薄弱,一方面表现为现代服务业高技能人才将顾客关怀的目的定位为"提升顾客消费需求和促进顾客消费行为",把服务顾客片面地理解为一种"以顾客消费为目的的经济行为",服务过程中的顾客关怀被这种以功利为服务供给目的的价值观念所掩盖;另一方面表现为现代服务业高技能人才在真实的工作环境中仍然主要运用服务知识和服务能力解决顾客问题,还没有意识到顾客关怀的重要性和必要性。

以现代旅游业为例。现代旅游服务业高技能人才关怀意识薄弱,其中以导游职业最为典型。在旅游服务过程中,部分导游运用旅游相关知识和技巧服务游客,表现出一种十分明显的诱导游客具有更多消费的服务行为,导致游客对其服务行为产生猜忌和不信任,阻碍了双

---

① [印]尼密·乔杜里:《服务管理》,盛伟忠等译,上海财经大学出版社2007年版,第375—376页。

方可持续服务关系的建立。

（二）与顾客开展的关怀性对话交流较少

对话是建立和维持关怀关系的重要途径，是服务双方共同追求理解、同情和欣赏的过程，能够有效引导顾客表达需求。法国著名社会学家埃米尔·迪尔凯姆（Émile Durkheim）将表达与对话描述为一种感情同化的过程，有助于双方相互了解并产生情感认同。[1] 在服务过程中，当服务者真正关怀顾客时，会在认真倾听、细心观察和用心感受顾客的基础上，通过充分沟通与有效表达深入了解顾客，并以此为导向服务顾客。然而，现代服务业高技能人才与顾客的对话失去了温暖和活力，并没有发挥情感互通的重要作用，服务双方面临沟通不畅的严峻挑战。

以公共医疗服务业为例，要求护理服务人员与患者之间基于关怀进行沟通与交流，并通过护理人员与患者的对话建立一种充满理解、移情和关怀的服务关系。但是，护患关系紧张已经成为由护理人员与患者沟通不畅而引发服务矛盾的典型案例。研究发现，很多护理人员并不能与患者及患者家属开展基于关怀的交流与对话。[2] 护理服务并没有建立在护患双方相互理解的基础上，护理人员通常缺乏耐心，与患者形成沟通障碍，患者在接受治疗后不能与期望的服务结果达成一致，致使护患关系恶化。

（三）为顾客供给的关怀服务体验尚显不足

关怀服务体验就是在服务过程中对关怀与被关怀的自我感受。早在1970年，美国著名未来学家阿尔文·托夫勒（Alvin Toffler）就在《未来的冲击》（*Future Shock*）一书中写道，服务体验是使顾客体验惊喜、刺激、温暖和其他乐趣的过程，能够促进顾客对有形商品和无

---

[1] ［德］尤尔根·哈贝马斯：《交往行动理论（第二卷）——论功能主义理性批判》，洪佩郁、蔺青译，重庆出版社1994年版，第87页。

[2] Ordons, A. L. R., Lockyer, J., Hartwick, M., et al., "An Exploration of Contextual Dimensions Impacting Goals of Care Conversations in Postgraduate Medical Education", *BMC Palliative Care*, Vol. 15, No. 1, 2016, pp. 1 – 9.

形服务的心理变化,具有重要的经济价值。① 加拿大学者让·哈维(Jean Harvey)的研究发现,"服务者对顾客提供个性化的关怀,使顾客感觉到服务者理解自己的处境"对顾客服务体验具有显著影响。② 服务体验的供给是基于顾客关怀的服务活动,现代服务业高技能人才的关怀品质不可或缺,否则无法保证服务体验达到理想效果。

以现代养老服务业为例,不仅要求服务人员能够为老年人提供基本的护理服务,更要求他们能够基于老年人的需求提供以关怀为核心的服务体验。研究发现,在老年人的服务供给过程中,服务者对老年人的关怀程度越高,老年人对服务质量的评价就越高。③ 然而,当前现代养老服务业高技能人才的关怀服务体验供给无法满足老年人所需,没有专门针对失能、失智、空巢等特殊的老年人群体开展关怀服务体验活动,并且在老年保健、康复护理、心理疏导、临终关怀等项目中提供的关怀服务体验尚显不足。研究显示,现代养老服务业缺乏针对特定类型老年人的专业服务和关怀方案。如阿尔兹海默症患者就经常被拒绝进入养老机构,无法受到现代养老服务业服务人员的关心与照料。④

(四) 对顾客采取的服务补救措施较为缺乏

服务失误行为导致了顾客抱怨、生气、失望甚至焦虑等一系列负面情绪,需要进行及时有效的服务补救。⑤ 研究者将服务失误对顾客

---

① [美] 阿尔文·托夫勒:《未来的冲击》,蔡伸章译,中信出版社2006年版,第123—127页。

② [加] 让·哈维:《复杂服务过程管理——从战略到运营(第2版)》,上海市质量协会、上海质量管理科学研究院译,中国标准出版社2013年版,第31页。

③ Chao, C. Y., Ku, P. Y., Wang, Y. T., et al., "The Effects of Job Satisfaction and Ethical Climate on Service Quality in Elderly Care: The Case of Taiwan", *Total Quality Management and Business Excellence*, No. 27, 2014, pp. 339 – 352.

④ Wu, C., Gao, L., Chen, S. L., et al., "Care Services for Elderly People with Dementia in Rural China: A Case Study", *Bulletin of the World Health Organisation*, Vol. 94, No. 3, 2016, pp. 167 – 173.

⑤ Smith, A. K., Bolton, R. N., "An Experimental Investigation of Customer Reactions to Service Failure and Recovery: Paradox or Peril", *Journal of Service Research*, Vol. 1, No. 1, 1998, pp. 65 – 81.

造成的损失分为经济损失和情感伤害两种类型,[①] 因此服务补救措施可分为有形补偿和情感补偿。其中情感补偿就包括服务人员能够在服务补救过程中融入更深层次的顾客关怀。但是,现代服务业高技能人才的情感补救措施较为缺乏,而单纯运用有形补偿又难以弥补服务失误所造成的不良后果,所以服务补救的整体效果不佳,再次赢得顾客的理解和信任变得十分困难。

以电子商务服务业为例。在新一代信息技术快速发展和网络社会崛起的时代,电子商务服务业的发展趋势非常明显。尤其是"互联网+"战略的提出,加速了电子商务服务业的发展。电子商务服务业的主要服务环节在网络平台完成,缺少面对面服务过程中服务双方情感、气质、表情等的相互感染,稍有不慎就会出现服务失误行为,需要采取积极、适当的补救措施。而在实际的电子商务服务过程中,电商服务人员的服务补救措施主要以有形补偿为主,较少通过理解、移情、关心、宽容等情感补偿措施弥补顾客的精神和心理损失,服务补救效果不能令顾客满意,甚至导致服务关系难以维持,丢失顾客资源,造成较大损失。

[①] Oliver, R. L., "Cognitive, Affective, and Attribute Bases of the Satisfaction Response", *Journal of Consumer Research*, Vol. 20, No. 3, 1993, pp. 418–430.

第五章 高职院校现代服务业人才培养方式研究

人才培养方式是人才培养的实现形式，是研究"怎么培养人"的问题。在高职院校现代服务业人才培养方式中，校企合作是高职院校现代服务业人才培养的主要方式。高等职业教育人才培养目标、内容和现代服务业特点共同决定了高职院校现代服务业人才培养必须走校企合作的道路。一方面，高等职业教育与普通高等教育的人才培养目标和内容有很大差别；另一方面，现代服务业产业特点突出，具有与其他产业明显不同的高技能人才需求。这就要求高职院校从以上两点出发探索满足高等职业教育人才培养目标、内容和现代服务业特点的校企合作人才培养方式。基于此，本章重点探索了基于现代学徒制的高职院校现代服务业校企合作人才培养方式。

第一节 校企合作是高职院校现代服务业人才培养的主要方式

现代服务业高技能人才的服务知识、服务能力和服务情感不会凭空产生，只有在特定的职业活动或工作情景中通过真实体验才会形成，这使校企合作成为高职院校现代服务业人才培养的主要方式。

一 高职院校现代服务业校企合作人才培养的必要性

人才培养方式受到人才培养目标和人才培养内容的规制。高职院校现代服务业人才培养目标是基于现代服务业发展人才需求建立的，以服务知识为基础、以服务能力为核心、以服务情感为关键是高职院校现代服务业人才培养的三维目标体系。基于此，服务知识、服务能力和服务情感三个方面是高职院校现代服务业人才培养的主要内容。人才培养目标和内容共同要求高职院校现代服务业人才培养方式能够促进高技能人才服务知识、服务能力和服务情感的形成。高职院校现代服务业人才服务知识、服务能力和服务情感三个方面的共同形成并非易事，再加上高职院校现代服务业人才培养方式还要考虑到职业教育要培养生产和服务一线的高素质劳动者和技术技能人才的培养任务和高职院校现代服务业专业学生的身心发展特征、知识程度和能力水平，这就要求高职院校现代服务业人才培养方式必须能够兼顾理论学习与实践学习两个方面，在真实情景中通过体验达到人才培养目标。因此，在高职院校现代服务业人才培养方式中，能够连接服务、体验、真实情境学习的校企合作就成为高职院校现代服务业人才培养的主要方式。

（一）服务体验理论和体验学习理论是校企合作成为高职院校现代服务业人才培养主要方式的理论基础和逻辑起点

1. 服务体验理论

服务体验是现代服务业发展的重要趋势。2011年，B. 约瑟夫·派恩二世（B. Joseph Pine Ⅱ）和詹姆斯·H. 吉尔摩（James H. Gilmore）在《体验经济》（The Experience Economy）一书中系统地论述了服务体验理论。两位学者指出服务体验的形成是有条件的，当一个人在心理、生理、智力和精神水平处于高度刺激状态下才能形成，并且每一种体验都源自被营造事件和体验者前期的精神状态之间的互动。体验是无形的，顾客之所以期待体验，是因为体验的价值可以长久地存在于每个人内心中。优质的服务体验是一种丰富的感受或者难忘的美好记忆。[①] 图5-1显示了体验在经济价值递进中的重要位置。

---

① ［美］B. 约瑟夫·派恩二世、詹姆斯·H. 吉尔摩：《体验经济》，毕崇义译，机械工业出版社2012年版，第13页。

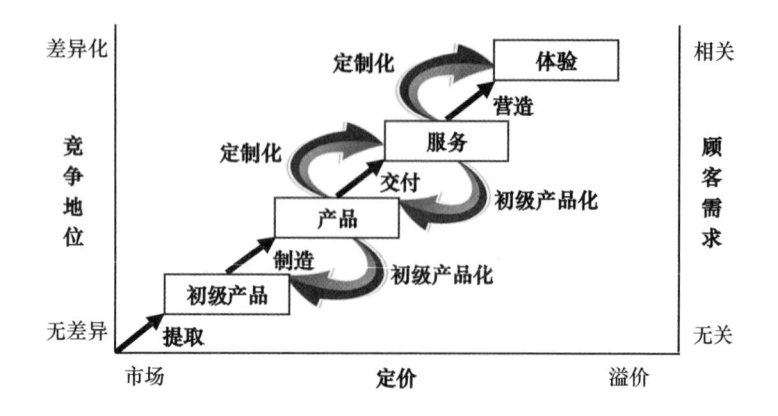

图 5-1 经济价值递进

如图 5-1 所示,当产品和服务被定制化时,产品和服务会沿着经济价值递进规律向上延伸。这种向上延伸的结果包括:第一,从顾客需求的维度来看,企业创造的产品和服务越来越符合顾客需求;第二,从竞争地位的维度来看,企业可以更好地在高度同质化的产品和服务中构建有利于企业自身发展的差异化战略,提升企业竞争力;第三,从市场定价的维度来看,通过提高产品和服务的价值能够有效提升企业的溢价能力。[1]

在确定服务体验经济价值的基础上,根据顾客参与体验维度的多重性特点,派恩二世和吉尔摩构建了服务体验模型(见图 5-2)。

在图 5-2 中,服务体验的横向维度对应着顾客的参与水平,左端表示顾客被动参与服务体验,该种情况下顾客无法直接对服务体验活动产生影响;右端表示顾客主动参与服务体验,该种情况下顾客可以对服务体验活动产生影响。服务体验的纵向维度对应着顾客与服务环境的关联,体现的是顾客与体验活动的结合程度。上端表示吸引式,是指服务体验活动的吸引力较强,能够吸引顾客的注意力;下端

---

[1] [美] B. 约瑟夫·派恩二世、詹姆斯·H. 吉尔摩:《体验经济》,毕崇义译,机械工业出版社 2012 年版,第 86 页。

表示浸入式，是指顾客全身心地投入服务体验活动中，通过沉浸于服务体验活动而成为服务体验活动的构成部分。

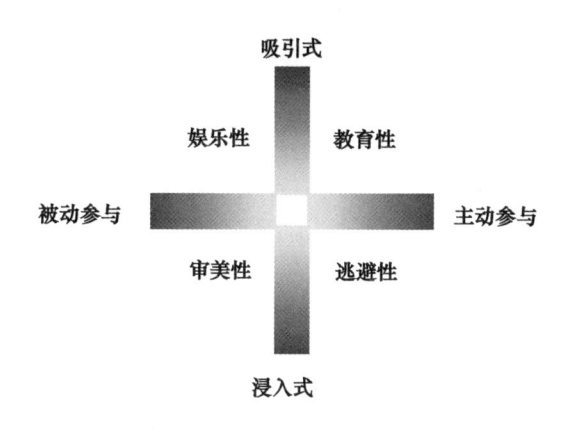

图 5-2　服务体验模型

服务体验的横向维度与纵向维度相结合，产生出服务体验的四种类型，包括娱乐性服务体验、教育性服务体验、逃避性服务体验和审美性服务体验。第一，娱乐性服务体验。大部分顾客感受到的是娱乐性服务体验，这是在顾客被动参与吸引式服务体验活动时产生的，如观赏表演、听音乐、享受阅读乐趣等都属于娱乐性服务体验。娱乐性服务体验为人类提供了最常见的服务体验形式，并且随着服务体验形式的逐渐丰富，顾客享受到的新型娱乐性服务体验将逐渐增多。第二，教育性服务体验。学生是教育性服务体验中最主要的顾客群体，也是吸引式服务体验活动最重要的参与者。与娱乐性服务体验相比，教育性服务体验强调个体主动参与。正因如此，新的教育方式应该根据市场需求，将学生变成主动的参与者，将服务体验中服务提供者对服务使用者的关系转变为教师对学生的关系，使教育活动在更大程度上取决于主动学习的学生。第三，逃避性服务体验。与娱乐性服务体验和教育性服务体验相比，逃避性服务体验的浸入程度更高，其顾客会完全沉浸在自己作为主动参与者的服务环境中。逃避性服务体验活动的环境通常是人为活动,如在公园散步、玩电子游戏、网上聊天等。并且随着现代信息技术与网络技术的快速发展,互联网已经成为逃避性服务体验的重要环境。第四,审美性服务体验。与逃避性服务体验活动相比,审美性服务体验虽然也强调顾客浸入,但是区别在于顾客沉浸在服务活动中并不会对其产生影响,而是任由服务环境变化。若顾客参与教育性服务体验是想学习、参与逃避性服务体验是想远离和投入、参与娱乐性服务体验是想寻求愉悦感受,参与审美性服务体验则是想去体验身临其境之感。例如,在大峡谷悬崖上站立、在博物馆欣赏艺术作品等。①

2. 体验学习理论

体验学习理论最早源自1984年美国著名体验学习专家大卫·A. 库伯(David A. Kolb)教授的著作《体验学习:让体验成为学习和发展的源泉》(*Experiential Learning: Experience as the Source of Learning and Development*)中,是杜威(Dewey)的经验中心学习理论、勒温(Lewinian)的行动研究与实验室训练模式和皮亚杰(Piaget)的学习与认知发展模式基础之上的新突破。库伯的体验学习理论涉及了体验学习的基本过程和基本知识形态的结构维度,构建了体验学习圈模型,如图5-3所示。②

图5-3中显示了体验学习的结构模式。在垂直维度上,感知与领悟属于理解的层面,感知的经验是现实中实在的经验,领悟的经验是根据感知而精确构建起来的,并且只有领悟的经验才可能被交流,可以超越时间和空间的局限性;在水平维度上,内涵和外延属于转换的层面,内涵和外延过程的转化能应用于具体经验的感知和对符号的领悟。两种维度构成了体验学习过程的四阶段循环过程。四个学习环节为具体经验(Concrete Experience)、反思观察(Reflective Observa-

---

① [美] B. 约瑟夫·派恩二世、詹姆斯·H. 吉尔摩:《体验经济》,毕崇义译,机械工业出版社2012年版,第35—41页。
② [美] 大卫·A. 库伯:《体验学习——让体验成为学习和发展的源泉》,王灿明等译,华东师范大学出版社2008年版,第37页。

tion)、抽象概括（Abstract Conceptualization）和行动应用（Active Experimentation）。

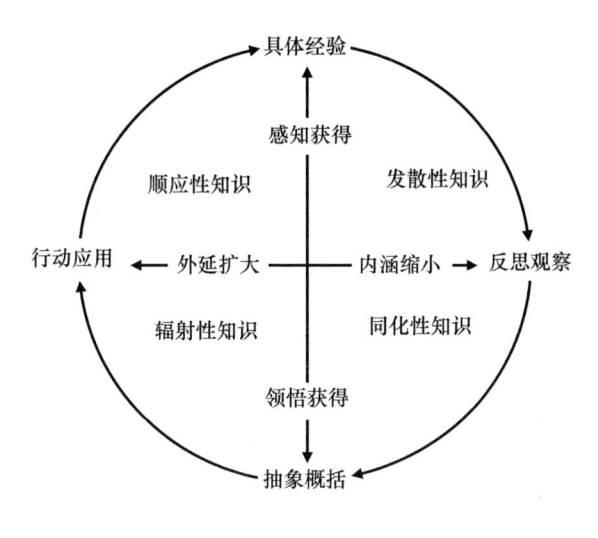

图 5-3 体验学习圈

库伯指出，体验学习圈模型旨在构建一个能够探讨和加强教育、工作和个人发展之间的重要联系框架，见图 5-4。[1]

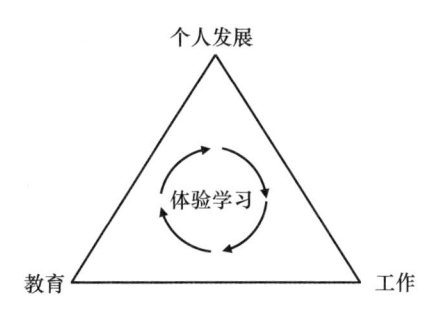

图 5-4 联系教育、工作和个体发展的体验学习过程

---

[1] ［美］大卫·A. 库伯：《体验学习——让体验成为学习和发展的源泉》，王灿明等译，华东师范大学出版社 2008 年版，第 3 页。

图5-4提供了一个联系教育、工作和个人发展的体验学习过程，该过程强调应该通过体验学习在教育、工作和个人发展之间建立起重要联系。库伯指出，教育目标应该与工作要求相适应，工作场所应该成为重要的学习环境，可以通过有意义的工作和职业发展来让个人得到发展。该体验学习过程强调正规教育的重要作用，从体验学习理论角度看，教育组织责任的核心就是创造条件让学生更好地自主发展并获得社会知识。

（二）高职院校培养现代服务业人才需要校企合作人才培养方式

在高职院校现代服务业人才培养过程中，基于真实情境和真实体验的人才培养方式主要依赖于服务体验理论和体验学习理论，而能够充分运用服务体验理论和体验学习理论的人才培养方式是校企合作人才培养方式。长期以来，中国高等职业教育为经济和社会发展培养了大批高素质劳动者和技术技能人才，在很大程度上推动了国家经济和社会的快速发展。实践显示，高职院校是企业人力资源技能形成的主要来源，但是学校范围内的高等职业教育远离真实的工作世界，在一定程度上割裂了知识内容与生产情境，造成了理论与实践的严重脱节，这在很大程度上削弱了高职院校学生的培养质量。多年来，校企合作被视为这一问题解决的关键。[①] 例如，中国学者施伟萍认为"实景化实践教学"是立体化培养现代服务业人才的关键环节，并提出五年制高职院校实景化教学方式和校企一体化人才培养路径。[②] 刘旭光提出高职院校服务业专业的"123"人才培养路径，该路径需要以校企合作为基础推行人才培养变革。[③] 王凌提出人才心智动力、物质基础动力、职业发展动力、文化价值动力、组织外部动力是影响人才培养成效的重要因素，并从五个方面构建了现代服务业人才培养校企合

[①] 吴学峰、徐国庆：《现代学徒制：对象、意义与实施策略》，《现代教育管理》2016年第11期。

[②] 施伟萍：《多渠道开展实景化教学　培养现代服务业人才》，《中国职业技术教育》2013年第5期。

[③] 刘旭光：《高职院校服务业专业人才培养模式的创新》，《教育与职业》2013年第35期。

作方式。① 综上所述，只有基于校企合作的人才培养方式才有可能提供职业教育情境学习所需要的、真正的工作与学习情境，将高职院校培养现代服务业人才所需要的服务、体验、真实情境学习联系起来，使高职院校学生在特定的服务活动和工作情景中通过真实体验形成服务知识、服务能力和服务情感，进而满足现代服务业发展的人才需求。因此，高职院校培养现代服务业人才需要校企合作人才培养方式，并且校企合作应该成为高职院校现代服务业人才培养的主要方式。

二 传统校企合作人才培养方式的弊端及对新方式的需求

党的十九大报告明确指出，要"完善职业教育和培训体系，深化产教融合、校企合作"。② 但是，当前中国高职校企合作人才培养方式难以吸引企业深入参与。一方面，传统的高职校企合作人才培养方式主要从高职院校发展的角度审视校企合作问题，认为校企合作是企业应尽的社会责任，希望企业可以牺牲自身利益来承担校企合作人才培养的责任，采取倡导的方式鼓励企业参与校企合作。实践表明，企业面临的现实问题是，作为追求利润最大化的组织，与高职院校实施校企合作的首要因素是自身利益能否得到保证。当企业对高职院校的投入大于企业收益或者企业收益的不确定性程度偏高时，很难使企业积极地、持续地参与校企合作。另一方面，当前高职校企合作人才培养方式主要基于工业经济发展特点建立，虽然在一定程度上促进了高等职业教育与区域经济发展，却很难满足现代服务业企业发展需要，对现代服务业企业参与校企合作的吸引力不足。因此，在现代服务业已经成为中国经济增长新动力的背景下，亟须探索高职院校现代服务

---

① 王凌:《培育人才创新动力：知识型服务业发展的关键》，《科技管理研究》2013年第23期。
② 《决胜全面建成小康社会 夺取新时代中国特色社会主义伟大胜利——在中国共产党第十九次全国代表大会上的报告》，http://www.gov.cn/zhuanti/2017-10/27/content_5234876.htm，2017年10月18日。

业校企合作人才培养的新方式。现代学徒制能够解决企业内顶岗实习质量不高、学校培养的人才与企业对接困难、学生积极性有限等问题，对破解中国校企合作难题具有重要意义。①

三 现代学徒制：校企合作培养现代服务业人才的重要方式

（一）现代学徒制校企合作方式的内涵

现代学徒制的产生通常以 1969 年德国双元制的确立为标志。② 1993 年，英国为了进一步提升高技能人才培养质量，发布了"现代学徒制计划"，成为国际上首个以"现代学徒制"命名的国家职业教育改革计划。③ 中国对现代学徒制的关注正是源于该计划的发布和实施。

现代学徒制是指将传统的学徒训练与职业院校教育相融合的一种企业与学校合作的人才培养方式。④⑤ 该方式以校企合作为基础，以高职院校学生（学徒）的培养为核心，以课程为纽带，以高职院校、企业的深度参与和教师、师傅的深入指导为支撑。实施现代学徒制不

---

① 孙佳鹏、石伟平：《现代学徒制：破解职业教育校企合作难题的良药》，《中国职业技术教育》2014 年第 27 期。

② 关晶、石伟平：《现代学徒制之"现代性"辨析》，《教育研究》2014 年第 10 期。

③ 注：2004 年起，英国新一轮学徒制改革已经停止使用这一名词。

④ 关晶：《职业教育现代学徒制的比较与借鉴》，湖南师范大学出版社 2016 年版，第 196 页。

⑤ 注：本书将现代学徒制定位为一种人才培养方式。从规范性视角来判断，现代学徒制既可以是一种人才培养方式，也可以是一种教育制度。在当前实践和研究中，学者指出，现代学徒制是将传统学徒制与现代职业教育相结合的一种"新型人才培养方式"，应该成为职业教育人才培养的一种路径选择。有学者提出从培养目标、课程建构、教学环节及评价机制等方面，构建具有中国特色的"现代学徒制人才培养方式"。由此发现，当前试点中的现代学徒制作为一种"人才培养方式"被广泛使用，而且在实践中这种观点也被越来越多的学者所接受。此外，中国学者吴学峰和徐国庆在《我国现代学徒制发展中的"制度"与"制度化"问题》（《现代教育管理》2017 年第 10 期）一文中，剖析中国现代学徒制发展中的"制度"与"制度化"问题时也对该问题进行了阐释，两位学者指出，在现代学徒制试点活动中，人们通过对所积累的经验的分析、综合及归纳之后，将建立起一种方式作为其实际行动的指南，并且可以在实践中通过与其他方式的比较更为深刻地认识现代学徒制的发展规律。从这一点来说，将现代学徒制视为一种人才培养方式的观点有其存在的重要价值。

第五章 高职院校现代服务业人才培养方式研究

仅有利于高职院校学生显性知识和能力的培养,更对高职院校学生隐性知识和能力的提升有着至关重要的作用。实施现代学徒制的主要目的在于培养满足经济和社会发展的高素质劳动者和技术技能人才。

现代学徒制是一种更加合理、高效的人才培养方式。[1] 与传统学徒制产生的背景和基础相比,现代学徒制是在现代教育体系的基础上提出的,现代学徒制的首要任务是人才培养而不是雇用员工。因此,作为一种人才培养方式,现代学徒制具有人才培养的本质。正是现代学徒制具有"育人"的本性,使现代学徒制在运行和实施的过程中,"学"依然是现代学徒制的根本,学生在现代学徒制过程中占据着主体地位,并且现代学徒制的人才培养目标是将"学徒"培养成为满足经济和社会发展的高素质劳动者和技术技能人才。[2]

现代学徒制通过充分发挥职业院校教育与企业学徒培训相结合的优势,基于院校与企业搭建的平台来延伸校企合作的内涵与意义。[3] 一方面,虽然校企合作并非现代学徒制建立的必备条件,但是现代学徒制的深度推进最好有校企合作平台。[4] 研究指出,现代学徒制是一种更加深入的校企合作人才培养方式,现代学徒制的实施需要以校企合作为前提。[5] 另一方面,学校与企业基于现代学徒制进行全面合作可以促进产教深度融合,不仅使学生更有效地实现技术技能积累,还能够在较短时间内为国家经济和社会发展培养大量的高技能人才。[6]

西方发达国家所采取的现代学徒制人才培养方式的覆盖范围十分广

---

[1] 徐国庆:《高职教育发展现代学徒制的策略:基于现代性的分析》,《江苏高教》2017年第1期。

[2] 杨小燕:《论现代学徒制的生长点、切入点与落脚点》,《四川师范大学学报》(社会科学版)2017年第5期。

[3] 关晶:《职业教育现代学徒制的比较与借鉴》,湖南师范大学出版社2016年版,第196页。

[4] 徐国庆:《高职教育发展现代学徒制的策略:基于现代性的分析》,《江苏高教》2017年第1期。

[5] 徐国庆:《我国职业教育现代学徒制构建中的关键问题》,《华东师范大学学报》(教育科学版)2017年第1期。

[6] 杨小燕:《论现代学徒制的生长点、切入点与落脚点》,《四川师范大学学报》(社会科学版)2017年第5期。

泛，除了面向制造业领域之外，服务业领域也已经成为现代学徒制人才培养方式实施的主要领域。以英国的现代学徒制为例，统计资料显示，当前英国的现代学徒制涵盖的十大领域包括：（1）艺术、媒体与出版；（2）农业、园艺及动物养护；（3）商业、行政管理与法案；（4）教育与培训；（5）建筑、规划与环境；（6）保健、公共服务与护理；（7）工程与制造技术；（8）休闲、旅游与观光；（9）信息通信技术；（10）零售与商业。其中，每一个大领域包含若干子领域，每个子领域又包括若干职业岗位。数据显示，2013 年英国现代学徒制学徒主要分布在第三产业，仅商业、行政管理与法案，保健、公共服务与护理，零售与商业等领域的新学徒占全部新学徒的比例就高达 75%。[1]

中国学者徐国庆在探索中国职业教育现代学徒制构建中的关键问题时指出，现代学徒制是针对现代工业与服务业中的人才培养方式这一问题而提出的。当前中国提出并且选择发展现代学徒制，是因为普遍认识到经验知识和能力在现代工业和服务业高技能人才的知识与能力结构中仍然占据着很大比重。学校职业教育在人才培养中的主要问题在于，无论其师资如何培养、课程如何设置、教学方式如何变革，学校职业教育仍然停留在传授学生通用性知识与技能的层面，难以让学生获得职业岗位所需要的特殊性知识与技能。在产业转型升级背景下，特殊性知识和技能在现代企业发展中的重要性逐渐增大，现代企业的发展也更加依赖于以特殊性知识与技能为核心的技能偏好型技术进步。对于人才培养而言，通用性知识与技能比较容易通过职业学校教育来获得，而特殊性知识和技能的获取则必须依赖经验丰富和技术精湛的专家。因此，针对现代工业和服务业高技能人才培养而构建一种基于师徒关系的培养方式是现代学徒制的重要内涵，[2] 现代学徒制的本质是基于关系的校企合作人才培养方式。

---

[1] 关晶：《中国特色现代学徒制》，https://max.book118.com/html/2017/1006/136268594.shtm，2017 年 10 月 6 日。

[2] 徐国庆：《我国职业教育现代学徒制构建中的关键问题》，《华东师范大学学报》（教育科学版）2017 年第 1 期。

（二）现代学徒制成为高职院校现代服务业校企合作人才培养重要方式的确立依据

《国务院关于印发国家职业教育改革实施方案的通知》（国发〔2019〕4号）明确要求，按照专业设置与产业需求对接、课程内容与职业标准对接、教学过程与生产过程对接的要求，完善中等、高等职业学校设置标准，规范职业院校设置。[1] 其中，"教学过程与生产过程对接"与人才培养方式选择密切相关。由于教学过程包括人才培养方式的选择，而工作内容和生产方式是生产过程中的关键要素，所以"教学过程与生产过程对接"对高职院校现代服务业人才培养方式的选择起到了较强的指导作用。

研究指出，工作内容的确定性程度和生产方式的标准化程度对人才培养方式的选择具有重要作用：工作内容的不确定性越高，生产方式的柔性化程度越高，对从业人员职业技能的复杂程度要求越高，则对现代学徒制的需求就越高。[2] 中国学者徐国庆在探索高等职业教育发展现代学徒制策略时指出，发展现代学徒制并非所有高等职业教育专业都运用现代学徒制进行人才培养。现代学徒制人才培养方式的应用要根据岗位需要对高职院校专业进行选取。只有那些需要从业者具备丰富经验和较高实践能力的岗位所对应的高职院校专业才有必要选择和实施现代学徒制。[3] 在此基础上，学者濮海慧和徐国庆进一步探索了中国产业形态与现代学徒制的互动关系，并且提出了现代学徒制人才培养方式应用的基本判断：是否需要现代学徒制人才培养方式主要取决于产业的生产组织方式。其中，工作内容的确定性程度和生产方式的标准化程度是影响产业对现代学徒制人才培养方式需求的两个关键因素。具体而言，产业对现代学徒制人才培养方式的需求与工作

---

[1] 《国务院关于印发国家职业教育改革实施方案的通知》，http://www.gov.cn/zhengce/content/2019-02/13/content_5365341.htm，2019年2月23日。

[2] 濮海慧、徐国庆：《我国产业形态与现代学徒制的互动关系研究——基于企业专家陈述的实证分析》，《华东师范大学学报》（教育科学版）2018年第1期。

[3] 徐国庆：《高职教育发展现代学徒制的策略：基于现代性的分析》，《江苏高教》2017年第1期。

内容的确定性程度、生产的标准化程度呈负相关，即工作内容的不确定性越高，生产方式的柔性化程度越高，对从业者职业技能的复杂程度要求越高，因而对现代学徒制人才培养方式的需求就越高。[1]

在此基础上，将产业形态与现代学徒制的互动关系和现代学徒制人才培养方式应用的基本判断具体到现代服务业领域，可以得出现代学徒制成为高职院校现代服务业校企合作人才培养重要方式的确立依据，即现代服务业在生产运行方式、工艺过程或生产组织形式上，有很大程度依靠服务人员参与并影响服务结果。在现代服务业中，那些工作内容和生产方式的不确定性和柔性化程度较高的职业或岗位，意味着其标准化程度较低，对从业人员职业技能的复杂程度要求较高，服务人员需要实现面向顾客的个性化定制服务，服务内容的确定性程度较低，对现代学徒制人才培养方式的需求相对较高，因此现代学徒制成为高职院校现代服务业校企合作人才培养的重要方式。

（三）基于现代学徒制的高职院校现代服务业校企合作的可行性

1. 产业转型升级为基于现代学徒制的高职院校现代服务业校企合作提供了重要引领

高职院校开展现代学徒制与产业发展具有密切联系。研究指出，现代学徒制建设的核心要义，是在遵循职业教育发展规律的基础上耦合产业发展逻辑。[2] 产业转型升级是产业发展逻辑的重要内容，具有较强的动态性与规律性。不同产业类型均有其独特的知识体系与技术体系，各产业的实践形态深刻影响着现代学徒制建设的规划布局与发展方向。

现代服务业同样如此，在经济社会发展和产业转型升级背景下，移动互联网、物联网、大数据等新一代信息技术与服务业深度融合，引发现代服务业变革。现代服务业形成了新的生产方式、产业形态、商业模式和经济增长点，既包括随着技术发展而产生的新兴服务业态，也包括运用现代技术对传统服务业的改造和提升，转型升级趋势

---

[1] 濮海慧、徐国庆：《我国产业形态与现代学徒制的互动关系研究——基于企业专家陈述的实证分析》，《华东师范大学学报》（教育科学版）2018 年第 1 期。

[2] 刘晶晶：《我国现代学徒制建设的产业逻辑与融合机制》，《职教论坛》2021 年第 6 期。

明显，这为高职院校现代服务业专业开展现代学徒制提供了重要引领，具体包括两个方面。

其一，在时间维度上，现代服务业转型升级的现代性特征为高职院校开展现代学徒制提供了指引。现代服务业是在传统服务业基础上提出的，要对现代与传统进行区分，就要在出现时间先后方面进行阐释，即现代服务业发展的生命周期，集中体现为现代服务业在不同的经济和社会发展阶段上表现出不同的增长水平，并且在整体服务业中的比重也有所变化。与服务业中发展较为成熟或者开始进入衰退阶段的传统服务业相比，一些顺应现代经济和社会发展需要而产生的新兴服务业，以及在服务业领域占比逐渐增大的、具有高增长势头的现代服务业，在生命周期的发展过程中具有明显的上升发展趋势，表现出"朝阳"产业的现代属性。[①] 这些新出现的、高增长势头的现代服务业及其发展趋势，能够为高职院校现代服务业"新兴"专业设置，以及开展现代学徒制的新兴专业筛选提供重要的趋势性引领。

其二，在空间维度上，现代服务业转型升级的区域性特征为高职院校开展现代学徒制提供了方向。人类社会的产业形态是随着生产力发展而不断变化的，当社会分工以及市场交换、市场竞争等现象出现时，某地的产业形态可以基本决定该地的竞争地位乃至经济水平，[②] 因此，产业形态具有显著的区域性特征。同样，现代服务业在中国地区发展之间具有不平衡性，且现代服务业中的具体行业在不同地区也呈现出不同的发展特色。现代学徒制主要是针对现代产业而构建的，[③] 需要非常坚实的现代技术、工作方式和人才培养方式基础，所以同一专业可能并非适用于所有地区的试点高职院校实施现代学徒制。[④] 在

---

① 周振华：《服务经济发展：中国经济大变局之趋势》，格致出版社、上海三联书店、上海人民出版社2013年版，第32页。
② 陈东强：《区域产业形态与产业结构的比较及其在实践中的意义》，《经济地理》2006年第S1期。
③ 徐国庆：《高职教育发展现代学徒制的策略：基于现代性的分析》，《江苏高教》2017年第1期。
④ 刘晶晶：《我国现代学徒制建设的产业逻辑与融合机制》，《职教论坛》2021年第6期。

这种情况下,现代服务业中具体行业特性及区域行业特色,可以为高职院校现代服务业"龙头"专业设置,以及开展现代学徒制的优势专业筛选提供重要的适切性引领。

2. 现代服务业发展的高技能人才需求是基于现代学徒制进行高职院校现代服务业校企合作的基本前提

在高职院校现代服务业人才培养方式层面,现代学徒制可以在现代服务业中得到发展,并且所有基于现代学徒制的高职院校现代服务业校企合作,是以现代服务业发展的高技能人才需求为前提的。

在宏观层面,根据现代服务业的产业特征和发展趋势,现代服务业发展越来越趋向于服务体验和个性化定制。现代服务业要整体把握市场的消费趋势,准确定位消费者需求,并且能够根据消费者需求来供给个性化服务。这就要求现代服务业劳动者不仅要能够对消费者个体的复杂需求做出精准判断,还要能够在多样化的服务环境中解决顾客问题,并且不断地调整服务策略,从而提供顾客满意的服务体验。与其他产业相比,现代服务业的工作对象是人,其工作内容和工作对象具有更高的不确定性,在服务过程中能否灵活处理各种复杂情况成为现代服务业高技能人才职业能力的重要组成部分,而这种职业能力无法从课本上习得,必须通过现代学徒制加以培养。[1]

在微观层面,现代服务业企业的发展高度依赖技术技能人才。人才是企业发展的第一资源,企业的可持续发展需要高技能人才的智力支持。实践显示,德国、英国等国家企业深度参与现代学徒制的动机在于,一方面能够降低企业生产成本和培训成本,另一方面能够为企业培养未来发展所需要的合格人才,助力企业的可持续发展。[2] 中国已经进入服务经济时代,现代服务业企业迫切需要具有服务知识、服务能力和服务情感的高技能人才。然而,无论是从高技能人才队伍的

---

[1] 濮海慧、徐国庆:《我国产业形态与现代学徒制的互动关系研究——基于企业专家陈述的实证分析》,《华东师范大学学报》(教育科学版) 2018 年第 1 期。

[2] 李政:《职业教育现代学徒制的价值审视——基于技术技能人才知识结构变迁的分析》,《华东师范大学学报》(教育科学版) 2017 年第 1 期。

建设成本,还是从高技能人才的成长规律来看,这一使命是现代服务业企业和高职院校无法单独承担的。现代学徒制可以为解决该问题提供新思路,能够促进高职院校和现代服务业企业建立以人才培养为核心的利益共同体。在形成利益共同体的基础上进行人才培养,可以充分发挥高职院校和现代服务业企业在理论型技术知识、实体型技术知识、经验型技术知识和方法型技术知识中的独特优势。因此,现代服务业转型升级的高技能人才需求是基于现代学徒制进行高职院校现代服务业校企合作的基本前提。

3. 高等职业教育内涵式发展为基于现代学徒制的高职院校现代服务业校企合作提供了有利契机

内涵式发展是以事物的内部因素作为动力和资源的发展模式,表现为事物内在属性的发展,如结构协调、要素优化、质量提升、水平提高、实力增强等。高等职业教育内涵式发展是一项复杂的系统工程,其中,人才培养模式改革是衡量高等职业教育内涵式发展的首要因素。[①] 在人才培养模式改革中,高等职业教育内涵式发展具体表现在人才培养内容和方式两个方面。

第一,根据现代服务业发展的服务内容,高职院校现代服务业人才培养内容逐渐明晰,这为开展现代学徒制的内容选择提供了主要依据。现代服务业人才服务知识、服务能力和服务情感的形成过程更多的是一种默会知识的习得。所谓默会知识(Tacit Knowledge),是相对于明述知识(Explicit Knowledge)而言的,是由英国著名哲学家迈克尔·波兰尼(Michael Polanyi)提出,波兰尼在默会知识理论(Theory of Tacit Knowledge)中指出人类的知识分为两类:一种是以语言符号来表达的命题式知识,是可以通过语言、文字、图形和公式等形式表达出来的,也称为明述知识;另一种是可以意会而不可以言传的知识,不能通过语言、文字、图形和公式等符号进行直接地传递,一般通过活动或行

[①] 周建松、陈正江:《高等职业教育内涵式发展:基本要素、主要特征与实现路径》,《黑龙江高教研究》2018年第4期。

动来表达，也称为默会知识。① 默会知识可以通过个体实践获得。现代服务业高技能人才所需的默会知识普遍隐含于服务过程和服务实践中，需要通过在实践活动或具体情景中体验而得。为了提升服务质量和人才培养质量，高职院校现代服务业人才培养内容集中在服务实践和服务创新中的默会知识，这为开展现代学徒制的内容选择提供了主要依据，促使现代学徒制的培养内容聚焦于服务知识、服务能力和服务情感等方面的默会知识。现代学徒制也因此成为帮助现代服务业专业学生完成个体知识体系（默会知识和明述知识）建构的最佳方式。

第二，高职院校现代服务业人才培养方式创新对现代学徒制的迫切需求。当前，高职院校数量已经占据中国高等院校的半壁江山，数以亿计的高素质劳动者和技术技能人才为中国经济和社会发展提供了智力支持。但是，就实际人才培养情况来看，中国高职院校培养的高技能人才距离国家期待和社会需求还存在一定距离，从人才培养方式层面剖析，主要原因在于两个方面。一是，高等职业教育仍未摆脱学校主导的人才培养方式，企业参与人才培养的深度和热度不够。在此背景下，实施校企一体化联合育人是提升高等职业教育吸引力和调动企业参与高等职业教育积极性的关键，已经成为中国高等职业教育走出困境的重要路径。现代学徒制的运行机制之一就是校企一体化育人机制，所以高职院校现代服务业人才培养方式创新为基于现代学徒制的高职院校现代服务业校企合作提供了有利契机。二是，根据现代服务业发展的服务方式，高职院校现代服务业人才培养方式创新趋势明显，这为开展现代学徒制的方式选择提供了重要参考。发达国家的实践经验表明，服务方式的网络化、连锁化、信息化、科技化等现代化发展趋势，是推进现代服务业资源有效整合、创新服务业态、提高产业整体质量的重要方式，有利于打造方式更先进、内容更丰富、质量

---

① ［英］迈克尔·波兰尼：《个人知识：迈向后批判哲学》，许泽民译，贵州人民出版社2000年版，第104页。

更高的现代服务产业体系。① 信息技术打破了空间限制，促进了服务方式的现代化，使服务方式从线下延伸至线上，再发展为线上与线下相结合。在互联网技术的支持下，服务方式的转型也促进了高职院校现代服务业人才培养方式的创新。具体到现代学徒制开展过程中，高职院校可以参考现代服务业在服务方式中的发展趋势，将信息技术作为增强服务体验和实现个性化定制的重要方式，进而打造一种基于线上线下相结合的现代学徒制开展方式。

4. 开展现代学徒制的宏观政策环境为基于现代学徒制的高职院校现代服务业校企合作提供了有力保障

中国已经认识到现代学徒制在高技能人才培养中的重要作用，2014年时任国务院总理李克强主持召开国务院常务会议，部署加快发展现代职业教育，提出"开展校企联合招生、联合培养的现代学徒制试点"。② 这标志着中国现代学徒制改革试点进入了实质推进阶段。随后，中国发布了一系列的政策文件促进现代学徒制发展，这为基于现代学徒制的高职院校现代服务业校企合作提供了有力保障。表5-1显示了近年来中国发展现代学徒制的相关政策。

表5-1　　　　近年来中国发展现代学徒制的相关政策

发布日期	文件名称	政策内容	发文字号
2014-08-25	《教育部关于开展现代学徒制试点工作的意见》	要根据不同地区行业、企业特点和人才培养要求，在招生与招工、学习与工作、教学与实践、学历证书与职业资格证书获取、资源建设与共享等方面因地制宜，积极探索切合实际的实现形式，形成具有中国特色的现代学徒制度③	教职成〔2014〕9号

---

① 程晓等：《服务经济崛起："互联网+"时代的服务业升级与服务化创新》，中国经济出版社2018年版，第37—38页。
② 《李克强主持召开国务院常务会　部署加快发展现代职业教育》，新华网，http://www.xinhuanet.com/politics/2014-02/26/c_119519457.htm，2014年2月26日。
③ 《教育部关于开展现代学徒制试点工作的意见》，http://www.moe.gov.cn/srcsite/A07/s7055/201408/t20140827_174583.html，2014年8月25日。

续表

发布日期	文件名称	政策内容	发文字号
2015-01-05	《教育部关于开展现代学徒制试点工作的通知》	探索建立校企联合招生、联合培养、一体化育人的长效机制，完善学徒培养的教学文件、管理制度及相关标准，推进专兼结合、校企互聘互用的"双师型"师资队伍建设，建立健全现代学徒制的支持政策，逐步建立起政府引导、行业参与、社会支持，企业和职业院校双主体育人的中国特色现代学徒制①	教职成司函〔2015〕2号
2015-07-24	《人力资源社会保障部办公厅、财政部办公厅关于开展企业新型学徒制试点工作的通知》	在北京市、天津市、内蒙古自治区、辽宁省、上海市、江苏省、山东省、河南省、广东省、重庆市、四川省、甘肃省等省（区、市）开展企业新型学徒制试点工作，每个省（区、市）选择3—5家大中型企业作为试点单位，每家企业选拔100人左右参加学徒制培训②	人社厅发〔2015〕127号
2015-08-06	《教育部办公厅关于公布首批现代学徒制试点单位的通知》	遴选165家单位作为首批现代学徒制试点单位和行业试点牵头单位。在总结经验基础上，将逐步扩大现代学徒制实施范围和规模，构建中国特色现代学徒制体系，使现代学徒制成为培养技术技能人才的重要途径③	教职成厅函〔2015〕29号
2016-08-30	《教育部关于公布现代学徒制试点工作任务书备案结果的通知》	长春职业技术学院等163个试点单位的任务书通过了备案审核；中国艺术科技研究所的任务书备案审核结果为不通过；中国汽车工程学会申请放弃试点④	教职成司函〔2016〕109号

---

① 教育部职业教育与成人教育司：《关于开展现代学徒制试点工作的通知》，http://www.moe.gov.cn/s78/A07/A07_sjhj/201501/t20150113_182996.html，2015年1月5日。

② 人力资源社会保障部办公厅、财政部办公厅：《人力资源社会保障部办公厅、财政部办公厅关于开展企业新型学徒制试点工作的通知》，http://www.mohrss.gov.cn/zynljss/ZYN LJSSzhengcewenjian/201508/t20150803_216721.html，2015年7月24日。

③ 《教育部办公厅关于公布首批现代学徒制试点单位的通知》，http://www.moe.gov.cn/srcsite/A07/s3069/201508/t20150817_200588.html，2015年8月6日。

④ 教育部职业教育与成人教育司：《关于公布现代学徒制试点工作任务书备案结果的通知》，http://www.moe.gov.cn/s78/A07/A07_sjhj/201608/t20160831_277231.html，2016年8月30日。

续表

发布日期	文件名称	政策内容	发文字号
2017-04-06	《教育部办公厅关于做好2017年度现代学徒制试点工作的通知》	按照"自愿申报、省级推荐、部级评议"的程序遴选确定第二批现代学徒制试点单位。2016年备案的第一批现代学徒制试点的年检工作，按照"试点自检、省级检查、部级抽检"的程序进行①	教职成厅函〔2017〕17号
2017-07-20	《教育部关于成立现代学徒制工作专家指导委员会、设立专家库（2017—2020年）的通知》	经研究，决定成立全国现代学徒制工作专家指导委员会、设立专家库（2017—2020年）。专委会主要从事现代学徒制理论研究、指导探索实践，保证我部试点健康发展；围绕推进和推广现代学徒制开展咨询、指导、培训、评估、检查和促进交流等活动。专家库是专委会业务工作的人力智力支撑，由专委会负责维护②	教职成司函〔2017〕71号
2017-08-23	《教育部办公厅关于公布第二批现代学徒制试点和第一批试点年度检查结果的通知》	确定第二批203个现代学徒制试点。各地要加强省级统筹，保证对试点工作的领导，争取协调部门支持；保证对试点工作的政策、资金支持，以财政资助、政府购买等方式引导企业和职业院校积极实行现代学徒制；落实年度检查和验收相关工作③	教职成厅函〔2017〕35号
2018-03-06	《教育部办公厅关于做好2018年度现代学徒制试点工作的通知》	2018年，我部拟遴选新增现代学徒制试点140个左右。试点内容包括：探索校企"双主体"育人机制，推进招生招工一体化，完善人才培养制度和标准，建设校企互聘共用的教师队伍，建立体现现代学徒制特点的管理制度等④	教职成厅函〔2018〕10号

---

① 《教育部办公厅关于做好2017年度现代学徒制试点工作的通知》，http://www.moe.gov.cn/srcsite/A07/s7055/201704/t20170421_303031.html，2017年4月6日。

② 教育部职业教育与成人教育司：《关于成立现代学徒制工作专家指导委员会、设立专家库（2017—2020年）的通知》，http://www.moe.gov.cn/s78/A07/A07_sjhj/201707/t20170725_310090.html，2017年7月20日。

③ 《教育部办公厅关于公布第二批现代学徒制试点和第一批试点年度检查结果的通知》，http://www.moe.gov.cn/srcsite/A07/moe_737/s3876_cxfz/201709/t20170911_314178.html，2017年8月23日。

④ 《教育部办公厅关于做好2018年度现代学徒制试点工作的通知》，http://www.moe.gov.cn/srcsite/A07/s7055/201803/t20180319_330486.html，2018年3月6日。

续表

发布日期	文件名称	政策内容	发文字号
2018-08-01	《教育部办公厅关于公布第三批现代学徒制试点单位的通知》	要不断提高认识，牢牢把握现代学徒制的核心要素、主要内容和发展方向；要对照任务书和建设方案，高标准严要求，扎实推进各项试点任务①	教职成厅函〔2018〕41号
2018-12-21	《教育部关于公布现代学徒制第一批试点验收结果和第二批试点检查情况的通知》	对现代学徒制第一批试点单位进行验收，确定124家通过验收，32家暂缓通过验收，3家不通过验收，2家延期验收。专家组对照备案的任务书和自检报告，核查了试点工作进展情况，形成年度检查意见②	教职成司函〔2018〕187号
2019-05-14	《教育部办公厅关于全面推进现代学徒制工作的通知》	各地要明确全面推广现代学徒制的目标任务和工作举措，引导行业、企业和学校积极开展学徒培养，落实好六项重点任务③	教职成厅函〔2019〕12号
2019-05-30	《教育部关于做好2019年现代学徒制试点年度检查和验收工作的通知》	按照"单位自检、省级检查、复核检查"的程序实施年检工作；按照"单位总结、省级验收、结果复核"的程序实施验收工作④	教职成司函〔2019〕60号

① 《教育部办公厅关于公布第三批现代学徒制试点单位的通知》，http：//www.moe.gov.cn/srcsite/A07/moe_737/s3876_cxfz/201808/t20180810_344970.html，2018年8月1日。

② 教育部职业教育与成人教育司：《关于公布现代学徒制第一批试点验收结果和第二批试点检查情况的通知》，http：//www.moe.gov.cn/s78/A07/A07_sjhj/201901/t20190103_365769.html，2018年12月21日。

③ 《教育部办公厅关于全面推进现代学徒制工作的通知》，http：//www.moe.gov.cn/srcsite/A07/s7055/201906/t20190603_384281.html，2019年5月14日。

④ 教育部职业教育与成人教育司：《关于做好2019年现代学徒制试点年度检查和验收工作的通知》，http：//www.moe.gov.cn/s78/A07/A07_sjhj/201906/t20190610_385239.html，2019年5月30日。

续表

发布日期	文件名称	政策内容	发文字号
2019-10-24	《教育部关于公布现代学徒制第二批试点验收结果和第三批试点检查情况的通知》	各试点单位查阅专家意见，对标对表，扎实推进，按时保质完成试点任务。任务书和年度检查意见将作为2020年验收工作的主要依据。同意新疆铁道职业技术学院放弃试点资格申请①	教职成司函〔2019〕97号
2020-09-27	《教育部关于做好2020年现代学徒制试点验收工作的通知》	按照"单位总结、省级验收、结果复核"的程序实施验收工作②	教育部职成司通知
2021-09-30	《教育部关于公布现代学徒制第三批试点验收结果的通知》	确定178家通过验收、13家暂缓通过验收、5家不通过验收，同意2家放弃试点③	教职成司函〔2021〕40号

资料来源：笔者根据历年中国现代学徒制相关政策整理而得。

第二节 现代学徒制的运行机制及其对服务知识、能力、情感形成的促进作用

一 现代学徒制的运行机制

基于现代学徒制的高职院校现代服务业校企合作的主要过程为：一是参加学徒培训者必须首先向企业组织申请学徒岗位并由其注册登

---

① 教育部职业教育与成人教育司：《关于公布现代学徒制第二批试点验收结果和第三批试点检查情况的通知》，http://www.moe.gov.cn/s78/A07/A07_sjhj/201910/t20191029_405885.html，2019年10月24日。

② 教育部职业教育与成人教育司：《关于做好2020年现代学徒制试点验收工作的通知》，http://www.zjzcj.com/show.php?id=48281，2020年9月27日。

③ 教育部职业教育与成人教育司：《关于公布现代学徒制第三批试点验收结果的通知》，http://www.moe.gov.cn/s78/A07/A07_sjhj/202110/t20211009_570675.html，2021年9月30日。

记；二是确定企业、培训机构、学徒之间的关系，并签署包括师徒关系和培训计划在内的协议；三是校企共同对学生（学徒）进行培养，并对其进行考核。① 根据上述过程发现，基于现代学徒制的高职院校现代服务业校企合作人才培养方式的运行机制主要包括招生与招工对接机制、双导师队伍建设机制和校企一体化育人机制，见图5-5。

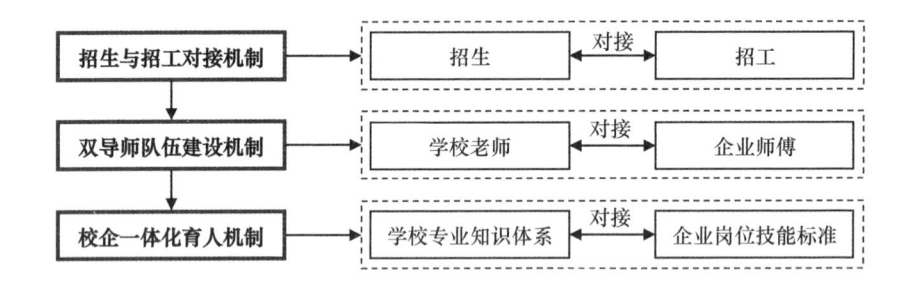

图5-5 基于现代学徒制的高职院校现代服务业校企合作人才培养方式运行机制

基于现代学徒制的高职院校现代服务业校企合作人才培养方式的运行机制主要包括以下三个方面。

（一）招生与招工对接机制

《教育部关于开展现代学徒制试点工作的意见》（教职成〔2014〕9号）指出，招生与招工一体化是开展现代学徒制试点工作的基础。② 在现代学徒制实施过程中，要求企业真正参与到高等职业教育的招生、培养方案设计、课程设置、教材开发和教学活动组织等人才培养的各个环节。根据上述要求，基于现代学徒制的高职院校现代服务业校企合作人才培养方式的首要运行机制即为招生与招工对接机制，助力实现高职院校招生与现代服务业企业招工的同步进行与有效对接。

---

① 胡新建：《高职院校试行现代学徒制的实践与探索——以宁波城市职业技术学院为例》，《中国高教研究》2016年第7期。

② 《教育部关于开展现代学徒制试点工作的意见》，http：//www.moe.gov.cn/srcsite/A07/s7055/201408/t20140827_174583.html，2014年8月25日。

对于已经确定为运用现代学徒制进行培养的高职院校现代服务业专业学生，按照公平自愿、双向选择的原则，要求与合作的现代服务业企业签订培养招工协议，明确其"学生和学徒"的双重身份，协议主要包括《培养招工协议》《顶岗实习协议》《就业协议承诺书》等。在明确高职院校、现代服务业企业和学生三方契约关系的基础上，高职院校学生被赋予双重身份，既是高职院校学生又是现代服务业企业学徒，实现深度校企合作。

（二）双导师队伍建设机制

现代学徒制最直观的特征表现为师徒关系。师徒关系是指一个经验更丰富、知识更渊博的员工（师傅）与一个经验欠缺的员工（学徒）之间进行的一种人际交换关系。[1] 现代学徒制作为现代职业教育与传统学徒培训相结合的人才培养方式，需要职业院校教师和企业师傅的共同参与，共同实现人才培养目标。因此，基于现代学徒制的高职院校现代服务业校企合作人才培养方式的第二个运行机制为双导师队伍建设机制。在现代学徒制实施过程中，高职院校要为每位学生（学徒）配备一位校内教师和一位企业师傅，实行双导师培养，并且这种师徒关系将一直延续到学生毕业。为提高校内教师的专业能力和教学水平，高职院校可以鼓励专业教师到现代服务业企业进行挂职锻炼，与现代服务业企业中经验丰富的员工开展服务知识和服务能力交流，将科学服务理念纳入人才培养过程中，体现现代服务业人才培养的时代性特点，进而加快高职院校"双师型"教师队伍建设。

（三）校企一体化育人机制

构建校企一体化育人机制是落实基于现代学徒制的高职院校现代服务业校企合作人才培养方式的关键环节。《国务院关于加快发展现代职业教育的决定》（国发〔2014〕19号）指出，"开展校企联合招生、联合培养的现代学徒制试点，完善支持政策，推进校企一体化

---

[1] 韩翼等：《师徒关系结构、作用机制及其效应》，《管理评论》2013年第7期。

育人"。① 校企一体化育人机制的构建，离不开现代服务业企业的深度参与和校企之间的深层次合作。长期以来，高等职业教育发展受限的重要原因之一就是校企合作程度尚处于浅层次。在基于现代学徒制的高职院校现代服务业校企合作人才培养方式中，校企一体化育人机制可以使高职院校的校内教师和企业师傅在校企一体化育人平台上互学互研，共同制订人才培养方案、共同设计课程内容、共同选用或编写教材、共同组织教学、共同构建学生考核指标并实施考核、共同参与学生管理、共同安排学生就业、共同构建联络机制等，真正做到"人才共育、过程共管、成果共享、责任共担"。这进一步促进了高职院校学生（学徒）实现学习与工作双轨运行，达到高职院校与现代服务业企业在人才培养全过程对接，实现校企合作的深度融合。

二 现代学徒制对服务知识、能力、情感形成的促进作用

现代服务业需要具有服务知识、服务能力和服务情感的高技能人才。服务知识、服务技能和服务情感在复杂服务过程中问题解决和服务创新的功能不同，其形成过程也存在差异，这种差异决定了服务经济时代高职院校需要选择现代学徒制校企合作方式进行现代服务业人才培养。根据现代学徒制的运行机制，现代学徒制对高职院校现代服务业人才服务知识、服务能力和服务情感的形成具有促进作用，具体包括以下三个方面。

（一）基于校企学习促进服务知识形成

服务知识是在高职院校系统性的理论知识学习过程中获得的。现代服务业的现代性、复杂性、动态性以及知识技术密集性特点对高技能人才的理论知识要求更高，对高职院校现代服务业专业学生理论知识的要求加深。具体到服务过程中，由于现代服务业的服务过程具有明显的专业性、复杂性与不确定性，这就要求高职院校现代服务业专

---

① 《国务院关于加快发展现代职业教育的决定》，http://www.gov.cn/zhengce/content/2014-06/22/content_8901.htm，2014年6月22日。

业学生掌握服务对象、服务过程、服务管理、服务经济等相关原理，了解现代服务业领域中服务活动所涉及的理论知识。学校学习是获得理论知识的经典方式，在此基础上结合高等职业教育的特征，使高职院校与现代服务业企业的一体化培养成为学生获得服务知识的最佳方式。根据现代学徒制运行机制，校企一体化育人是现代学徒制的运行机制之一，现代学徒制具备以最佳方式传授服务知识的条件。在校企一体化育人平台中，学生（学徒）在高职院校与教师进行互动，在现代服务业企业与师傅进行交流，实现了对服务知识的系统性学习、内化与沉淀，并在实习和实训中得到进一步巩固与升华。

(二) 基于服务情境促进服务能力形成

服务能力的形成与服务知识的形成存在一定差异。服务能力的形成是以服务情境为依托，依附于具体的服务活动展开学习，需要在真实的服务情境中通过与顾客接触和互动来获得。现代学徒制的校企一体化育人机制使高职院校现代服务业专业学生进入真实的服务情境，获取大量服务一线的信息和经验。基于现代学徒制的高职院校现代服务业校企合作人才培养方式强调学生直接参与服务一线工作，在具有丰富经验和教育资质的企业师傅的带领下围绕具体的服务项目和实践进行服务技能学习，并通过训练不断内化学习内容。因此，现代学徒制能够使高职院校现代服务业专业学生进入真实的服务情境，获取丰富的服务一线信息，并围绕问题解决与服务项目开展有目的性的服务技能学习，进而充分发挥问题情境与服务项目的导向作用，让现代服务业企业成为学生获取有效服务经验的场所，使学生的服务经验得到积累，帮助学生掌握服务能力的内容与表征形式，促进学生在服务情境中逐渐形成服务能力。

(三) 基于师徒关系促进服务情感形成

服务情感具有较强的个人特点。这里的个人特点集中体现在服务人员将自身的性格特点、思维特点和服务知识、服务能力整合后，运用在与顾客交互的过程中。服务情感贯穿服务的全过程，需要通过观察与模仿来实现服务情感的培养。因此，服务情感的形成主要依赖现代学徒制中稳定的师徒关系。在现代学徒制中，有丰富服务经验的师傅在处理复杂的顾客问题和服务创新过程中，将自身的服务情感融入其中。学徒通过与师傅建立稳定的师徒关系，获取与师傅相处、学习的机会，并在一段时间内通过观察与模仿师傅在服务过程中服务情感的表征，体会、揣摩与感悟师傅在服务过程中服务情感的内在心理变化，完成自身服务情感的学习与养成。

第三节　现代学徒制校企合作方式的实践
——以浙江商业职业技术学院为案例

现代学徒制为校企合作提供了新思路，现代学徒制的运行机制决定了基于现代学徒制的高职院校现代服务业校企合作人才培养方式具有独特的实践形式。浙江商业职业技术学院在基于现代学徒制的高职院校现代服务业校企合作人才培养方式中的实践较为典型。浙江商业职业技术学院前身为创办于1911年的杭州中等商业学堂，现为全国首批现代学徒制试点高校、浙江省首批省级示范性高职院校和浙江省首批优质高职院校。

在校企合作人才培养方面，浙江商业职业技术学院坚持"依托行业办学、校企合作育人"的办学方针，依托全国500强企业浙江省商业集团有限公司，组建了与100多个成员单位和著名企业深度合作的浙商职教集团。浙江商业职业技术学院先后与杭州市滨江区及萧山区人民政府、衢州市人民政府、舟山市定海区及嵊泗县人民政府签署了战略合作协议；与中国商业经济学会共建中商商业工程技术研究院；与浙江省长三角城镇发展数据研究院、浙江复兴国学研究院、浙江省金融科技研究院签署了战略合作协议；与阿里巴巴、浙江国大集团有限责任公司、北京物美商业集团股份有限公司、浙商财产保险股份有限公司、浙江中旅旅业集团有限公司等知名企业在高技能人才培养方面开展全方位合作。浙江商业职业技术学院建有十余个校企合作学院，累计开设近百个校企合作订单班，走出了一条具有引领和示范效应的校企合作办学之路。①

根据高职院校与现代服务业企业共同开展现代学徒制的不同形式，将基于现代学徒制的高职院校现代服务业校企合作人才培养方式的实践形式分为两种类型：一种是深度嵌入工作岗位的实践形式，另一种是技能大师工作室的实践形式。

一 深度嵌入工作岗位的实践——以连锁经营管理专业为案例

浙江商业职业技术学院的连锁经营管理专业、四川邮电职业技术学院的数字媒体应用技术专业、长春职业技术学院的城市轨道交通类专业、无锡商业职业技术学院的商科类专业等均属于该实践形式。

以浙江商业职业技术学院的连锁经营管理专业为案例，连锁经营管理专业为浙江商业职业技术学院的重点专业、中央财政支持重点建设专业。连锁经营管理专业与中国连锁十强企业为核心的知名大型连锁现代服务业企业实施现代学徒制校企合作方式，整合现代服务业企业人力资源管理和学校教学资源，形成了"校企深度融合，以企业化的培养方式，职业化的培养过程，双主体共育人才"的专业特色，目前为国内同类专业中起领军作用、在行业中的地位较高，是在用人企业中拥有很高知名度和美誉度的品牌专业。② 在人才培养目标设置上，浙江商业职业技术学院与物美集团共同制定人才培养目标，将连锁经营管理专业的人才培养目标定位于大卖场课长级管理人员，远期职业发展目标为大卖场店长。

在现代学徒制校企合作方式的实施中，深度嵌入物美集团中大卖场管理的工作岗位：一是构建了招生与招工对接机制，校企共同制订招生计划，确定招生录取标准，组建物美课长班。连锁经营管理专业的学生拥有浙江商业职业技术学院学生和物美集团员工的双重身份，

---

① 浙江商业职业技术学院：《学校简介》，http://www.zjvcc.edu.cn/content/detail.php?sid=3&cid=501，2011年11月5日。
② 浙江商业职业技术学院经济管理学院：《连锁经营管理专业》，http://det.zjbc.edu.cn/content/detail.php?sid=9&cid=874，2011年4月25日。

在校期间能够以学徒身份计算工龄，享受物美集团标准薪酬，获得工伤保险等，毕业时物美集团会为连锁经营管理专业学生补缴社会保险。二是构建了双导师队伍建设机制。浙江商业职业技术学院连锁经营管理专业的教师和物美集团大卖场的店长共同参与培养方案设计、课程设置、教材开发、教学活动组织等人才培养环节。三是构建了校企一体化育人机制。浙江商业职业技术学院和物美集团搭建校企一体化育人平台，物美集团将比邻学校的浦沿大卖场定位为学院店，满足连锁经营管理专业学生顶岗实习需要。①

浙江商业职业技术学院在深度嵌入工作岗位的现代学徒制实践过程中，促进了连锁经营管理专业学生服务知识、服务能力和服务情感的形成。其一，浙江商业职业技术学院连锁经营管理专业的学生在学校与学院专业教师进行互动，在物美集团与店长进行交流，实现了对服务知识的积淀与升华。其二，浙江商业职业技术学院连锁经营管理专业的学生进入真实的服务情境，在物美集团大卖场获取真实的、丰富的服务一线资料，在物美集团大卖场的店长带领下围绕真实的服务项目和实践进行服务技能训练与服务方式学习，并通过训练不断内化学习内容，使连锁经营管理专业学生的服务经验得到积累，在真实服务情境中逐渐形成服务能力。其三，浙江商业职业技术学院连锁经营管理专业的学生与物美集团大卖场的店长建立了稳定的师徒关系，通过观察、模仿、体会、揣摩和感悟等过程将店长的服务情感迁移到学生自身的服务情感之中，使连锁经营管理专业学生的服务情感得到培养。

实践效果显示，现代学徒制校企合作方式的深度嵌入工作岗位实践形式使高职院校学生毕业后即可担任基层管理人员，大部分连锁经营管理专业学生毕业后会选择在合作企业就业，例如，经营管理专业1001班一名学生目前为物美华东公司乔司店储备店总经理，1102班

---

① 张宝忠：《基于现代学徒制的高职商科专业人才培养路径研究》，《中国高教研究》2016年第10期。

一名学生在毕业后 2 年成为物美华东公司东新店人资经理，1506 班一名学生毕业未满 1 年即成为物美华东公司莫干店储备经理。这些优秀毕业生对合作企业的忠诚度高，也进一步提升了企业参与高职院校办学的积极性，促进深层次校企合作。

二　技能大师工作室的实践——以艺术设计类专业为案例

技能大师主要是指在某一领域技能拔尖、技艺精湛并且具有较强创新能力和社会影响力的高技能人才。实践证明，高职院校通过引进和培养技能大师，建立技能大师工作室，传徒授艺，可以有效提高学生的职业能力。浙江商业职业技术学院的艺术设计类专业、广州工程技术职业学院计算机仿真专业等均属于技能大师工作室实践形式。以浙江商业职业技术学院的艺术设计类专业为案例，该类专业集中在浙江商业职业技术学院的艺术设计学院，学院与以浙江广厦建筑设计研究院思阳工作室为代表的 19 家企业合作，共同建立了 15 个工作室（见表 5-2）。

浙江商业职业技术学院将艺术设计类专业的人才培养目标定位于文化创意和影视传播企业的高技能人才，远期职业发展目标定位于培养优秀的年轻企业家。在现代学徒制校企合作方式的实施中，主要采取技能大师工作室的人才培养方式：一是构建了招生与招工对接机制，校企共同制订招生计划，确定招生录取标准。艺术设计类专业的学生拥有浙江商业职业技术学院学生和合作企业员工的双重身份。二是构建了双导师队伍建设机制。浙江商业职业技术学院艺术设计类专业的教师和技能大师共同参与培养方案设计、课程设置、教材开发、教学活动组织等人才培养环节。三是构建了校企一体化育人机制。浙江商业职业技术学院和以浙江广厦建筑设计研究院思阳工作室为代表的 19 家合作企业搭建校企一体化育人平台。该平台以企业设计项目为载体，围绕真实的、具体的工作任务展开学习和创作，教学过程和工作过程相对接；以参加技能大赛为催化剂，师傅带徒弟，推进学生将专业知识转化为职业技能。

表 5-2　浙江商业职业技术学院的艺术设计学院的技能大师工作室

高职院校	合作企业	技能大师工作室
浙江商业职业技术学院的艺术设计学院	浙江广厦建筑设计研究院思阳工作室	平面设计工作室
	浙江中冠建筑装饰工程有限公司	室内设计工作室
	杭州铭成装饰工程有限公司	建筑设计工作室
	杭州和山文化艺术有限公司	景观设计工作室
	浙江新中环建筑设计有限公司	效果图工作室
	浙江中冠装饰浮世特室内设计院	展示设计/家具设计工作室
	59秒装饰工程有限公司	公共艺术工作室
	浙江浙商拍卖有限公司	景观设计工作室
	浙江邮电印刷股份有限公司	民间艺术陈列室
	杭州秀川广告设计有限公司	摄影工作室
	杭州筑美信息科技有限公司	室内结构设备展示室
	杭州网创电子商务品牌管理有限公司	室内软装工作室
	杭州ECOCITTA城市元素品牌联合设计有限公司	数字艺术设计工作室
	杭州五度视觉设计工作室	现代手工工作室
	杭州铭典文化传播有限公司	展示搭建工作室
	杭州俊朗广告影视制作有限公司	
	杭州优淘影像制作有限公司	
	杭州纳红文化创意设计有限公司	
	杭州石头影像传播有限公司	
合计	19家	15个

资料来源：笔者根据浙江商业职业技术学院的艺术设计学院官方网站整理而得。

浙江商业职业技术学院在技能大师工作室的现代学徒制实践过程中，促进了艺术设计类专业学生服务知识、服务能力和服务情感的形成。其一，浙江商业职业技术学院的艺术设计类专业学生在学校与学院专业教师进行互动，在技能大师工作室与技能大师进行交流，掌握了平面设计、室内设计、景观设计、公共艺术设计、数字艺术设计等服务知识。其二,浙江商业职业技术学院的艺术设计类专业学生在具有丰富服务经验和教育资质的技能大师的带领下,围绕问题解决与服务项目完成开展有目的性的学习,通过不断积累服务经验来形成服务能力。其三,浙江商业职业技术学院的艺术设计类专业学生与技能大师形成了稳定的师徒关系,在与技能大师学习与相处的过程中不断感悟技能大师的服务情感,使艺术设计类专业学生的服务情感得到培养。

实践效果显示,技能大师工作室的优点在于师徒关系紧密,培养的人才质量较高。浙江商业职业技术学院的艺术设计类专业学生出师后,一部分能够独立创业,在文化创意产业中形成新兴的快速发展势力;另一部分直接就业的艺术设计类专业学生也能够在行业领域内较快崭露头角。[1]

---

[1] 张宝忠:《基于现代学徒制的高职商科专业人才培养路径研究》,《中国高教研究》2016年第10期。

第六章 高职院校现代服务业人才培养的优化路径

高等职业教育主动适应产业需求是高等职业教育与产业互动的重要形式。[①] 在现代服务业已经成为中国经济增长新动力的背景下,作为与产业发展联系最为紧密的教育类型,高等职业教育应该准确把握现代服务业的重要特征与深刻变化,基于人才培养目标、内容和方式三个关键要素探索高职院校现代服务业人才培养的优化路径,助力实现高技能人才培养与现代服务业需求的有效对接。

第一节 以需求为导向动态设置高职院校现代服务业人才培养目标

产业转型升级引发了现代服务业的组织重构与服务方式的变革,高职院校人才培养的知识标准、能力标准和情感标准需要实现更新和突破。以需求为导向动态设置人才培养目标是产业转型升级背景下高职院校现代服务业人才培养优化路径的首要途径。

一 正确定位:追踪现代服务业特点和趋势定位人才培养目标

高职院校人才培养目标设置应该结合现代服务业特征与发展趋

[①] 黄云碧:《温州高职教育与区域产业协同发展研究》,上海社会科学院出版社2015年版,第41—42页。

势，从时代性和国际性出发对高职院校现代服务业人才培养目标进行正确定位。

其一，高职院校现代服务业人才培养目标构建应该具有鲜明的时代性特点。不同于农业经济和工业经济，服务经济是以知识、技术、信息为突出特征的新经济，服务经济的构成更加复杂、变化更加迅速、发展趋势不确定性程度更大，要求劳动力有更强的适应变化的能力。高职院校现代服务业人才培养目标设置应该紧抓时代性特点，在中国已经进入服务经济时代的背景下解决现代服务业"重点发展什么"的问题，将现代服务业的重要特点反映在人才培养目标构建中。具体而言，就是在知识、能力和情感等不同层面的高职院校现代服务业人才培养目标中融入服务元素，包括树立服务理念、确定顾客需求、设计与实施服务过程、管理服务人员、提升服务质量以及实现顾客满意等，进而构建出以服务知识为基础、以服务能力为核心、以服务情感为关键的三维人才培养目标体系。

其二，高职院校现代服务业人才培养目标构建应该考虑国际性特点。世界主要发达国家的产业结构已经实现了从"工业经济"向"服务经济"的转型，中国现代服务业的发展水平与发达国家还有一定差距，应该通过提升现代服务业人才的国际竞争力来促进中国服务经济的快速发展。因此，应该将国际性特点纳入高职院校现代服务业人才培养目标构建中，包括国际视野、国际化交流能力、国际合作能力等，使中国培养的现代服务业高技能人才不仅能够满足国际劳动力市场需求，也能提升中国职业教育的国际化程度和开放性程度，逐渐缩小与发达国家服务经济发展水平的差距。

二 建立维度：采用人才培养目标设置矩阵建立培养目标维度

现代服务业具有复杂性特点，其涉及范围广，所涵盖的行业非常多。信息传输、计算机服务和软件业，金融业，科学研究、技术服务和地质勘查业，教育，卫生、社会保障和社会福利业，公共管理和社会组织均是具有典型现代服务特征的行业门类,[①] 每一行业门类中还包含多种职业,所以高职院校现代服务业人才培养目标设置应该做到尽量细化,即可描述、可测量、可区分和可评价。具体可以采用人才培养目标设置矩阵予以实现。高职院校现代服务业人才培养目标设置矩阵包括两个维度:横向维度表示人才培养目标的实现方式(例如,课堂讲授、实验课程、实习环节、实训环节、在线课堂等实现方式);纵向维度表示人才培养目标的标准(例如,服务知识中专业知识需要达到的标准,服务能力中创新服务能力、信息化服务能力和个性化服务能力需要达到的标准,服务情感中关怀品质需要达到的标准),矩阵元素的数值表示对某个培养标准和对应的实现方式所产生的实施效果值,一般采取5—7级计分制。人才培养目标设置矩阵是双向的,原则上每个培养环节要与培养标准要求相互对应,但是在实际培养过程中,一个培养环节有可能与多个培养标准形成对应关系,因此不同高职院校现代服务业专业应该根据具体的目标设置矩阵制定相应的人才培养目标维度。

三 精准设置:运用新一代信息技术精准设置人才培养目标

建立以移动互联网和大数据为代表的新一代信息技术平台,对现代服务业高技能人才需求进行轨迹化跟踪处理,并将人才需求跟踪结果及时反馈到高职院校现代服务业人才培养目标的精准设置过程中。以大数据技术平台为例,应该将从现代服务业人才需求获取到高职院校现代服务业人才培养目标设置的全过程细化为以下几个阶段。

第一,感知不同现代服务业行业和岗位的人才需求。感知人才需求是获取现代服务业发展人才需求信息的首要阶段,主要是利用大数据技术平台的灵敏性特点,对不同现代服务业行业和岗位的人才需求进行及时捕捉。

[①] 高新民、安筱鹏:《现代服务业:特征、趋势和策略》,浙江大学出版社2010年版,第41页。

第六章　高职院校现代服务业人才培养的优化路径

第二，搜集不同现代服务业行业和岗位的人才需求。将感知到的不同现代服务业行业和岗位的人才需求进行搜集，主要利用了大数据技术平台的数据抓取功能，能够实现批量化、可视化地抓取不同现代服务业行业和岗位的人才需求。

第三，分析不同现代服务业行业和岗位的人才需求。大数据分析技术是大数据技术平台的核心技术，主要用于对搜集到的不同现代服务业行业和岗位人才需求信息进行数据分析处理。

第四，对不同现代服务业行业和岗位的人才需求进行归类。由于现代服务业包含的行业和岗位十分广泛，不同行业和岗位的性质和特点差异较大，人才需求繁杂，所以不能直接将不同现代服务业行业和岗位的人才需求分析结果纳入高职院校现代服务业人才培养目标。应该利用大数据技术平台数据库中已经储备的人才需求类型数据库功能对不同现代服务业行业和岗位的人才需求进行归类处理。

第五，对归类后的现代服务业人才需求进行决策。将人才培养目标的设置原则内置于大数据技术平台，智能化判断是否将归类后的现代服务业人才需求纳入高职院校人才培养目标。

第六，将筛选后的人才需求结果向高职院校进行反馈。利用大数据技术平台信息反馈迅速、实时互通的特点和优势，将筛选后的现代服务业人才需求及时反馈给高职院校，高职院校将现代服务业人才需求的动态变化结果及时纳入人才培养目标，完成高职院校现代服务业人才培养目标的精准设置。

四　优化调整：建立以需求为导向的人才培养目标调整机制

现代服务业呈现出典型的动态性特点，伴随着新职业不断出现和旧职业的逐渐消失。高职院校应该紧紧把握现代服务业动态性特点及其变化趋势，建立以需求为导向的人才培养目标调整机制。以需求为导向的高职院校现代服务业人才培养目标优化调整机制应该重点关注以下三个方面：第一，定期搜集不同现代服务业行业和岗位的需求信息，分析其人才需求的动态变化规律，总结服务知识需求、服务能力需求和服务情感需求的动态平衡点，在高职院校现代服务业人才培养目标中做出相应的调整，为这些人才需求设置相应的人才培养目标动态调整机制。第二，及时捕捉新出现的现代服务业行业和岗位，分析其人才需求的新增长点，将新的人才需求及时纳入高职院校现代服务业人才培养目标，为这些人才需求设置相应的人才培养目标进入机制。第三，对于逐渐消失的现代服务业行业或岗位，应该重点分析这些行业或岗位中的哪些人才需求已经不具备在高职院校现代服务业人才培养目标中体现的必要性，要为这些人才需求设置相应的人才培养目标退出机制。

第二节　以服务知识、能力、情感为核心优化设置人才培养内容

一　提高高职院校现代服务业人才培养课程质量

（一）以知识生产模式转型为依据，提升高职院校现代服务业人才培养课程质量

高职院校应该不断加强课程在现代服务业人才服务知识培养中的重要作用，将高等职业教育课程改革作为服务知识获得的重要契机。在知识生产模式转型背景下，应该从以下5个方面变革高职院校现代服务业人才培养课程设置，促进高职院校现代服务业人才服务知识培养。

1. 突破单一学科束缚，促进课程跨学科发展

现代服务业的融合性特点要求高职院校现代服务业人才培养的课程设置破除学科之间的壁垒，实现学科间的必要沟通和跨学科发展。以高职院校物流管理专业学生获取现代物流知识为例，应该将跨学科理念融入课程建设中，有意识地将服务学、管理学（包括服务管理、顾客关系管理、服务创新等服务知识）、心理学（包括顾客心理学等服务知识）、经济学（包括服务经济学等服务知识）等相关学科的知识和信息纳入课程目标设置过程中。

2. 实现同与异的转型，优化课程的师资配置

高水平的教师队伍是高职院校现代服务业人才培养课程建设质量的

保障。就课程教师资源配置而言，应该做到由同质性向异质性的转型。第一，内部培育和外部吸引相结合，由单一任课教师向任课教师小组合作转变。综合考虑专业化程度、教育经历、工作经历等因素，合理配置任课教师，建立多样化的任课教师小组合作制。第二，引导更多资源流入高职院校现代服务业人才培养的课程师资队伍建设中。例如，派遣高职院校教师到服务经济发达国家进修访问，鼓励授课教师参加国际产业发展交流会议和高端论坛，为课程建设设立专项资金，激励教师以课题立项与学术专著出版等形式推动服务知识生产、创新和转化等。

3. 做到以需求为导向，在反思与问责中充实课程内容

高职院校现代服务业人才培养的课程建设应该以需求为导向，主动承担起服务于国家和社会发展的重任，在不断反思和社会问责中充实课程内容。第一，尊重现代服务业用人单位的人才需求，高职院校课程内容设置从"强调学生应该知道什么"向"学生在工作中应该能够做什么"转型，即学生在服务工作场所中所需要的知识决定了课程的主要内容。第二，激励现代服务业用人单位参与课程内容设置。现代服务业用人单位对高技能人才有着十分具体和明确的需求，激励现代服务业用人单位参与高职院校课程内容设置有助于提升服务知识的针对性和有效性。

4. 发挥再情境化策略，在应用情境中组织课程教学

职业知识的获得需要搭建理论知识和工作知识之间的桥梁，"再情境化"则起到了重要的中介作用。通过"再情境化"的教学策略将理论知识融入工作实践中，让学生在掌握工作实践所需工作知识的同时，还能够获得经过"情境化"的理论知识，从而使两种知识进行整合，而整合之后所形成的知识便是职业知识，该过程即为职业知识的概念化。[①] 高职院校现代服务业人才服务知识的获取同样遵循职业知识概念化机制，这就要求在应用情境中组织教学，角色扮演、情

---

① 王亚南、石伟平：《职业知识概念化的内涵意蕴及课程实现路径——麦克·杨职业教育思想的述评及启示》，《清华大学教育研究》2017年第4期。

境创设、冲突模拟等新型课程组织形式均是较好的选择。唯有经过"再情境化"的过程，学生所习得的服务知识才能转化为现代服务业需要的服务知识，使高职院校学生能够应对现代服务业发展过程中工作世界变化所带来的挑战。

5. 充分利用评价反馈，实现课程的高质量发展

丰富课程质量评价主体和完善课程评价反馈环节是破解高职院校现代服务业人才培养课程质量评价困境的主要途径。具体到课程评价过程中，应该做到以下两点：第一，实行校、院两级课程评价管理模式。可以采用交叉听课与公开听课相结合的方式，将课程评价主体由"单一任课教师"扩展为"以任课教师为主，以校、院两级领导和其他课程任课教师为辅的多主体监督评价机制"。第二，强化课程的评价反馈环节。一方面，鼓励现代服务业专业学生与授课教师建立联系，即使在结课后也能就服务知识进行探讨。另一方面，运用"课程矩阵"评价课程目标是否达成，逐渐完善课程建设。根据密歇根大学"课程矩阵"的思路，可以将高职院校现代服务业人才培养的课程目标分解为一系列子目标并作为一个维度，将课程内容作为另一个维度，通过两个维度的关联来评价课程目标是否实现，检测目标虚置现象，根据评价结果深度优化课程，提升课程效果。

（二）以职业教育信息化为契机，提升高职院校现代服务业人才培养课程质量

技术能够促进教育变革。[①] 职业教育信息化是发展现代职业教育和提升职业教育课程质量的重要途径。慕课（Massive Open Online Course，MOOC，即大规模在线开放课程）属于现代教育领域的一种新型在线课程平台，是教育信息化过程中最具代表性的产物之一。实践证明，慕课不仅是依靠信息技术和网络平台促进教育发展、推动教学改革、提高教学质量的创新案例，更是"互联网＋"战略在教育

---

① 祝智庭、杨桂青：《教育从不单纯根据技术需求来变革》，《中国教育报》2018年5月31日第8版。

教学过程中的具体应用。在职业教育信息化背景下，慕课为提升高职院校现代服务业人才培养课程质量提供了新思路与新平台。

1. 课程理念创新——以"学习"为中心

在慕课的应用过程中，高职院校现代服务业人才培养课程的教学主体要从高职院校教师转变为高职院校学生，把重心从高职院校教师的教学过程转移到高职院校学生的学习过程，从以"教"为中心转变为以"学"为中心。在慕课的应用过程中，由于学生是课程的实际体验者，掌握着课程访问的主动权，所以学生成为真正的课程最终评价者。例如，针对某一门现代服务业专业课程会有多位高职院校教师进行录制，访问并体验某位教师所录制课程的学生人数越多，表明该教师所录制的课程越受欢迎；当某位教师所录制课程的点击率较低，该教师就应该进行课程设置和教学设计反思，重新完善该课程。这就倒逼高职院校教师从简单地完成教学任务转变为真正关注现代服务业专业学生的学习需求，进而提升课程效果和课程质量。

2. 教师资源创新——顶级教师亲自授课

师资建设是影响课程质量的关键因素。在高职院校教师队伍建设过程中，专家型教师数量较少，较为严重地影响了现代服务业专业学生的学习效果，使高职院校现代服务业人才培养课程质量偏低。在此背景下，慕课成为解决教师资源配置问题的突破口。在慕课平台上，现代服务业专业学生可以查阅每一位录课教师的学习经历、教学背景以及该门课程的点击量和学习完成情况。在掌握该门课程录制教师的基本情况后，可以根据自身需求和学习偏好，选择资深"双师型"教师的课程，聆听一流专家的解答，使高职院校学生得天下名师而从之。调查显示，与985高校、211高校、其他本科院校相比，高职院校学生对慕课的评价最高。[1] 慕课中的课程均来源于国内外顶级教师的亲自授课，这不仅在一定程度上弥补了高职院校学生与名师接触机

---

[1] 李曼丽等：《解码MOOC：大规模在线开放课程的教育学考察》，清华大学出版社2013年版，第171页。

会有限的弊端,而且在很大程度上满足了高职院校学生听名师讲课的需求。

3. 教学方式创新——"翻转课堂"与"移动学习"相结合

技术的快速发展有助于教学方式创新。① 由于慕课为"翻转课堂"与"移动学习"提供了平台支持,所以慕课对于探索新的教学方式具有重要意义。② 与传统课程中"课上学习,课下作业"的教学方式相比,翻转课堂教学方式为"课前学习,课上讨论"。学生在课前访问慕课平台完成课程学习,在课程学习后将问题和想法带到课堂上与教师和同学进行针对性的交流和讨论,教师主要负责组织讨论、针对性答疑和课后总结。③ 将翻转课堂教学方式运用到高职院校现代服务业人才培养课程实施过程中,高职院校现代服务业专业学生在课前利用慕课进行移动学习。由于慕课中的课程设计借鉴"学习元"的思想,采用知识模块化思路,可以满足高职院校现代服务业专业学生随时随地学习的需求。慕课中的视频按知识点进行录制,制成微视频形式,每一个短视频都会深入阐述一个知识点,短视频既方便高职院校现代服务业专业学生按主题学习,也有助于高职院校现代服务业专业学生提高学习效率。习题与测验也以知识点进行编制,方便实时学习与检测。因此,慕课促成了"翻转课堂"与"移动学习"相结合的教学方式,打破了正式学习与非正式学习的界限,高职院校现代服务业专业学生可以灵活安排学习时间,这成为提升高职院校现代服务业人才培养课程质量的新趋势。

4. 教学过程创新——重现实践操作教学过程

慕课上所有的课程是以富媒体的形式呈现的。在高职院校现代服务业人才培养课程的教学过程中,慕课上课程资源的富媒体化使重现

---

① 袁莉等:《后 MOOC 时代:高校在线教育的可持续发展》,马红亮译,《开放教育研究》2014 年第 3 期。

② Allen, E., Seaman, J., "Grade Change: Tracking Online Education in the United States", https://www.bayviewanalytics.com/reports/gradechange.pdf, January 15, 2014.

③ 陈怡、赵呈领:《基于翻转课堂模式的教学设计及应用研究》,《现代教育技术》2014 年第 2 期。

教师教学过程成为可能。研究指出，学习者在慕课上学到的知识可以直接应用，[①] 课程形式的个性化学习特点较为明显。例如，在以工作为导向的慕课设置中，其课程内容聚焦于工作场所，学生可以边读边工作，将网上课程所学知识及时运用到工作当中。[②] 具体到高职院校现代服务业专业学生的课程设置中，可以将抽象的服务理论、复杂的服务项目以及动态的服务实践过程放到慕课上，使现代服务业专业学生能够反复观看课程重点和难点。因此，重现服务实践的教学过程可以帮助现代服务业专业学生理解抽象的、复杂的服务知识和服务能力，甚至可以通过教学过程的还原体会到服务情感的重要作用。

5. 课程管理创新——轨迹化学习管理

慕课可以实现高职院校现代服务业专业学生学习行为的轨迹化管理。在传统的高职院校现代服务业人才培养课程的教学过程中，高职教师很难把握每一位学生对于服务知识的理解程度，也难以掌握每一位的学习进度。慕课为解决该类问题提供了新途径，实现了课程管理创新。由于慕课平台运用了现代信息技术，使其能够保留每一门课程中每一位学习者的学习情况。对于每一门课，有多少学生注册，有多少学生点击访问，有多少学生在学习，有多少条师生、生生的讨论和答疑记录等都能清晰地反映出来。因此，高职院校现代服务业学生从选课开始便不能随意拖动学习记录，不能任意改变学习轨迹，学习每一个视频、完成每一项作业、参与每一次讨论、完成每一次测验等学习行为都被详细地记录下来，构成学习行为数据。由于高职院校教师是慕课平台的主要管理者，所以这些数据能够以轨迹图形的方式反馈给高职院校教师。根据这些轨迹化的数据和图表，高职院校教师可以清晰地观测每一位现代服务业专业学生的学习情况，分析判断其学习状态，在一定程度上还可以预测其学习行为，从而进行更有针对性的

---

① ［比］Inge DE Waard 等：《探索 MOOC 教学方法在 mLearning 中的运用》，何伏刚等译，《中国远程教育》2012 年第 3 期。

② Powell, S., Tindal, I., Millwood, R., "Personalized Learning and the Ultraversity Experience", *Interactive Learning Environments*, Vol. 16, No. 1, 2008, pp. 63–81.

教学与管理。这不仅有益于改进高职院校现代服务业人才培养课程的教学管理流程，更为提升课程质量提供了保障。

二 提升高职院校现代服务业人才核心服务能力

中国高等职业教育正在从外延式向内涵式发展转型，在路径上也要以现代服务业的高技能人才需求为导向，提升现代服务业高技能人才的服务能力。

（一）通过建立人才培养上移通道促进现代服务业低技能人才向高技能人才转型

1. 构建现代职业教育体系，提升现代服务业人才培养层次

高等职业教育应该为现代服务业人才建立更高层次的职业教育和升学通道。第一，建立灵活的人才培养机制，构建本科层次及以上的高等职业教育，创新职业教育与本科学历衔接的人才培养途径，形成人才培养立交桥。通过高等职业教育学制上的突破，不断推进高等职业教育与本科层次"专业学位培养模式"的有效结合，创新高职本科路径，破解职业教育结构问题，培养社会急需的高层次技术技能人才。探索中等职业教育与高等职业教育、中等职业教育与应用型本科教育、高等职业教育与应用型本科教育相衔接的学制体系，为中高职毕业生报考普通本科、应用型本科毕业生报考硕士研究生等提供通道，使现代服务业人才顺利向高端上移。第二，逐步建立现代服务业高技能人才培养体系。构建现代服务业职业标准、能力单元、职业资格等人才培养模块，使人才培养和评估标准由通用标准向各特定领域专业标准延伸，培养满足现代服务业发展需要的高技能人才。

2. 完善职业培训体系，为现代服务业低技能人才拓宽职业转型和上移通道

《国务院关于推行终身职业技能培训制度的意见》（国发〔2018〕11号）中明确指出，要适应产业转型升级需要，着力加强高技能人才培训。深入实施国家高技能人才振兴计划，紧密结合战略性新兴产

业、先进制造业、现代服务业等发展需求，开展技师、高级技师培训。① 中华人民共和国人力资源和社会保障部发布的《技能人才队伍建设实施方案（2018—2020年）》（人社部发〔2018〕65号）也将大规模开展职业技能培训作为技能人才队伍建设工作的重点举措。② 中国已经进入服务经济时代，高等职业教育要充分发挥社会培训功能，坚持终身学习的教育和培训理念，为不同服务能力提升需求的现代服务业人才提供接受更高层次教育的机会，吸引更多低技能劳动者选择职业教育培训。在此基础上，扩展人力资源服务功能，将职业培训覆盖到人才的整个职业生涯，并逐渐向生活和其他领域延伸，构建层次完整、布局合理的现代职业教育体系。第一，高职院校要为每一位现代服务业培训者建立电子培训档案袋，保证培训的可持续性。及时调取劳动者的岗位信息和历史培训信息，以历史培训数据为基础，尊重和了解现代服务业低技能劳动者的培训习惯，由劳动者、企业单位和高职院校三方共同协商制定个性化的培训方案，使培训方案更加契合企业需求和劳动者职业发展需要。第二，培训方式要与时俱进，线上线下相结合。高职院校要基于服务经济与网络社会的新特点及时调整培训方式，采用数字化培训平台，将传统讲授与 e-Learning、MOOC、SPOC 等新型培训方式相结合，从整体上促进现代服务业低技能人才存量向现代服务业高技能人才储备顺利转移。

（二）通过提升核心服务能力实现高职院校现代服务业人才的有效供给

1. 提升高技能人才创新服务能力，实现服务的创新供给

针对现代服务业人才创新服务能力不足的短板，高职院校应该瞄准高端，提升人才的创新水平，满足产业对高端技术人才的需求，推

---

① 《国务院关于推行终身职业技能培训制度的意见》，http://www.gov.cn/zhengce/content/2018-05/08/content_5289157.htm，2018年5月8日。
② 人力资源和社会保障部：《技能人才队伍建设实施方案（2018—2020年）》，http://www.mohrss.gov.cn/SYrlzyhshbzb/dongtaixinwen/buneiyaowen/201810/t20181016_302991.html，2018年10月16日。

动现代服务业向专业化和价值链的高端延伸。

第一，高职院校应该加大理论教育在人才培养中的比例，增设服务学理论课程，如服务经济学、服务管理、顾客心理学、顾客关系管理、服务创新等。这些课程不仅要保证现代服务业专业学生能够获得服务相关知识和服务岗位要求的核心服务能力，还要培养现代服务业专业学生的顾客导向意识，让学生理解组织中顾客的内涵，明确现代服务业中顾客的价值，能够了解顾客的期望、感知和行为，使学生在服务岗位中达到顾客至上与工作效率的平衡。同时认真研究现代服务业专业学生在校学习期间专业知识和专业技能等方面掌握的广度与深度，使学生具备专业化的服务技能，实现服务的专业供给。

第二，高职院校应该加大创新创业教育力度，多渠道实现服务的创新供给。其一，引导现代服务业专业学生在现代服务业等新兴行业中识别创业机会。现代服务业等新兴行业的不断涌现，为创业者提供了无限商机。高职院校应该引导现代服务业专业学生抓住"互联网+"的新契机，剖析现代服务业的未来发展前景和顾客需求特征，鼓励更多学生在现代服务业等新兴行业中选择创业行业，在中高端现代服务业中识别并选择创业项目。其二，以现代服务业发展为契机，加速构建创新创业教育新体系。以制度创新为先导：高职院校应该将学生的创新创业风险和现代服务业发展需求相结合，改革学籍管理制度，设立弹性学制，建立学分积累和转换制度等。以载体创新为内容：针对性设置包括人工智能、大数据分析、云计算等新一代信息技术在内的创新创业课程，积极举办以现代服务业为主题的创新创业大赛。以方法创新为突破：运用沙龙讨论、在线课程参与、种子基金路演、全过程匹配实践等更加多元化的创新创业教育方法开展创新创业教育。以服务创新为保障：与政府、行业、企业和科研机构等共同搭建五位一体的创新创业支持体系，包括制定高技能人才创新创业帮扶计划，打造国家级高技术产业创新创业训练中心，实施高职院校现代服务业人才培养创新工程等。例如，湖北省率先将"推动校际间教师互聘、学生互换、课程互选、学分互认，鼓励学生跨校组建创新创业团队"纳入《湖北省教育事业发展"十三五"规划》,以增强学生的创新与企业家精神,在"大众创业、万众创新"背景下实现服务的创新供给。

2. 提升高技能人才信息化服务能力,实现服务的智能供给

信息技术的运用不仅优化了现代职业教育体系的发展格局,也是优化高职院校现代服务业人才培养路径的一种有益尝试。

第一,深化产教融合,鼓励联合培养。基于信息技术,依托高校、科研机构、企业的智力资源和研究平台,搭建一批现代服务业高技能人才联合实训基地,形成校企合作生态圈。一是进一步与国家政策相衔接,建立产教融合推进的政策协同机制、产教融合政策引导机制、责任共担与利益共享机制以及有效的评价和激励机制。二是通过现代信息技术、大数据分析技术消除校企合作中的信息不对称,构建扁平化的组织结构,形成校企间高效沟通机制,提高信息传递和双方合作效率。三是基于数字平台整合教育资源与产业资源,以企业服务平台实现企业个性化人才培养的定制,构建政产学研合作生态圈,形成产教融合的良性循环。四是顺应产教融合趋势,鼓励高职院校聘请数字技术领域高级人才作为兼职教师,引导高职院校将国内外前沿研究成果引入现代服务业专业教学中。

第二,加快复合型现代服务业高技能人才培养,促进现代信息技术能力与专业技术能力融合。一是突破专业壁垒,建设"双专科"人才培养模式,搭建现代服务业专业与信息技术专业的人才培养"立交桥",培养复合型现代服务业技能人才。二是鼓励并要求现代服务业专业的学生选修信息技术专业作为第二学位,在课程学习中培养数字化意识和互联网思维。同时,激发学生运用数字技术的意识,加深个体对数字设备和数字技能的了解,使学生更早接触职场中真实的数字技能。第二学位的学习内容要以大数据分析、物联网、云计算、5G等新一代信息技术为主,使现代服务业技能人才能熟练运用数字技术解决服务问题。例如,运用大数据分析技术掌握顾客消费规律与趋势,提高与顾客的互动效率。再如,5G数字技术的信息高速率传输和低延迟

特征为实现远程在场协作互动提供了技术支持,可以运用5G数字技术建立更强的数字意识、培养更广泛的数字兴趣,以更好地适应并引领顾客需求,提高服务质量。三是突破专业知识限制,引导现代服务业专业学生利用跨学科知识服务顾客,运用可穿戴设备、虚拟现实、增强现实等现代数字技术为顾客提供服务体验,实现服务的智能供给。

3. 提升高技能人才个性化服务能力,实现服务的精准供给

高职院校应该将传统教学模式与新型教学模式相结合,在充分发挥传统教学模式优势的基础上,加大新型教学模式的应用比例。通过"案例实施的认知教学、服务供给的体验教学、项目导入的实践教学"三层渐进式教学模式,提升现代服务业专业学生的个性化服务能力,使其所提供的服务更加注重从生活情境出发,通过顾客参与和服务体验引导顾客的感官体验,进而影响顾客的服务感知价值。具体可通过角色扮演、情境创设、模拟冲突以及平台仿真等新型教学模式,帮助现代服务业专业学生学会换位思考,提高其个性化服务能力,提升顾客满意度,实现服务的精准供给。

三 加强高职院校现代服务业人才关怀品质培养

服务顾客不仅是一种经济行为,而且需要将其放在更高的道德层面去开展。关怀品质的学习实质上是一种道德学习。[1] 从内部路径来看,高等职业教育是高技能人才的重要供给主体,应该把立德树人作为人才培养的根本任务,加强学生的道德教育。美国教育学家内尔·诺丁斯(Nel Noddings)提出的关怀理论是最具影响力的新型道德教育理论之一,其中榜样(Modeling)、对话(Dialogue)、实践(Practice)和认可(Confirmation)四个重要部分是培养学生关怀品质的有效路径,[2] 可以为高职院校现代服务业人才关怀品质的培养提供有益借鉴。从外部路径来看,应该构建关怀型社会,助力高职院校现代服

---

[1] 班华:《"学会关心":一种重在道德学习的德育模式》,《教育研究》2003年第12期。

[2] [美]内尔·诺丁斯:《学会关心:教育的另一种模式》,于天龙译,教育科学出版社2003年版,第37页。

务业人才关怀品质的养成。

（一）充分发挥榜样力量，引导学生从被关怀者向关怀者转型

职业教育是师生互动、教学相长、协同发展的过程，更是以道德培育道德、以精神塑造精神、以品质培养品质的过程。在学生关怀品质培养过程中，教师的作用不容忽视。高职院校应该以立德树人为中心，强化教师在现代服务业高技能人才关怀品质培养中的榜样作用。首先，高职院校教师应该胜任培养现代服务业专业学生关怀品质这一重任，在整个教育活动中成为一名真正的关怀者，通过"行"关怀而不是"讲"关怀来培养学生的关怀品质。其次，高职院校教师应该培养并加强现代服务业专业学生的关怀意识，帮助学生树立正确的服务价值观念，引导学生在实际工作岗位中通过关怀顾客而与其建立良好的服务关系。树立师生平等的观念，与学生平等相处，相信学生、认可学生、尊重学生，进而与学生建立起真正的关怀关系，使学生在被关怀的感受中学会关怀他人。最后，道德教育不仅是理性的教育，更是情感的教育。高职院校教师要充分重视现代服务业专业学生已有的情感经验，尽可能地保证学生情感发展的连续性，[①]帮助学生在原有关怀情感基础上继续强化积极的情感联系。为学生创造形式丰富的表达场域，鼓励学生敢于表达并善于表达自身的关怀情感。教师要以身作则，帮助学生将关怀品质内化为自身道德内驱力，促进学生的心态转变、心智觉悟和心灵成长。

（二）动态优化课程设置，培养学生与顾客的沟通交流能力

现代服务业十分注重人际交流的重要作用，与顾客对话的内容与方式对顾客消费行为有着重要影响。[②]以顾客关怀为基础的对话不仅可以表达服务双方的心声，还能使服务双方的交往空间得到扩展，而

[①] 王平、朱小蔓：《建设情感文明：当代学校教育的必然担当》，《教育研究》2015年第12期。

[②] Nikookar, G., Rahrovy, E., Razi, S., et al., "Investigating Influential Factors on Word of Mouth in Service Industries: The Case of Iran Airline Company", *Procedia-Social and Behavioral Sciences*, Vol. 177, No. 5, 2015, pp. 217-222.

更重要的意义在于能够促进服务双方的交互,如对顾客需求设身处地的理解、认识顾客的社会和文化背景等,都是平等解决双方之间沟通不畅的重要策略。在高等职业教育中,课程是提升学生沟通交流能力的有效途径,因此高职院校应该以课程为载体,通过优化课程设置,培养学生与顾客的沟通交流能力。第一,高职院校应该设置人际关系类课程,提升现代服务业专业学生的人际交流能力,使其与顾客的对话更加友善与充满关怀。具体课程为"对话心理与对话艺术""情景对话技巧""人际沟通与口才训练""人际关系心理学""人际关系学"等。第二,高职院校应该针对服务对象国际化程度较高的现代服务业高技能人才,设置客制化的人际关系课程。例如,为国际外包服务业、国际物流服务业、国际旅游服务业中对外交流较为频繁的现代服务业高技能人才设置"国际文化交流与沟通事务""国际合作与跨文化交流"等课程,通过对话和交流使国际服务对象感受到源自中国服务人员的关怀品质,进而提高国际合作成功率和国际服务竞争力。

(三) 积极开展实践活动,促进学生在实践中学会关怀

关怀品质需要在丰富而真实的实践活动中培养,同时实践活动也有助于学生在践行、体验和感悟中学会关怀。高职院校应该积极开展关怀实践活动,帮助现代服务业专业学生将关怀意识内化为关怀信念,并在关怀实践活动中外化为关怀行为。第一,提供关怀实践的平台与资源。一方面,高职院校要树立资源共享、互利共赢的理念,进一步深化产教融合、校企合作的人才培养方式。通过新媒体、自媒体或全媒体等多元化的媒体形式提升职业教育吸引力,为现代服务业专业学生关怀品质的培养提供更广阔的实践机会与平台支持。另一方面,引导更多资源流入现代服务业高技能人才培养过程中。设立专项资金,用于实践基地的建设和专业教学资源库的建设等,建立一站式学习平台,为现代服务业专业学生关怀品质的培养提供资源保障。第二,积极开展服务性学习活动。服务性学习(Service Learning)是体验式学习的典型模式。反思性和交互性是服务性学习的核心特点,可以通过探索性的服务性学习活动培养现代服务业高技能人才的关怀品

质。高职院校要科学借鉴美国服务性学习开展经验,在中国情境下设计和实施满足现代服务业发展需要和现代服务业高技能人才职业发展需求的服务性学习活动,如设岗服务等。可以按照探索准备阶段,明确服务目标、对象、内容阶段,了解个人服务角色和服务责任阶段,服务行动体验阶段,反思内化阶段等过程开展。[1]

(四)建立柔性评价机制,认可学生多样化的关怀行为

认可是对他人行为优点进行的反馈与评价,主要包括确认、肯定和鼓励等。诺丁斯认为,认可更重要的意义在于把学生看作一起致力于关怀的人,从学生身上识别出一种美好的、潜伏着的关怀品质,鼓励学生形成积极的自我形象。高职院校应该建立柔性评价机制,肯定现代服务业专业学生多样化的关怀行为。第一,构建以关怀为核心的现代服务业高技能人才评价体系。设置的评价指标主要包括"快乐健康、体贴合作、开朗、分享和人际关系能力等"。[2]倡导在评估中运用学生自我评估、学生间互评、教师评价、顾客评价等方式。第二,杜绝"关怀形式主义",高职院校要避免将关怀道德教育沦为关怀名利教育。高职院校应该合理设计奖励机制,避免通过外界物质刺激诱导现代服务业专业学生在关怀过程中将注意力从自身发展转为名利竞争,防止学生养成功利性的伪关怀品质,使现代服务业高技能人才具备真正的关怀品质。

(五)加速构建关怀型社会,全方位助力学生关怀品质的养成

关怀是一种基于情境的个人品质,高职院校现代服务业专业学生关怀品质的培养需要全社会的共同支持。

首先,构建现代服务业发展的产业文化。现代服务业发展的产业文化集中体现在服务文化中,通过构建服务文化,能够使现代服务业发展实现文化和观念的整合。这有利于更加充分地发挥服务文

---

[1] Delve, C. I., Mintz, S. D., Stewart, G. M., "Promoting Values Development through Community Service: A Design", *New Directions for Student Services*, No. 50, 1990, pp. 7-29.

[2] [美]内尔·诺丁斯:《学会关心:教育的另一种模式》,于天龙译,教育科学出版社2003年版,第119页。

化在现代服务业发展中的生产力和辐射力。现代服务业涉及服务概念、服务业分类、服务经济划分标准的争论较多，各个行业性质和特点差异大，"共性"难以概括，现代服务业独特产业文化框架难以形成。在高职院校现代服务业人才培养过程中，学生和家长对于现代服务业并不熟悉，服务人员社会地位较低的传统观念影响着学生和家长对现代服务业专业的选择。一方面，现代服务业是服务业中的新兴领域，学生和家长对于服务业的理解和认知还停留在传统服务业层面，对现代服务业的认知不明确。大部分学生和家长存在服务人员社会地位较低的传统观念和认知。受中国传统文化的影响，学生和家长认为选择服务业进行学习后的社会地位较低。另一方面，现代服务业所涉及的内容多而复杂。由于分类标准不同，导致现代服务业测度和统计困难，现代服务业统计中存在的缺口较多。在各国经济统计中，服务业行业是遗漏最多的部门，这给学生和家长对现代服务业的确切认知带来一定困难。因此，高职院校应该联合社会力量，积极构建现代服务业发展的产业文化，运用新媒体等平台加大现代服务业的宣传力度，一方面，转变服务者社会地位较低的传统观念，形成良好的舆论氛围。充分理解并尊重服务者，营造服务者和被服务者地位平等的社会环境，在服务者关怀顾客的同时也能够感受到社会对他们的关怀。另一方面，通过构建现代服务业发展的产业文化，转变学生和家长对现代服务业的认知，促进学生和家长对现代服务业专业的选择。

其次，积极创造丰富而良好的关怀情感文化，让关怀情感文化浸润现代服务业高技能人才的思想，构建有利于现代服务业高技能人才关怀品质养成的关怀型社会。营造"鼓励创新、宽容失败"的关怀文化氛围。现代服务业高技能人才在服务创新过程中，会不可避免地出现服务失误行为。顾客应该给予服务者服务补救的机会。整个社会要以更加宽容的态度鼓励现代服务业高技能人才在勇敢试错中开拓创新，在服务补救中提升关怀品质。

最后，将现代服务业高技能人才职业道德素质中对关怀品质的要求扩展为全体公民道德素质建设中对关怀品质的要求。整个社会应该引导公民认识自我、发现自我、悦纳自我，最终完善自我，让每一位公民在真正的关怀文化中培养关怀品质，最终实现自我观照和终极关怀。

第三节 以现代学徒制为支撑完善高职院校现代服务业人才培养方式

一 进一步完善现代学徒制制度设计

在全球范围内，以德国、英国、澳大利亚、法国、瑞士、丹麦、奥地利等为代表的职业教育发展较好的国家，在采用现代学徒制人才培养方式的同时，为了保证现代学徒制的顺利实施，制定了专门法律和政策。在中国情境下，应该通过法制建设和制度设计使现代学徒制人才培养方式走向法治化和规范化。

第一，在学习和借鉴国内外现代学徒制经验的基础上，加快出台相关法律制度。其一，确立现代学徒制在中国国民经济和社会发展中的法律地位。2022年4月20日，新修订的《中华人民共和国职业教育法》第三章第三十条指出，引导企业按照岗位总量的一定比例设立学徒岗位，鼓励和支持有技术技能人才培养能力的企业特别是产教融合型企业与职业学校、职业培训机构开展合作，对新招用职工、在岗职工和转岗职工进行学徒培训，或者与职业学校联合招收学生，以工学结合的方式进行学徒培养。[1] 这进一步明确了企业在现代学徒制中的主体地位，充分调动企业的可支配资源，提升企业参与现代学徒制的积极性。其二，通过新修订的《中华人民共和国职业教育法》明确学生（学徒）身份。《中华人民共和国职业教育法》指出，企业与职业学校联合招收学生，以工学结合的方式进行学徒培养的，应当签

---

[1]《中华人民共和国职业教育法》，新华社，http://www.gov.cn/xinwen/2022-04/21/content_5686375.htm，2022年4月21日。

订学徒培养协议。这从法律保障的角度确认学生（学徒）的企业身份，使学生（学徒）在企业中的工资报酬、工龄计算、医疗、工伤保险等既得利益得到根本保障。

第二，制定更多基于现代学徒制培养现代服务业高技能人才的利好政策。其一，政府应该进一步增大现代学徒制项目的经费投入。随着现代学徒制试点工作的深入推进，试点院校在办学成本、建设成本、管理成本等方面的经费支出随之增加。政府应该以现代学徒制试点项目为牵引，一方面要加大高职院校在实施现代学徒制项目的专项经费投入力度，积极引导地方政府尤其是地方教育行政管理部门在职业教育经费划拨与分配上向现代学徒制试点院校倾斜，鼓励和引导高职院校现代服务业专业采用现代学徒制校企合作方式进行人才培养。另一方面制定鼓励企业参与现代学徒制试点工作的相关政策。通过经费补贴、项目奖励、税收减免、政府购买服务等利好政策有效引导并确立企业在现代学徒制试点改革中的主体地位。以山东省为例，自 2015 年起，山东省财政投入 1000 万元支持现代学徒制试点工作，参与现代学徒制项目的企业每接受并按要求培养 1 名学生（学徒），即可获得 0.5 万元的配套补贴。其二，政府应该完善现代学徒制的配套政策，保障学生（学徒）在合作企业的合理待遇。例如，保障学生（学徒）的基本工资不低于当地最低工资，根据当地经济发展和现代服务业企业发展的实际情况，按照一定比例共同为学生（学徒）提供一定数额的补贴等，这些政策可以有效调动学生（学徒）参与现代学徒制试点改革的积极性。在此基础上，政府应该进一步完善相关配套政策，为学生（学徒）提供更加完善的保障性政策。其三，开展现代学徒制试点的高职院校需要根据学校财政的实际情况，划拨专项经费或生均经费，确保现代学徒制人才培养方式的可持续发展。以广东清远职业技术学院为例，该学院根据实际财政情况设计出一套针对现代学徒制项目的二级院系经费管理与核算制度。具体划拨制度为：运用常规人才培养方式的专业会将学费的 20% 划拨给二级院系，运用现代学徒制人才培养方式的专业则将学费的25%划拨给合作企业，学费的75%再按照80%的比例划拨给二级院系。[1]

第三，以基于现代学徒制培养现代服务业高技能人才为核心，构建良好的外部制度环境。高职院校现代服务业人才培养要破解传统人才培养制度的约束，围绕现代学徒制人才培养方式，构建一个政府、市场、高职院校多元参与，更加符合现代服务业高技能人才培养规律的外部制度环境。一是，完善政府的"放管服"责任机制和吸纳多元主体共同参与决策的合作机制。[2] 一方面，政府要致力于营造良好的基于现代学徒制培养现代服务业高技能人才的政策环境，在引导协同育人、调动社会资源、优化资源配置、搭建合作平台、提升办学条件等方面制定相互配套的、操作性更强的系列化政策措施。例如，持续完善参与现代学徒制的现代服务业企业的税收优惠政策、设置基于现代学徒制培养现代服务业高技能人才专项课题、增加基于现代学徒制培养现代服务业高技能人才的财政补贴等。另一方面，政府应该构建多元主体共同参与决策的合作机制，赋权高职院校、企业和其他社会主体深入参与基于现代学徒制培养现代服务业高技能人才政策制定的全过程，使现代服务业人才培养制度更加完善。二是，制订企业深度参与基于现代学徒制培养现代服务业高技能人才的动力、监督与问责制度。由于缺少激励、监督与责任倒逼机制，导致高职院校现代服务业校企合作培养人才的整体效果不佳。实践显示，为了降低损失，企业更愿意以"购买"而非"投资"的形式来获得智力支持。在现行制度安排下，一方面，中国急需制定推动更多企业参与基于现代学徒制培养现代服务业高技能人才的利好政策，进一步明确企业在校企合作中的权、责、利关系，进而规范主体行为；另一方面，高职院校

---

[1] 罗士喜等：《高等职业院校试行现代学徒制的现状与对策》，《现代教育管理》2017年第5期。

[2] 朱玉成、周海涛：《"双一流"背景下高校创新人才培养困境分析——基于组织分析的新制度主义视角》，《研究生教育研究》2018年第1期。

应该提升企业服务能力，使现代服务业人才培养与服务经济需求对接。① 三是，有效发挥典范性高职院校在基于现代学徒制培养现代服务业高技能人才中的引领和示范作用。典范性高职院校在场域中占据有利位置，有能力输出自身的现代服务业人才培养经验。典范性高职院校在树立现代服务业人才培养先进理念、培养满足现代服务业发展需求的高素质技术技能人才、塑造优秀的现代服务业人才培养文化等方面积累了很多优秀经验，这些经验对非典范性高职院校具有很高的借鉴价值。由于高职院校的制度架构具有高度相似性，典范性高职院校可以创新性探索，对基于现代学徒制培养现代服务业高技能人才基地实施试点创建。在此基础上，科学扩大基地规模，通过溢出效应实现典范性高职院校与非典范性高职院校之间资源的均衡发展，为高职院校现代服务业人才培养提供坚实的保障。

二 建立更加稳定和协调的师徒关系

稳定的师徒关系是现代学徒制成功实施的关键。② 尽管现代学徒制中稳定的师徒关系不能简化为师傅带徒弟，但是与职业院校教学制度相比，稳定的师徒关系是现代学徒制人才培养方式的重要特征，对于高职院校人才培养质量至关重要。研究指出，只有建立了稳定的师徒关系，才能称为现代学徒制。③ 因此，建立稳定和协调的师徒关系是优化基于现代学徒制的高职院校现代服务业校企合作人才培养方式的重要路径。在高职院校现代服务业人才培养过程中，现代学徒制中的师徒关系应该在服务知识、服务能力和服务情感的培养中发挥实质性作用，保证学徒可以在师傅的指导下实现有效学习。尤其是在高职院校一般人才培养方式无法解决的教学问题时，现代学徒制更能充分

---

① 许艳丽、王岚:《高技能人才培养与现代服务业需求对接研究》，《教育发展研究》2014年第19期。
② 张宇、徐国庆:《我国现代学徒制中师徒关系制度化的构建策略》，《现代教育管理》2017年第8期。
③ 杨小燕:《论现代学徒制的生长点、切入点与落脚点》，《四川师范大学学报》（社会科学版）2017年第5期。

发挥其优势作用，如丰富服务经验传递、精准服务能力训练、运用服务理论知识解决个性化和复杂化的顾客问题等。

现代学徒制实施过程中，建立稳定的师徒关系主要涉及以下两个问题：一是在现代经济模式中如何重构师徒关系，二是基于现代职业教育体系要构建什么样的师徒关系。实践显示，解决两个问题的根本途径是制度建设。有效的制度设计能够促进现代学徒制的师徒关系脱离私人色彩，并且在一定程度上脱离经济目的，将稳定的师徒关系建立在具有公共性的制度基础上。[①] 制度建设的核心内容应该是赋权于师傅，使师傅具有类似教师的角色。参照国家的教师管理制度、教师培训制度、教师晋升制度等，实施现代学徒制也必须设计出较为完备的企业师傅制度，明确企业师傅在现代学徒制中的权利、义务、资格、待遇、培训等内容。[②] 例如，将现代学徒制人才培养方式中的学徒训练成效与企业师傅的职业生涯发展紧密结合起来，给予并提高参与现代学徒制人才培养方式的企业师傅的经济报酬，在其职业资格晋升、就业稳定、社会声誉等方面提供更多制度性支持等。

三 加快制定现代学徒制的学徒框架

在现代学徒制的设计与实施过程中，学徒框架的制定重点涉及以下两项内容。

第一，制定现代学徒制课程框架。根据现代服务业发展的人才需求，明确现代学徒制的知识要素、能力要素和情感要素，制定现代学徒制课程框架。为了保证高职院校现代服务业人才培养质量，中国首先要将现代学徒制纳入正规学制中，在此基础上选取现代服务业典型行业制定统一的现代学徒制课程框架。通过借鉴德国的"职业培训条例"和"框架教学计划"、英国的"学徒制框架"、澳大利亚的"培

---

① 徐国庆：《高职教育发展现代学徒制的策略：基于现代性的分析》，《江苏高教》2017年第1期。

② 徐国庆：《我国职业教育现代学徒制构建中的关键问题》，《华东师范大学学报》（教育科学版）2017年第1期。

训包"等先进经验,① 结合中国已经进入服务经济时代的具体国情,构建具有中国特色的现代学徒制课程框架。其中,现代学徒制课程框架的确定应该遵循如下路径:国家组织专门的机构和现代学徒制利益相关者(政府、用人单位、高职院校、行业组织等),通过既定程序,在博弈和互动中对现代服务业典型行业的学徒在完成现代学徒制学习后应该达到的职业能力水平和标准进行共同决策,制定现代学徒制人才培养方式在现代服务业典型行业中的具体培养方式和职业能力测评方式等。研究显示,该路径在提升现代学徒制人才培养质量的同时,也确保了现代学徒制在国家人力资源开发战略中的重要地位。②

第二,吸引更多用人单位参与到现代学徒制框架的制定过程中。③现代学徒制实施的主要目标,是通过技能培养将技能较低的青年人力资源转化为能够促进经济和社会发展的高技能人才。研究显示,赋予用人单位更多参与现代学徒制框架制定的权力可以有效提升学徒技能,应该成为现代学徒制实施过程中需要重点考虑的因素。以英国学徒制框架为例,其制定是由行业技能委员会起草和审批的,而雇主是行业技能委员会的主要成员,所以雇主在很大程度上决定了学徒制的内容和标准。④ 基于现代学徒制的高职院校现代服务业校企合作人才培养方式应该借鉴英国学徒制框架制定机制,将现代服务业企业确定为制定现代学徒制框架的核心力量,让更多现代服务业企业体验到更为实用与实效的参与权,充分发挥现代服务业企业在现代学徒制框架制定中的重要作用。

四 对现代学徒制效果实施评价反馈

对现代学徒制实施效果的评价与反馈是有效促进高职院校现代服

---

① 关晶、石伟平:《现代学徒制之"现代性"辨析》,《教育研究》2014年第10期。
② 汤霓等:《我国现代学徒制实施的或然症结与路径选择》,《教育科学》2015年第5期。
③ 潘珩、赵善庆:《基于利益相关者共同推进的英国现代学徒制研究》,《黑龙江高教研究》2017年第10期。
④ 欧阳忠明、韩晶晶:《雇主参与现代学徒制的利益与权力诉求——基于英国学徒制项目调查报告的分析》,《教育发展研究》2014年第11期。

务业校企合作可持续发展的必经之路。首先,构建基于现代学徒制的校企合作综合评价指标体系。根据校企合作的效果,将指标分为高职院校参与现代学徒制的成本与工作效率、高职院校的技术和智力支持在现代服务业企业转化产生的效益、高职院校学生对现代服务业企业实践经历的认可度、在现代服务业企业实践过的高职院校学生获得职业资格证书比例、高职院校学生签约现代服务业企业的比例等维度。其次,建立长期动态监测机制。在评价与反馈实施阶段,高职院校应该采取动态评价与监测机制,评价流程应该涉及评价前期准备、现代学徒制数据采集、数据分析与报告撰写、形成校企合作改善方案、评价后改进与监督。评价方式以高职院校自评、高职院校与现代服务业企业交互式评价为主。反馈过程中,高职院校既要获得现代服务业企业的反馈意见,又要获取院系、教师以及学生(学徒)在现代学徒制实施过程中的反馈意见,通过分析反馈意见来提取改进校企合作的有效信息和方案。最后,在技术选择与应用方面,高职院校应该充分运用通信网络、智能终端、云计算、大数据分析等新一代信息技术,对基于现代学徒制的高职院校现代服务业校企合作人才培养方式的实施过程进行数据跟踪。对高技能人才资源状况和需求动态进行科学统计,为进一步决策提供参考。实施连续性评价和针对性评价,对现代学徒制的实施方案予以及时修正和反馈,进而提升高职院校现代服务业人才培养质量,促进校企合作关系持续发展。

结　　语

现代服务业是指以现代科学技术特别是信息网络技术为主要支撑，建立在新的商业模式、服务方式和管理方法基础上的服务产业。[①]在科学技术进步、社会分工深化和产业结构转型升级的推动下，自20世纪70年代开始，全球经济重心开始逐渐转向服务业，全球产业结构呈现出由"工业经济"向"服务经济"的重大转变。自90年代开始，随着信息技术、网络技术的迅猛发展，科技成果日新月异，服务业的信息化、知识化、专业化趋势不断增强，以信息、知识和技术密集为特征的现代服务业快速发展，成为现代经济增长的重要支撑。中国非常重视现代服务业的发展，党的十九大报告明确提出，"支持传统产业优化升级，加快发展现代服务业，瞄准国际标准提高水平"。[②]

现代服务业的经济战略地位引起了学术界的关注。越来越多的专著、期刊论文和国际会议都与发展现代服务业相关，研究关注度明显提升。高技能人才是现代服务业发展的重要人力资源。高职院校承担着培养现代服务业高技能人才的重任，引领并助推现代服务业的发展是高职院校不可推卸的社会责任。一系列国家政策均强调，要根据服

[①] 《科学技术部关于印发现代服务业科技发展十二五专项规划的通知》，http://www.gov.cn/zwgk/2012-02/22/content_2073617.htm，2012年1月29日。

[②] 《决胜全面建成小康社会　夺取新时代中国特色社会主义伟大胜利——在中国共产党第十九次全国代表大会上的报告》，http://www.gov.cn/zhuanti/2017-10/27/content_5234876.htm，2017年10月18日。

结　语

务业加快发展的趋势，逐步提高面向服务业的职业教育比重，重点加强服务金融、物流、商务、医疗、健康和高技术服务等现代服务业的职业教育，培养具有较高文化素质和技术技能素质的新型服务人才。[①]坚持以提高质量、促进就业、服务发展为导向，加快发展与现代服务业相适应、产教深度融合的现代职业教育，已经成为经济发展方式转型的诉求。但迄今为止，中国高职院校培养的人才还不能满足现代服务业发展需求。在理论层面，传统的职业教育理论多数是建立在农业和工业生产的基础上，高职院校现代服务业人才培养缺乏理论上系统深入的探讨。在实践层面，中国高技能人才在数量、结构和质量等方面均不能满足现代服务业发展需求，高职院校现代服务业人才培养的数量短缺、结构性矛盾突出和质量不高的现实问题切实存在，已经成为高等职业教育与产业不相适应的突出表现。在此背景下，开展以需求为导向的高职院校现代服务业人才培养研究就显得尤为重要。

本书在明确高职院校现代服务业人才培养研究具有重要理论意义和现实意义的基础上，通过梳理"服务经济、服务业与现代服务业相关研究，现代服务业、人力资源与教育的关系研究，现代服务业人才培养相关研究，以及高职院校现代服务业人才培养模式相关研究"的国内外文献，确定了研究的具体内容、方法和思路。在对服务、服务业、现代服务业、高技能人才、人才培养等核心概念进行界定的基础上，对高职院校现代服务业人才培养的内涵进行了诠释。基于服务学和教育学理论，构建出高职院校现代服务业人才培养的研究框架。在此基础上展开了以下研究：运用内容分析法分析了现代服务业发展的高技能人才需求，并在人才需求导向下探索了高职院校现代服务业人才培养的目标设置；剖析了服务知识、服务能力和服务情感等人才培养内容；探索了基于现代学徒制的高职院校现代服务业校企合作人才培养方式，运用案例研究法分析了浙江商业职业技术学院的实践经

[①] 《教育部等六部门关于印发〈现代职业教育体系建设规划（2014—2020年）〉的通知》，http://www.moe.gov.cn/srcsite/A03/moe_1892/moe_630/201406/t20140623_170737.html，2014年6月16日。

验；提出了基于目标、内容和方式三个关键要素的高职院校现代服务业人才培养优化路径。

针对上述内容，本书得出以下结论。

第一，通过对服务、服务业、现代服务业、高技能人才、人才培养等核心概念的界定，得出了高职院校现代服务业人才培养的定义，即在现代服务业发展需求的导向下，高等职业院校以现代服务业发展需要的知识、能力和情感目标为引导，以服务知识、服务能力和服务情感培养为依托，以校企合作人才培养方式为具体实现形式的直接或者间接作用于高职院校现代服务业专业学生的教育活动过程的总和。

第二，高职院校现代服务业人才培养目标设置是以现代服务业发展的人才需求为导向的。（1）从宏观的现代服务业产业层面和微观的现代服务业用人单位层面，探索出现代服务业发展的人才需求。研究发现：在宏观层面上，现代服务业产业需要规模庞大、结构均衡和质量更高的高技能人才；在微观层面上，现代服务业用人单位需要具有服务知识、服务能力和服务情感的高技能人才。（2）以现代服务业发展的高技能人才需求为基础，参照布卢姆教育目标分类体系，构建出了高职院校现代服务业人才培养的三维目标体系。三维目标体系包括：高职院校现代服务业人才培养目标构建的基础是服务知识，高职院校现代服务业人才培养目标构建的核心是服务能力，高职院校现代服务业人才培养目标构建的关键是服务情感。

第三，根据高职院校现代服务业人才培养目标，高职院校现代服务业人才培养内容主要包括服务知识、服务能力和服务情感三个部分。分析发现：（1）在高职院校现代服务业人才服务知识的培养中，专业知识是服务知识的主要内容，课程是服务知识的重要载体，课程内容、课程组织方式、课程评价等是高职院校通过课程设置加强现代服务业专业学生服务知识培养的重点。（2）在高职院校现代服务业人才服务能力的培养中，创新服务能力、信息化服务能力和个性化服务能力是现代服务业人才的核心服务能力。（3）在高职院校现代服务业人才服务情感的培养中，顾客关怀是现代服务业高技能人才缺失较为严重的服务情感,关怀品质是现代服务业人才服务情感培养的关键。

第四,高职院校现代服务业人才培养方式是践行人才培养目标和内容的途径,校企合作是高职院校现代服务业人才培养的主要方式。其中,现代学徒制是校企合作培养高职院校现代服务业人才的重要方式。深入分析现代学徒制校企合作方式发现:(1)基于现代学徒制的高职院校现代服务业校企合作人才培养方式的运行机制包括:招生与招工对接机制、双导师队伍建设机制和校企一体化育人机制。(2)现代学徒制对于高职院校现代服务业人才服务知识、服务能力和服务情感的形成具有促进作用,具体为:基于校企学习促进服务知识形成、基于服务情境促进服务能力形成、基于师徒关系促进服务情感形成。(3)基于现代学徒制的高职院校现代服务业校企合作人才培养方式主要包括深度嵌入工作岗位和技能大师工作室两种实践形式,浙江商业职业技术学院在两种实践形式中具有典型性。运用案例研究法对浙江商业职业技术学院的案例分析显示,现代学徒制校企合作方式在提升高职院校现代服务业人才培养质量、就业质量以及促进学生职业生涯可持续发展等方面均产生了良好效果。

第五,人才培养目标、内容和方式三个关键要素的优化设计是高职院校现代服务业人才培养的优化路径。可以通过以需求为导向动态设置人才培养目标,以服务知识、能力、情感为核心优化设置人才培养内容,以现代学徒制为支撑完善人才培养方式等途径对高职院校现代服务业人才培养路径进行优化。这些路径有助于促进高职院校人才培养满足现代服务业发展的人才需求,推动服务经济发展和服务创新,促进高等职业教育人才培养质量提升。

在未来,需要进一步深入探讨高职院校现代服务业人才培养问题,加快实现高技能人才培养与现代服务业需求对接。可以从以下三个方面进行深入思考。

第一,探索更为具体的高职院校现代服务业人才培养标准。现代服务业是极为广泛的产业领域,它跨越了众多行业,复杂性特点突出，很难有一个统一的人才培养标准。人才培养目标是人才培养标准的基础，本书根据人才培养模式理论，将高职院校现代服务业人才培养的关键要素确定为人才培养目标、人才培养内容和人才培养方式。由于现代服务业类型多样而复杂，所以第三章在需求导向下对高职院校现代服务业人才培养目标进行了整体性分析，属于高职院校现代服务业人才培养方向的宏观性探索，对现代服务业内部众多行业的人才培养标准研究尚未涉及。未来的研究将基于高职院校现代服务业人才培养目标的研究结论，进一步分析具体的现代服务业行业标准，对高职院校现代服务业人才培养标准进行深入探索，促进高职院校人才培养标准与现代服务业行业标准的对接。

第二，探索更多新的高职院校现代服务业人才培养方式。人才培养方式是高职院校现代服务业人才培养的途径，人才培养目标、内容等探索最终要落实到人才培养方式上来。本书根据现代学徒制的内涵，现代服务业工作内容的确定性程度和生产方式的标准化程度，以及基于现代学徒制进行高职院校现代服务业校企合作的可行性分析，主要关注了基于现代学徒制的校企合作人才培养方式，更多的高职院校现代服务业人才培养方式尚未涉及。未来的研究应该探索更多新的高职院校现代服务业人才培养方式，例如美国的服务性学习人才培养方式等。

第三，将更多高职院校现代服务业人才培养方式的典型案例纳入研究框架。在案例分析方面，本书选取了浙江商业职业技术学院，对深度嵌入工作岗位和技能大师工作室两种现代学徒制实践形式进行案例研究，更多的案例尚未涉及。未来有待于对中国处于不同区域和发展水平的高职院校现代服务业人才培养方式进行考察，选取更多高职院校进行典型案例研究。在典型案例总结的基础上，将案例研究结论上升为理论，纳入高职院校现代服务业人才培养研究框架，进一步优化高职院校现代服务业人才培养路径，丰富并完善中国特色现代职业教育理论体系。

高等职业教育的现代化发展，必须依托现代产业的发展，并且在现代产业发展的引领下,实现与现代产业的对接。现代服务业是现代产业的典型代表,高职院校培养出满足现代服务业发展需求的人才,将促进产教融合,推动中国特色现代职业教育体系构建,为实现职业教育现代化奠定坚实基础,最终完成从职业教育大国迈向职业教育强国的根本性转变。

参考文献

中文部分

中文著作类

白仲尧:《服务经济论》,东方出版社 1991 年版。

毕结礼:《高技能人才开发探索与实践》,企业管理出版社 2008 年版。

曹礼和、邱华:《服务营销》,武汉大学出版社 2004 年版。

陈嘉嘉:《服务设计——界定·语言·工具》,江苏凤凰美术出版社 2016 年版。

陈宪:《服务经济学学科前沿研究报告》,经济管理出版社 2017 年版。

陈小连等:《现代服务业管理原理、方法与案例》,北京大学出版社 2010 年版。

陈新辉:《知识密集型服务企业知识创造体系研究》,知识产权出版社 2013 年版。

程晓等:《服务经济崛起:"互联网+"时代的服务业升级与服务化创新》,中国经济出版社 2018 年版。

崔益虎:《高校创新人才个性化培育模式探索》,东南大学出版社 2016 年版。

方燕:《高技术服务业经济贡献研究——基于产业结构和经济增长理论视角》,经济科学出版社 2014 年版。

风笑天：《社会学研究方法（第三版）》，中国人民大学出版社2009年版。

服务学专家协作组工作委员会：《普通高等学校服务学知识体系》，清华大学出版社2010年版。

高新民、安筱鹏：《现代服务业：特征、趋势和策略》，浙江大学出版社2010年版。

高中理等：《国际服务外包》，清华大学出版社2015年版。

关晶：《职业教育现代学徒制的比较与借鉴》，湖南师范大学出版社2016年版。

胡霞：《中国城市服务业发展差异研究》，经济科学出版社2009年版。

黄尧：《职业教育学——原理与应用》，高等教育出版社2009年版。

黄云碧：《温州高职教育与区域产业协同发展研究》，上海社会科学院出版社2015年版。

计国君：《服务科学与服务管理》，厦门大学出版社2015年版。

姜长云等：《服务业大趋势》，浙江大学出版社2015年版。

蒋三庚：《现代服务业研究》，中国经济出版社2007年版。

焦青霞：《新兴服务业发展与区域经济增长》，经济管理出版社2015年版。

教育部职业技术教育中心研究所：《中国特色职业教育发展之路——中国职业教育发展报告（2002—2012）》，高等教育出版社2012年版。

景瑞琴：《人力资本与国际服务外包：基于承接国视角的分析》，对外经济贸易大学出版社2009年版。

雷小清：《服务业信息化研究》，经济科学出版社2014年版。

李枫林：《现代服务管理理论与实践》，武汉大学出版社2010年版。

李曼丽等：《解码MOOC：大规模在线开放课程的教育学考察》，清华大学出版社2013年版。

李勇坚：《从产品经济到服务经济：对人类社会经济发展史的新考

察》，中国社会科学出版社 2016 年版。

李正风：《科学知识生产方式及其演变》，清华大学出版社 2006 年版。

梁绿琦：《高等职业教育研究资料选编》，北京理工大学出版社 2010 年版。

刘北林：《现代服务学概论》，中国物资出版社 2008 年版。

刘朝：《情绪劳动的理论与实证研究》，科学出版社 2015 年版。

刘明浚：《大学教育环境论要》，航空工业出版社 1993 年版。

刘志彪等：《现代服务经济学》，中国人民大学出版社 2015 年版。

潘懋元：《高等教育学（上）》，人民教育出版社 1984 年版。

庞国彬、刘俊卿：《实用教育科研方法》，北京师范大学出版社 2013 年版。

史丹、夏杰长：《中国服务业发展报告 2013：中国区域服务业发展战略研究》，社会科学文献出版社 2013 年版。

世界银行：《2018 年世界发展报告：学习实现教育的愿景》，胡光宇、赵冰译，清华大学出版社 2019 年版。

苏静：《被关怀者道德品质的培育》，浙江教育出版社 2009 年版。

孙永波：《我国现代服务业发展机制及其对策研究》，经济科学出版社 2017 年版。

陶峻：《知识密集型服务企业知识能力研究》，经济管理出版社 2013 年版。

王守法：《现代服务产业基础研究》，中国经济出版社 2007 年版。

魏所康：《培养模式论》，东南大学出版社 2004 年版。

邬宪伟：《选择的教育：职业教育的一个新视角》，上海教育出版社 2009 年版。

夏杰长等：《迎接服务经济时代来临：中国服务业发展趋势、动力与路径研究》，经济管理出版社 2010 年版。

夏杰长、刘奕：《中国服务业发展报告（2016—2017）——迈向服务业强国：约束条件、时序选择与实现路径》，经济管理出版社 2017 年版。

现代服务业领域总体专家组：《2014 现代服务业发展战略报告》，科学出版社 2014 年版。

宣烨：《我国服务业地区协同、区域聚集及产业升级》，中国经济出版社 2012 年版。

原毅军：《服务创新与服务业的升级发展》，科学出版社 2014 年版。

张成岗：《技术与现代性研究——技术哲学发展的相互建构论诠释》，中国社会科学出版社 2013 年版。

张凤忠：《创造服务优势：企业服务设计》，东南大学出版社 2002 年版。

张富山：《顾客满意——关注的焦点》，中国计划出版社 2001 年版。

张汉飞：《现代服务业与现代物流业知识读本》，西南师范大学出版社 2009 年版。

张念宏：《中国教育百科全书》，海洋出版社 1991 年版。

张祥：《转型与崛起：全球视野下的中国服务经济》，社会科学文献出版社 2012 年版。

赵明霏：《知识密集型服务业发展研究》，中国经济出版社 2017 年版。

中国高等职业技术教育研究会：《现代服务业技能人才培养培训方案及研究论文汇编》，中国水利水电出版社 2011 年版。

中国就业培训技术指导中心：《中国现代服务业典型职业发展观察报告（2010）》，中国劳动社会保障出版社 2011 年版。

钟若愚：《走向现代服务业》，上海三联书店 2006 年版。

周翔：《传播学内容分析研究与应用》，重庆大学出版社 2014 年版。

周振华：《服务经济发展：中国经济大变局之趋势》，格致出版社、上海三联书店、上海人民出版社 2013 年版。

朱海燕：《知识型服务业与产业集群升级　基于"关系—结构"嵌入的分析》，科学出版社 2013 年版。

中译著作类

［比］保罗·格默尔等：《服务管理：整合的视角（第 3 版）》，陈福

军、曹婷译，清华大学出版社2017年版。

［德］布纳德·斯坦思等：《服务科学：基础、挑战和未来发展》，吴健等译，浙江大学出版社2010年版。

［德］克劳斯·贝克：《职业教育教与学过程》，徐国庆译，外语教学与研究出版社2011年版。

［德］尤尔根·哈贝马斯：《交往行动理论（第二卷）——论功能主义理性批判》，洪佩郁、蔺青译，重庆出版社1994年版。

［法］让-克洛德·德劳内、让·盖雷：《服务经济思想史——三个世纪的争论》，江小涓译，格致出版社、上海人民出版社2011年版。

［加］让·哈维：《复杂服务过程管理——从战略到运营（第2版）》，上海市质量协会、上海质量管理科学研究院译，中国标准出版社2013年版。

［美］阿尔文·托夫勒：《未来的冲击》，蔡伸章译，中信出版社2006年版。

［美］艾尔·巴比：《社会研究方法（第10版）》，邱泽奇译，华夏出版社2005年版。

［美］安妮塔·J. 哈罗、伊丽莎白·J. 辛普森：《教育目标分类学（第三分册：动作技能领域）》，施良方、唐晓杰译，华东师范大学出版社1989年版。

［美］本杰明·S. 布卢姆：《教育目标分类学（第一分册：知识领域）》，罗黎辉等译，华东师范大学出版社1986年版。

［美］彼得·德鲁克：《新现实》，张星岩等译，上海三联书店1991年版。

［美］伯克·约翰逊、拉里·克里斯滕森：《教育研究：定量、定性和混合方法（第4版）》，马健生译，重庆大学出版社2015年版。

［美］B. 约瑟夫·派恩二世、詹姆斯·H. 吉尔摩：《体验经济》，毕崇义译，机械工业出版社2012年版。

［美］大卫·R. 克拉斯沃尔、本杰明·S. 布卢姆：《教育目标分类学

（第二分册：情感领域）》，施良方、张云高译，华东师范大学出版社1986年版。

［美］大卫·库伯：《体验学习——让体验成为学习和发展的源泉》，王灿明等译，华东师范大学出版社2008年版。

［美］丹尼尔·贝尔：《后工业社会的来临——对社会预测的一项探索》，高铦译，新华出版社1997年版。

［美］邓·皮泊斯、马沙·容格斯：《客户关系管理》，郑先炳、邓运盛译，中国金融出版社2006年版。

［美］富勒·麦斯尼克：《顾客是总裁》，罗汉、陈燕玲译，上海人民出版社1998年版。

［美］杰里米·里夫金：《第三次工业革命》，张体伟、孙豫宁译，中信出版社2012年版。

［美］卡尔·阿尔布瑞契特、让·詹姆克：《服务经济：让顾客价值回到企业舞台中心》，唐果译，中国社会科学出版社2004年版。

［美］莱特·米尔斯：《白领：美国的中产阶级》，周晓虹译，南京大学出版社2006年版。

［美］理查德·诺曼：《服务管理：服务企业的战略与领导》，范秀成、卢丽译，中国人民大学出版社2006年版。

［美］迈克尔·辛格尔特里：《大众传播研究：现代方法与应用》，刘燕南等译，华夏出版社2000年版。

［美］曼纽尔·卡斯特：《网络社会的崛起》，夏铸九等译，社会科学文献出版社2003年版。

［美］梅瑞迪斯·高尔等：《教育研究方法（第六版）》，徐文彬等译，北京大学出版社2016年版。

［美］内尔·诺丁斯：《始于家庭：关怀与社会政策》，侯晶晶译，教育科学出版社2006年版。

［美］内尔·诺丁斯：《学会关心：教育的另一种模式》，于天龙译，教育科学出版社2003年版。

［美］莎兰·B. 麦瑞尔姆：《质化方法在教育研究中的应用：个案研

究的扩展》，于泽元译，重庆大学出版社 2008 年版。

［美］托马斯·韦斯等：《美国经济历史经验百科小丛书（第五册）：服务业　竞争　合并》，徐小五等译，中国对外翻译出版公司 1987 年版。

［美］瓦拉瑞尔·A. 泽丝曼尔、玛丽·乔·比特纳：《服务营销（原书第 3 版）》，张金成、白长虹译，机械工业出版社 2004 年版。

［美］威廉·G. 齐克蒙德等：《客户关系管理：营销战略与信息技术的整合》，胡左浩等译，中国人民大学出版社 2010 年版。

［美］维克托·R. 富克斯：《服务经济学》，许微云等译，商务印书馆 1987 年版。

［美］约翰·奈斯比特：《大趋势：改变我们生活的十个新方向》，梅艳译，中国社会科学出版社 1984 年版。

［美］詹姆斯·A. 菲茨西蒙斯、莫娜·J. 菲茨西蒙斯：《服务管理：运作、战略与信息技术》，张金成等译，机械工业出版社 2000 年版。

［日］畠山芳雄：《服务的品质》，包永花译，东方出版社 2004 年版。

［日］畠山芳雄：《人才培养百原则》，鲁军等编译，生活·读书·知新三联书店 1988 年版。

［日］野口吉昭：《客户关系管理实施流程》，杨鸿儒译，机械工业出版社 2003 年版。

［瑞士］海尔格·诺沃特尼等：《反思科学——不确定性时代的知识与公众》，冷民等译，上海交通大学出版社 2011 年版。

［新西兰］理查德·W. 布坎南：《顾客关怀：清除市场营销中的障碍》，吴溪译，机械工业出版社 2003 年版。

［印］尼密·乔杜里：《服务管理》，盛伟忠等译，上海财经大学出版社 2007 年版。

［英］丹·希尔：《情绪经济学》，黎欢、钟和译，中央广播电视大学出版社 2010 年版。

［英］马雷克·科尔钦斯基：《服务业人力资源管理》，何建华译，人

民邮电出版社 2004 年版。

［英］迈克尔·波兰尼：《个人知识：迈向后批判哲学》，许泽民译，贵州人民出版社 2000 年版。

［英］迈克尔·吉本斯等：《知识生产的新模式——当代社会科学与研究的动力学》，陈洪捷等译，北京大学出版社 2011 年版。

［英］乔·迪德、［美］福兰克·M. 赫尔：《服务创新》，李靖华译，知识产权出版社 2010 年版。

［英］特里·吉伦：《客服人员技能培训》，魏清江、方海萍译，机械工业出版社 2004 年版。

［以］耶尔·阿哈罗尼、［英］里拉齐·纳查姆：《服务业全球化——理论与实践启示》，康昕昱译，格致出版社、上海人民出版社 2013 年版。

期刊类

班华：《"学会关心"：一种重在道德学习的德育模式》，《教育研究》2003 年第 12 期。

陈斌：《高等职业教育课程目标与培养目标的比较》，《职业技术教育》2007 年第 29 期。

陈德人：《现代服务产业呼唤服务学学科建设——电子商务与物流等新兴服务业的创新创业型人才需求分析》，《中国大学教学》2012 年第 6 期。

陈东强：《区域产业形态与产业结构的比较及其在实践中的意义》，《经济地理》2006 年第 S1 期。

陈晓琴：《"工学结合"模式下高职"导游服务技能"课程教学改革的探索与实践》，《教育与职业》2011 年第 9 期。

陈怡、赵呈领：《基于翻转课堂模式的教学设计及应用研究》，《现代教育技术》2014 年第 2 期。

崔金锐等：《临床护理人员人文关怀品质与医学叙事能力的相关性研究》，《护理学杂志》2021 年第 9 期。

丁大建：《高技能人才的短缺与价值评价错位》，《中国高教研究》2004年第5期。

丁静等：《国外职业教育人才培养模式探析》，《亚太教育》2015年第16期。

董泽芳：《高校人才培养模式的概念界定与要素解析》，《大学教育科学》2012年第3期。

冯惠先、简亚平：《高职护理专业人才培养模式的创新》，《中国职业技术教育》2003年第12期。

"服务经济发展与服务经济理论研究"课题组：《西方服务经济理论回溯》，《财贸经济》2004年第10期。

龚怡祖：《略论大学培养模式》，《高等教育研究》1998年第1期。

关晶、石伟平：《现代学徒制之"现代性"辨析》，《教育研究》2014年第10期。

韩翼等：《师徒关系结构、作用机制及其效应》，《管理评论》2013年第7期。

郝天聪、石伟平：《"互联网+"下的职业教育服务新态：内涵、目标与转向》，《现代教育管理》2017年第6期。

郝天聪：《我国高技能人才培养的误区及模式重构——基于高技能人才成长的视角》，《中国高教研究》2017年第7期。

何新哲：《职业教育国际化人才培养模式的理论审视与实践探索——以宁波TAFE学院"中外合作、中高贯通"为例》，《现代教育管理》2018年第1期。

和震、李晨：《破解新生代农民工高培训意愿与低培训率的困局——从人力资本特征与企业培训角度分析》，《教育研究》2013年第2期。

和震、谢良才：《论学徒制与职业教育的技能精英人才培养》，《江苏高教》2016年第5期。

胡新建：《高职院校试行现代学徒制的实践与探索——以宁波城市职业技术学院为例》，《中国高教研究》2016年第7期。

[比] Inge DE Waard 等：《探索 MOOC 教学方法在 mLearning 中的运用》，何伏刚等译，《中国远程教育》2012 年第 3 期。

贾春峰：《服务是一种特殊的情感式劳动——重视"服务增值"与持续创新》，《中外科技信息》2002 年第 5 期。

江小涓：《网络空间服务业：效率、约束及发展前景——以体育和文化产业为例》，《经济研究》2018 年第 4 期。

寇静、朱晓青：《新时代加快发展现代服务业的新思路和新战略》，《新视野》2018 年第 1 期。

李绍明：《广东省高职教育供给与产业升级的匹配度研究——基于企业调研的统计分析》，《中国职业技术教育》2013 年第 18 期。

李伟、石伟平：《智能制造背景下高职人才培养目标新探：基于技术哲学的视角》，《教育与职业》2017 年第 21 期。

李选芒、赵居礼：《高职物流管理专业人才培养模式的创新与实践》，《教育与职业》2011 年第 9 期。

李振东：《关于新阶段我国本科教育人才培养模式的思考》，《继续教育研究》2010 年第 10 期。

李政：《职业教育现代学徒制的价值审视——基于技术技能人才知识结构变迁的分析》，《华东师范大学学报》（教育科学版）2017 年第 1 期。

林海涛、汪沛沛：《专业服务业人才供应与经济贡献的省域评价》，《系统工程》2017 年第 9 期。

刘春生、马振华：《高技能人才界说》，《职教通讯》2006 年第 3 期。

刘教民：《建设应用科技大学　培养和造就高技能人才》，《教育发展研究》2013 年第 17 期。

刘晶晶：《我国现代学徒制建设的产业逻辑与融合机制》，《职教论坛》2021 年第 6 期。

刘小禹等：《服务员工与顾客情绪互动的研究现状及展望——基于情绪劳动的视角》，《管理现代化》2011 年第 2 期。

刘旭光：《高职院校服务业专业人才培养模式的创新》，《教育与职业》2013年第35期。

卢俊等：《如何使员工更欢迎变革：关怀员工实践的作用机理》，《系统管理学报》2018年第2期。

陆有铨：《把握教育目的的时代内涵》，《教育科学论坛》2006年第8期。

罗士喜等：《高等职业院校试行现代学徒制的现状与对策》，《现代教育管理》2017年第5期。

吕宏芬、王君：《高技能人才与产业结构关联性研究：浙江案例》，《高等工程教育研究》2011年第1期。

［美］梅瑞迪斯·纽曼：《情绪劳动：为什么以及如何教授》，郑寰译，《国家行政学院学报》2011年第1期。

缪宁陵、宋建军：《国外高职人才培养模式的比较》，《职教论坛》2004年第36期。

聂建峰：《关于大学人才培养模式几个关键问题的分析》，《国家教育行政学院学报》2018年第3期。

欧阳忠明、韩晶晶：《雇主参与现代学徒制的利益与权力诉求——基于英国学徒制项目调查报告的分析》，《教育发展研究》2014年第11期。

潘珩、赵善庆：《基于利益相关者共同推进的英国现代学徒制研究》，《黑龙江高教研究》2017年第10期。

潘懋元：《高等学校的社会职能》，《高等工程教育研究》1986年第3期。

潘香笑、丁敬达：《企业信息咨询职业核心技能需求研究——基于招聘广告的内容分析》，《情报理论与实践》2017年第2期。

彭青、马丽：《情绪管理对高职实习前期护生人文关怀品质的影响研究》，《卫生职业教育》2022年第15期。

彭振宇：《国外技能人才培养模式的共性与趋势》，《职教论坛》2015年第27期。

濮海慧、徐国庆：《我国产业形态与现代学徒制的互动关系研究——

基于企业专家陈述的实证分析》,《华东师范大学学报》(教育科学版)2018年第1期。

乔为:《技能还是能力:从〈中等职业学校专业教学标准〉谈起》,《职业技术教育》2015年第28期。

乔为:《走进核心素养:职业教育培养目标系统的发展》,《职业技术教育》2017年第7期。

阮红芳:《以区域经济发展为导向的现代服务业人才培养研究》,《学术交流》2014年第4期。

施伟萍:《多渠道开展实景化教学　培养现代服务业人才》,《中国职业技术教育》2013年第5期。

施星君:《"互联网+"与"众创"背景下的高职电子商务专业人才培养模式转型》,《教育与职业》2017年第10期。

宋齐明:《劳动力市场需要什么样的本科毕业生——基于近1.4万条招聘信息的量化分析》,《中国高教研究》2018年第3期。

宋旭红:《国外高等职业教育的人才培养模式》,《教育与职业》2000年第7期。

孙佳鹏、石伟平:《现代学徒制:破解职业教育校企合作难题的良药》,《中国职业技术教育》2014年第27期。

谭菲:《广东省文化创意产业人才现状与策略》,《科技管理研究》2014年第21期。

汤霓等:《我国现代学徒制实施的或然症结与路径选择》,《教育科学》2015年第5期。

唐勇:《关于旅游服务技能型人才培养的探讨》,《职教论坛》2012年第26期。

田红梅等:《广州市养老机构护理人员人文关怀品质的现状调查》,《中国实用护理杂志》2014年第35期。

王岚、许艳丽:《智能时代:职业风险与高职教育应对》,《高等工程教育研究》2018年第2期。

王凌:《培育人才创新动力:知识型服务业发展的关键》,《科技管理研究》2013 年第 23 期。

王平、朱小蔓：《建设情感文明：当代学校教育的必然担当》，《教育研究》2015 年第 12 期。

王启龙、徐涵：《职业教育人才培养模式的内涵及构成要素》，《职教通讯》2008 年第 6 期。

王亚南、石伟平：《职业知识概念化的内涵意蕴及课程实现路径——麦克·杨职业教育思想的述评及启示》，《清华大学教育研究》2017 年第 4 期。

文育林：《改革人才培养模式，按学科设置专业》，《高等教育研究》1983 年第 2 期。

吴红耘、皮连生：《心理学中的能力、知识和技能概念的演变及其教学含义》，《课程·教材·教法》2011 年第 11 期。

吴学峰、徐国庆：《现代学徒制：对象、意义与实施策略》，《现代教育管理》2016 年第 11 期。

肖阳、谢莉莉：《客户关怀构成因素与关系质量的影响研究》，《管理科学》2012 年第 6 期。

谢丽英：《服务类课程"情景导向教学模式"的评价策略——以〈餐饮服务与管理〉课程为例》，《职教论坛》2017 年第 9 期。

谢伦、贾守营：《顾客服务：技能、支持与实践》，《中国医院管理》2000 年第 9 期。

徐国庆：《服务性职业与生产性职业的职业教育差异研究》，《职业技术教育》2001 年第 13 期。

徐国庆：《高职教育发展现代学徒制的策略：基于现代性的分析》，《江苏高教》2017 年第 1 期。

徐国庆：《我国职业教育现代学徒制构建中的关键问题》，《华东师范大学学报》（教育科学版）2017 年第 1 期。

徐黎源：《基于现代服务业发展的高职人才培养模式探讨》，《职教通讯》2012 年第 14 期。

许艳丽、王岚：《高技能人才培养与现代服务业需求对接研究》，《教育发展研究》2014 年第 19 期。

杨进等:《制造业领域技能型人才培养:问题与建议》,《教育研究》2008 年第 6 期。

杨力:《中国经济转型背景下现代服务业人才培养战略研究》,《改革与战略》2014 年第 4 期。

杨小燕:《论现代学徒制的生长点、切入点与落脚点》,《四川师范大学学报》(社会科学版)2017 年第 5 期。

杨旭:《"现代服务业"的内涵:一个综合性分析框架》,《现代管理科学》2010 年第 8 期。

叶飞、宋志强:《一种基于齐普夫定律的确定语料中高低词频分界点的新方法——以科学计量研究为例》,《情报学报》2013 年第 11 期。

阴天榜等:《论培养模式》,《中国高教研究》1998 年第 4 期。

由建勋:《高职教师"双通道流动"机制的构建》,《教育发展研究》2007 年第 Z2 期。

袁莉等:《后 MOOC 时代:高校在线教育的可持续发展》,马红亮译,《开放教育研究》2014 年第 3 期。

曾令奇、张希胜:《我国高等职教人才培养模式理论研究综述》,《职教论坛》2006 年第 9 期。

查吉德:《职业教育培养目标研究视角下的企业人才需求调查研究》,《中国职业技术教育》2014 年第 33 期。

湛艳琳、陈波:《基于企业人才需求高职酒店管理专业人才培养模式研究》,《中国成人教育》2015 年第 7 期。

张宝忠:《基于现代学徒制的高职商科专业人才培养路径研究》,《中国高教研究》2016 年第 10 期。

张东航:《关于当前文化创意产业人才"三多三少"现象的对策思考》,《艺术百家》2015 年第 5 期。

张国健:《高职会计专业人才培养模式改革的实践》,《天津职业大学学报》2000 年第 3 期。

张辉:《我国产业结构高度化下的产业驱动机制》,《经济学动态》2015年第12期。

张美丽、吴占堂:《分段训练 注重引导 角色模拟 强化实训——餐饮专业服务技能训练方法谈》,《职业技术教育》1997年第2期。

张培培:《高职旅游管理专业"岗证专一体化"人才培养模式构建——以河北旅游职业学院旅游管理系为例》,《山西师大学报》(社会科学版)2014年第S5期。

张旺等:《人才培养模式的现实反思与当代创新》,《教育研究》2015年第1期。

张晓杰:《大都市服务经济发展的劳动力因素——基于从业人口数据模型的分析》,《南方人口》2010年第1期。

张宇、徐国庆:《我国现代学徒制中师徒关系制度化的构建策略》,《现代教育管理》2017年第8期。

张中兴等:《京津冀地区健康养老行业专业人才需求状况调查与分析》,《中国职业技术教育》2017年第10期。

章剑林:《现代服务业创新型工程人才要素研究》,《高等工程教育研究》2012年第5期。

赵福伟、贾冬青:《京津冀产业结构特点和人才需求结构》,《人民论坛》2018年第3期。

郑群:《关于人才培养模式的概念与构成》,《河南师范大学学报》(哲学社会科学版)2004年第1期。

中国教育科学研究院课题组:《完善先进制造业重点领域人才培养体系研究》,《教育研究》2016年第1期。

中国职业技术教育学会课题组:《从职教大国迈向职教强国——中国职业教育2030研究报告》,《职业技术教育》2016年第6期。

钟秉林:《人才培养模式改革是高等学校内涵建设的核心》,《高等教育研究》2013年第11期。

钟启泉:《"学校知识"的特征:理论知识与体验知识——日本学者安彦忠彦教授访谈》,《全球教育展望》2005年第6期。

周建松、陈正江：《高等职业教育内涵式发展：基本要素、主要特征与实现路径》，《黑龙江高教研究》2018年第4期。

周建松、唐林伟：《高职教育人才培养目标的历史演变与科学定位——兼论培养高适应性职业化专业人才》，《中国高教研究》2013年第2期。

周丽娟：《近二十年职业教育人才培养模式研究综述》，《教育教学论坛》2015年第8期。

周远清：《质量意识要升温 教学改革要突破——在全国普通高校第一次教学工作会议上的讲话》，《高等教育研究》1998年第3期。

朱玉成、周海涛：《"双一流"背景下高校创新人才培养困境分析——基于组织分析的新制度主义视角》，《研究生教育研究》2018年第1期。

邹文开、冷泉：《公共服务类高职教育的需求、特色及发展策略研究》，《中国高教研究》2012年第1期。

报纸类

丁雅诵、闫伊乔：《高职和中职毕业生半年后就业率分别稳定在90%、95%左右》，《人民日报》2021年12月20日第1版。

郭同欣：《改革创新促进了我国就业持续扩大》，《人民日报》2017年3月29日第11版。

石伟平、郝天聪：《走向工业4.0还需要中等职业教育吗》，《光明日报》2017年4月6日第14版。

祝智庭、杨桂青：《教育从不单纯根据技术需求来变革》，《中国教育报》2018年5月31日第8版。

电子资源类

复旦大学、清华大学：《中国劳动力市场技能缺口研究》，https：//www.tsinghua.edu.cn/__local/4/E6/DA/A12EB75B9D564353167D4F107C5_D711D7DB_79EC7D.pdf，2016年10月30日。

关晶：《中国特色现代学徒制》，https：//max.book118.com/html/2017/1006/13 6268594.shtm，2017年10月6日。

国家统计局：《国际统计年鉴（2012）：按产业类型划分的就业构成》，http：//www.stats.gov.cn/ztjc/ztsj/gjsj/2012/201307/t20130702_74152.html，2013年7月2日。

国家统计局：《上半年国民经济稳中加固稳中向好》，http：//www.stats.gov.cn/tjsj/zxfb/202107/t20210715_1819440.html，2021年7月15日。

国家统计局：《许剑毅：2017年服务业稳定较快增长 质量效益提升》，http：// www.stats.gov.cn/tjsj/sjjd/201801/t20180119_1575485.html，2018年1月19日。

《国务院关于加快发展现代职业教育的决定》，http：//www.gov.cn/zhengce/content/2014-06/22/content_8901.htm，2014年6月22日。

《国务院关于推行终身职业技能培训制度的意见》，http：//www.gov.cn/zhengce/content/2018-05/08/content_5289157.htm，2018年5月8日。

《国务院关于印发国家职业教育改革实施方案的通知》，http：//www.gov.cn/zhengce/content/2019-02/13/content_5365341.htm，2019年2月23日。

《教育部办公厅关于公布第二批现代学徒制试点和第一批试点年度检查结果的通知》，http：//www.moe.gov.cn/srcsite/A07/moe_737/s3876_cxfz/201709/t20170911_314178.html，2017年8月23日。

《教育部办公厅关于公布第三批现代学徒制试点单位的通知》，http：//www.moe.gov.cn/srcsite/A07/moe_737/s3876_cxfz/201808/t20180 810_344970.html，2018年8月1日。

《教育部办公厅关于公布首批现代学徒制试点单位的通知》，http：//www.moe.gov.cn/srcsite/A07/s3069/201508/t20150817_200588.html，2015年8月6日。

《教育部办公厅关于全面推进现代学徒制工作的通知》，http：//

www. moe. gov. cn/srcsite/A07/s7055/201906/t20190603_384281. html，2019年5月14日。

《教育部办公厅关于做好2017年度现代学徒制试点工作的通知》，http：//www. moe. gov. cn/srcsite/A07/s7055/201704/t20170421_303031. html，2017年4月6日。

《教育部办公厅关于做好2018年度现代学徒制试点工作的通知》，http：//www. moe. gov. cn/srcsite/A07/s7055/201803/t20180319_330486. html，2018年3月6日。

《教育部等六部门关于实施职业院校制造业和现代服务业技能型紧缺人才培养培训工程的通知》，http：//www. moe. gov. cn/srcsite/A07/moe_953/200312/t20031203_79125. html，2003年12月3日。

《教育部等六部门关于印发〈现代职业教育体系建设规划（2014—2020年）〉的通知》，http：//www. moe. gov. cn/srcsite/A03/moe_1892/moe_630/201406/t20140623_170737. html，2014年6月16日。

《教育部关于开展现代学徒制试点工作的意见》，http：//www. moe. gov. cn/srcsite/A07/s7055/201408/t20140827_174583. html，2014年8月25日。

《教育部关于全面深化课程改革 落实立德树人根本任务的意见》，http：//www. moe. gov. cn/srcsite/A26/jcj_kcjcgh/201404/t20140408_167226. html，2014年3月30日。

教育部职业教育与成人教育司：《关于成立现代学徒制工作专家指导委员会、设立专家库（2017—2020年）的通知》，http：//www. moe. gov. cn/s78/A07/A07_sjhj/201707/t20170725_310090. html，2017年7月20日。

教育部职业教育与成人教育司：《关于公布现代学徒制第二批试点验收结果和第三批试点检查情况的通知》，http：//www. moe. gov. cn/s78/A07/A07_sjhj/201910/t20191029_405885. html，2019年10月24日。

教育部职业教育与成人教育司：《关于公布现代学徒制第三批试点验收结果的通知》，http：//www. moe. gov. cn/s78/A07/A07_sjhj/202110/t20211009_570675. html，2021年9月30日。

教育部职业教育与成人教育司：《关于公布现代学徒制第一批试点验收结果

和第二批试点检查情况的通知》，http：// www. moe. gov. cn/s78/A07/A07_ sjhj/201901/t20190103_ 365769. html，2018 年 12 月 21 日。

教育部职业教育与成人教育司：《关于公布现代学徒制试点工作任务书备案结果的通知》，http：// www. moe. gov. cn/s78/A07/A07_ sjhj/201608/t20160831_ 277231. html，2016 年 8 月 30 日。

教育部职业教育与成人教育司：《关于开展现代学徒制试点工作的通知》，http：// www. moe. gov. cn/s78/A07/A07_ sjhj/201501/t20150113_ 182996. html，2015 年 1 月 5 日。

教育部职业教育与成人教育司：《关于做好 2019 年现代学徒制试点年度检查和验收工作的通知》，http：// www. moe. gov. cn/s78/A07/A07_ sjhj/201906/t 20190610_ 385239. html，2019 年 5 月 30 日。

教育部职业教育与成人教育司：《关于做好 2020 年现代学徒制试点验收工作的通知》，http：// www. zjzcj. com/show. php？id = 48281，2020 年 9 月 27 日。

《决胜全面建成小康社会　夺取新时代中国特色社会主义伟大胜利——在中国共产党第十九次全国代表大会上的报告》，http：// www. gov. cn/zhuanti/2017-10/27/content_ 5234876. htm，2017 年 10 月 18 日。

《科学技术部关于印发现代服务业科技发展十二五专项规划的通知》，http：// www. gov. cn/zwgk/2012-02/22/content_ 2073617. htm，2012 年 1 月 29 日。

《李克强主持召开国务院常务会　部署加快发展现代职业教育》，新华网，http：// www. xinhuanet. com/politics/2014-02/26/c_ 119519457. htm，2014 年 2 月 26 日。

麦可思研究院：《就业蓝皮书：2018 年中国本科生/高职高专生就业报告》，https：// www. sohu. com/a/235230928_ 186085，2018 年 6 月 11 日。

人力资源和社会保障部：《2018 年第一季度部分城市公共就业服务机构市场供求状况分析》，http：// www. mohrss. gov. cn/xxgk2020/

fdzdgknr/jy_ 4208/jyscgqfx/201805/t20180507_ 293581. html，2018年5月7日。

人力资源和社会保障部：《2020年度人力资源和社会保障事业发展统计公报》，http：//www. mohrss. gov. cn/SYrlzyhshbzb/zwgk/szrs/tjgb/202106/t20210604_ 415837. html，2021年6月3日。

人力资源和社会保障部：《技能人才队伍建设实施方案（2018—2020年）》，http：// www. mohrss. gov. cn/SYrlzyhshbzb/dongtaixinwen/buneiyaowen/201810/t20181016_ 302991. html，2018年10月16日。

人力资源和社会保障部办公厅、财政部办公厅：《人力资源社会保障部办公厅、财政部办公厅关于开展企业新型学徒制试点工作的通知》，http：// www. mohrss. gov. cn/zynljss/ZYNLJSSzhengcewenjian/201508/t20150803_ 216721. html，2015年7月24日。

《物流高端人才仍难求》，中国物流产业网，http：//www. xd56b. com/wlzx/2017. jhtml，2013年11月6日。

浙江商业职业技术学院：《学校简介》，http：//www. zjvcc. edu. cn/content/detail. php？sid＝3&cid＝501，2011年11月5日。

浙江商业职业技术学院经济管理学院：《连锁经营管理专业》，http：// det. zjbc. edu. cn/content/detail. php？ sid ＝ 9&cid ＝ 874，2011年4月25日。

《中共中央办公厅　国务院办公厅印发〈关于推动现代职业教育高质量发展的意见〉》，http：// www. gov. cn/zhengce/2021-10/12/content_ 5642120. htm，2021年10月12日。

《中共中央、国务院印发〈中国教育现代化2035〉》，http：//www. gov. cn/zhengce/2019-02/23/content_ 5367987. htm，2019年2月23日。

中共中央组织部、人力资源和社会保障部：《高技能人才队伍建设中长期规划（2010—2020年）》，http：// www. mohrss. gov. cn/SYrlzyhshbzb/zwgk/ghcw/ghjh/201503/t20150313_ 153951. html，2011年7月6日。

《中国共产党第十九届中央委员会第五次全体会议公报》，https：//

www.12371.cn/2020/10/29/ARTI1603964233795881.shtml，2020年10月29日。

《中华人民共和国高等教育法》，中国人大网，http：//www.npc.gov.cn/npc/c308 34/201901/9df07167324c4a34bf6c44700fafa753.shtml，2019年1月7日。

《中华人民共和国职业教育法》，新华社，http：//www.gov.cn/xinwen/2022-04/21/content_5686375.htm，2022年4月21日。

外文部分

著作类

Berelson, B., *Content Analysis in Communications Research*, New York：Hafner, 1952.

Hochschild, A. R., *The Managed Heart：Commercialization of Human Feeling*, Berkeley：University of California Press, 1983.

Holsti, O. R., *Content Analysis for the Social Sciences and Humanities*, New Jersey：Addison-Wesley, 1969.

Jackson, J. H., Musselman, V. A., *Business：Contemporary Concepts and Practices*, Englewood Cliffs：Prentice-Hall, 1987.

Kent, S. R., Stephenson, J. C., Sherwood, T. N., et al., *Service Industries and Economic Development*, New York：Praeger Publishers, 1985.

Kotler, P., Armstrong, G., *Principles of Marketing*（6th Edition）, Englewood：Prentice Hall, 1994.

Lovelock, C. H., Wirtz, J., *Services Marketing：People, Technology, Strategy*（7th Edition）, New Jersey：Prentice Hall, 2011.

Russell, R. S., Zobel, C. W., *Bringing Service Sciences into the Curriculum*, New York：Springer US, 2008.

期刊类

Adelman, N. E., "International Seminar on the Effects of Structural Change on Employment and Education and Training in the Service Sector", *Access to Education*, 1989.

Anderson, J. R., "Managing Employees in the Service Sector: A Literature Review and Conceptual Development", *Journal of Business and Psychology*, Vol. 20, No. 4, 2006.

Ashforth, B. E., Humphrey, R. H., "Emotional Labor in Service Roles: The Influence of Identity", *Academy of Management Review*, Vol. 18, No. 1, 1993.

Aziz, M. I., Afthanorhan, A., Awang, Z., "Talent Development Model for a Career in Islamic Banking Institutions: A SEM Approach", *Cogent Business & Management*, Vol. 3, 2016.

Berry, L. L., "Service Marketing Is Different", *Business*, Vol. 30, No. 3, 1980.

Browning, H. L., Singelmann, J., "The Transformation of the U. S. Labor Force: The Interaction of Industry and Occupation", *Politics and Society*, Vol. 8, No. 3, 1978.

Chao, C. Y., Ku, P. Y., Wang, Y. T., et al., "The Effects of Job Satisfaction and Ethical Climate on Service Quality in Elderly Care: The Case of Taiwan", *Total Quality Management and Business Excellence*, No. 27, 2014.

Coweil, D. W., "Some Insights into the Background and Training needs of Marketing Executives in the UK Service Industries", *Service Industries Journal*, Vol. 8, No. 4, 1988.

Delve, C. I., Mintz, S. D., Stewart, G. M., "Promoting Values Development through Community Service: A Design", *New Directions for Student Services*, No. 50, 1990.

Diefendorff, J. M., Gosserand, R. H., "Understanding the Emotional Labor Process: A Control Theory Perspective", *Journal of Organizational Behavior*, Vol. 24, No. 8, 2003.

Donaldson, J. E., "Future Directions in Continuing Education Management: Learning from the Service Sector", *Journal of Continuing Higher Education*, Vol. 38, No. 3, 1990.

Evangelista, R., Savona, M., "Innovation, Employment and Skills in Services. Firm and Sectoral Evidence", *Structural Change and Economic Dynamics*, Vol. 14, No. 4, 2003.

Fornell, C., Johnson, M. D., Anderson, E. W., et al., "The American Customer Satisfaction Index: Nature, Purpose, and Findings", *Journal of Marketing*, Vol. 60, No. 4, 1996.

Georgiadis, A., Pitelis, C. N., "The Impact of Employees' and Managers' Training on the Performance of Small-and Medium-Sized Enterprises: Evidence from a Randomized Natural Experiment in the UK Service Sector", *British Journal of Industrial Relations*, Vol. 54, No. 2, 2014.

Gilmour, R., "Editorial: The Importance of Marketing and Communications Skills in the Financial Services Sector", *Journal of Financial Services Marketing*, Vol. 8, No. 2, 2003.

Glomb, T. M., Tews, M. J., "Emotional Labor: A Conceptualization and Scale Development", *Journal of Vocational Behavior*, Vol. 64, No. 1, 2004.

Godin, B., "Writing Performative History: The New New Atlantis?", *Social Studies of Science*, Vol. 28, No. 3, 1998.

Grandey, A. A., "Emotional Regulation in the Workplace: A New Way to Conceptualize Emotional Labor", *Journal of Occupational Health Psychology*, Vol. 5, No. 1, 2000.

Guthrie, H., Harris, R., Simons, M., et al., "Teaching for Technical and Vocational Education and Training (TVET)", in Saha, L. J. and Dworkin, A. G. eds. *International Handbook of Research on Teachers and*

Teaching, The Netherlands: Springer, 2009.

Hampson, I., Junor, A., "Putting the Process Back in: Rethinking Service Sector Skill", *Work, Employment and Society*, Vol. 24, No. 3, 2010.

Harding, J. A., Popplewell, K., Fung, R. Y. K., et al., "An Intelligent Information Framework Relating Customer Requirements and Product Characteristics", *Computers in Industry*, Vol. 44, No. 1, 2001.

Hill, T. P., "On Goods and Services", *Review of Income and Wealth*, Vol. 23, No. 4, 1977.

Hirschhorn, L., "The Post-industrial Economy: Labour, Skills and the New Mode of Production", *The Service Industries Journal*, Vol. 8, No. 1, 1988.

Hochschild, A. R., "Emotion Work, Feeling Rules, and Social Structure", *American Journal of Sociology*, Vol. 85, No. 3, 1979.

Honeycutt, E. D., Mottner, S., Ahmed, Z. U., "Sales Training in a Dynamic Market", *Services Marketing Quarterly*, Vol. 26, No. 3, 2005.

Hsieh, J. K., "The Effect of Frontline Employee Co-creation on Service Innovation: Comparison of Manufacturing and Service Industries", *Procedia-Social and Behavioral Sciences*, Vol. 224, 2016.

Joshi, S., "Role of Higher Education Sector in Changing Service Sector Innovation System", *World Journal of Science, Technology and Sustainable Development*, Vol. 9, No. 4, 2012.

Kim, Y. H., Choi, H. J., "The Effects of Job Training Service Recovery, Job Satisfaction and Turnover Intention among Service Industry Employees in Daegu and Daejeon", *Tourism Science Studies*, Vol. 33, 2009.

Kurt, İ., Yılmaz, N. K., Karakadılar, İ. S., "Features of Innovative Applications in the Service Industry and Exploration of their Effect on Firm Efficiency", *Procedia-Social and Behavioral Sciences*, Vol. 99, 2013.

Kuzu, Ö. H., Özilhan, D., "The Effect of Employee Relationships and Knowledge Sharing on Employees' Performance: An Empirical Research on Service Industry", *Procedia-Social and Behavioral Sciences*, Vol. 109, 2014.

Kyng, T., Tickle, L., Wood, L. N., "Perceptions of the Software Skills of Graduates by Employers in the Financial Services Industry", *International Journal of Mathematical Education in Science and Technology*, Vol. 44, No. 8, 2013.

Lovelock, C. H., "Classifying Services to Gain Strategic Marketing Insights", *Journal of Marketing*, Vol. 47, No. 3, 1983.

Mason, G., "High Skills Utilisation Under Mass Higher Education: Graduate Employment in Service Industries in Britain", *Journal of Education & Work*, Vol. 15, No. 4, 2002.

McGuinness, S., Bennett, J., McCausland, G., "Service Sector SMEs and Essential Skill Provision in the 16 – 25 Year Old Labour Market: Evidence from Northern Ireland", *The International Journal of Human Resource Management*, Vol. 19, No. 2, 2008.

Montague, A., "Vocational and Skill Shortages in Vietnamese Manufacturing and Service Sectors, and Some Plausible Solutions", *Asia Pacific Journal of Human Resources*, Vol. 51, No. 2, 2013.

Morgan, R. M., Hunt, S. D., "The Commitment-Trust Theory of Relationship Marketing", *Journal of Marketing*, Vol. 58, No. 3, 1994.

Morris, J. A., Feldman, D. C., "The Dimensions, Antecedents, and Consequences of Emotional Labor", *Academy of Management Review*, Vol. 21, No. 4, 1996.

Muller, E., Zenker, A., "Business Services as Actors of Knowledge Transformation: The Role of KIBS in Regional and National Innovation Systems", *Research policy*, Vol. 30, No. 9, 2001.

Nikookar, G., Rahrovy, E., Razi, S., et al., "Investigating Influential

Factors on Word of Mouth in Service Industries: The Case of Iran Airline Company", *Procedia-Social and Behavioral Sciences*, Vol. 177, No. 5, 2015.

Nowotny, H., Scott, P., Gibbons, M., "Introduction: 'Mode 2' Revisited: The New Production of Knowledge", *Minerva A Review of Science Learning & Policy*, Vol. 41, No. 3, 2003.

Oliver, R. L., "Cognitive, Affective, and Attribute Bases of the Satisfaction Response", *Journal of Consumer Research*, Vol. 20, No. 3, 1993.

Ordons, A. L. R., Lockyer, J., Hartwick, M., et al., "An Exploration of Contextual Dimensions Impacting Goals of Care Conversations in Postgraduate Medical Education", *BMC Palliative Care*, Vol. 15, No. 1, 2016.

Pao, M. L., "Automatic Text Analysis Based on Transition Phenomena of Word Occurrences", *Journal of the American Society for Information Science & Technology*, Vol. 29, No. 3, 2014.

Parasuraman, A., Zeithaml, V. A., Berry, L. L., "SERVQUAL: A Multiple-item Scale for Measuring Consumer Perceptions of Service Quality", *Journal of Retailing*, Vol. 64, No. 1, 1988.

Park, Y., Lee, S., "How to Design and Utilize Online Customer Center to Support New Product Concept Generation", *Expert Systems with Applications*, Vol. 38, No. 8, 2011.

Poole, M. S., Folger, J. P., "Modes of Observation and the Validation of Interaction Analysis Schemes", *Small Group Behavior*, Vol. 12, No. 4, 1981.

Powell, S., Tindal, I., Millwood, R., "Personalized Learning and the Ultraversity Experience", *Interactive Learning Environments*, Vol. 16, No. 1, 2008.

Price, L. L., Arnould, E. J., Tierney, P., "Going to Extremes: Managing Service Encounters and Assessing Provider Performance", *Journal of Marketing*, Vol. 59, No. 2, 1995.

Rubalcaba, L., Aboal, D., Garda, P., "Service Innovation in Developing Economies: Evidence from Latin America and the Caribbean", *The Journal of Development Studies*, Vol. 52, No. 5, 2016.

Sikander, A., "Technology Management in the Services Industry: Awareness Amongst Executives, Heads and Staff in the Technical Education Sector", *International Journal of Technology Knowledge & Society*, Vol. 8, No. 6, 2013.

Smith, A. K., Bolton, R. N., "An Experimental Investigation of Customer Reactions to Service Failure and Recovery: Paradox or Peril", *Journal of Service Research*, Vol. 1, No. 1, 1998.

Sun, C. Y., "Research on Training Mode of High-level Innovative Talents in Computer Science in Colleges", *Procedia Engineering*, Vol. 29, 2012.

Swinton, J. R., "Service-sector Wages: The Importance of Education", *Economic Commentary*, Vol. 12, 1988.

Tucci, I., Wagner, G. G., "Foreign Language Skills: An Important Additional Qualification in the Services Sector", *Economic Bulletin*, Vol. 41, No. 1, 2004.

Vargo, S. L., Lusch, R. F., "Evolving to a New Dominant Logic for Marketing", *Journal of Marketing*, Vol. 68, No. 1, 2004.

Värlander, S., Julien, A., "The Effect of the Internet on Front-line Employee Skills: Exploring Banking in Sweden and France", *The Service Industries Journal*, Vol. 30, No. 8, 2010.

Veeravagu, J. V. J., Muthusamy, C., Marimuthu R, et al., "Using Bloom's Taxonomy to Gauge Students' Reading Comprehension Performance", *Canadian Social Science*, Vol. 6, No. 3, 2010.

Voss, C., Tsikriktsis, N., Funk, B., et al., "Managerial Choice and Performance in Service Management: A Comparison of Private Sector Organizations with Further Education Colleges", *Journal of Operations Management*, Vol. 23, No. 2, 2005.

Wagner, K., Tahir, P., "Productivity and Skills in Industry and Services: A Britain-German Comparison", *The Pakistan Development Review*, 2005.

Westbrook, R. A., Oliver, R. L., "The Dimensionality of Consumption Emotion Patterns and Consumer Satisfaction", *Journal of Consumer Research*, Vol. 18, No. 1, 1991.

Windrum, P., Tomlinson, M., "Knowledge-intensive Services and International Competitiveness: A Four Country Comparison", *Technology Analysis & Strategic Management*, Vol. 11, No. 3, 1999.

Wu, C., Gao, L., Chen, S. L., et al., "Care Services for Elderly People with Dementia in Rural China: A Case Study", *Bulletin of the World Health Organisation*, Vol. 94, No. 3, 2016.

Xiao, N. B., Gao, R. L., "Research on Talent Cultivation Mode of 'Hotel-Colleges and Universities Joint Training System'", *Educational Sciences: Theory & Practice*, Vol. 18, 2018.

Yahya, A. Z., Fatt, C. K., Othman, A. S., et al., "Management Skills and Entrepreneurial Success of Small and Medium Enterprises (SMEs) in the Services Sector", *African Journal of Business Management*, Vol. 5, No. 26, 2011.

会议类

Kemppilä, S., Mettänen, P., "Innovations in knowledge-intensive services", 5th International CINet Conference, Sydney, September, 2004.

Klaesson, J., Wixe, S., "Skills, Education and Productivity in the Service Sector: Firm Level Evidence on the Presence of Externalities", 51st Congress of the European Regional Science Association, Barcelona, 30 August - 3 September, 2011.

Yu, X. P., Chen, S. X., Wu, S., "Exploration of Talent-training Integration Mode Based on School-enterprise Cooperation in Terms of IT Majors", International Conference on Advanced Information and Communication Technology for Education (ICAICTE), August, 2013.

Zhou, H., Su, C., Chen., Y., "A Research on the Training Mode of Applied Financial Talents Based on the Market Demand", International Conference of Information Science and Management Engineering (ISME), July, 2013.

Zhou, H., "On the Work-integrated Talent Training Mode of Computer Majors in Vocational Colleges", 2nd International Conference on Soft Computing in Information Communication Technology (SCICT), May, 2014.

报纸类

Al Bawaba Ltd., "Over 18000 Service Sector Workers to Get Customer Care Skills", *AllAfrica*, February 8, 2013, p. 1.

Brockett, J., "Link Service-sector Skills with Pay", *People Management News*, November 23, 2006, p. 9.

David, T., "Consumer Services Facing Struggle to Find Competent Staff: Skills Shortages Have Worsened Following the Sector's Expansion as a Result of Increased Spending Power", *Financial Times*, March 21, 2005, p. 4.

Deveau, D., "Resource Sector Trades Have Opportunities Aplenty; Labour Shortage All Skills in Demand to Fill Jobs in Extraction, Service Operations", *The Gazette*, July 14, 2012, p. 14.

Dubai, "BIBF Selects SunGard Higher Education to Help Deliver Quality Training to Support Fast-growing Financial Services Sector", *Middle East Company News*, July 13, 2011, p. 1.

Ganesan, S., "Training for Unorganised Service Providers in Tourism Sector", *The Hindu*, May 14, 2005, p. 1.

Hilliard, M., "Skills Shortage 'A Threat to Growth' in Financial Sector: 85% of Financial Services Employees Plan to Move Jobs in 2015, Says PwC Survey", *Irish Times*, February 23, 2015, p. 2.

Mackie, G. , "Skills Shortages Weigh on Record Optimism Across Services Sector", *The Scotsman*, May 27, 2014, p. 30.

Ontario, T. , "Financial Services Sector in Canada Facing Skills Shortage According to Watson Gardner Brown Survey: Businesses Concerned about Finding Senior Professionals in Highly Specialized Areas to Support Business", *Marketwire*, October 27, 2009, p. 1.

The Economist Intelligence Unit Ltd, "India Economy: Emerging Gap in Skills and Education Threatens Services Sector", *ViewsWire*, November 10, 2006, p. 1.

电子资源类

Abe, T. , "What is Service Science?", http://citeseerx.ist.psu.edu/viewdoc/download;jsessionid=00B2A8A1D0EE65406354B724D0644429?doi=10.1.1.94.4847&rep=rep1&type=pdf, December 1, 2005.

Allen, E. , Seaman, J. , "Grade Change: Tracking Online Education in the United States", https://www.bayviewanalytics.com/reports/gradechange.pdf, January 15, 2014.

Baloun, T. , Mrowicki, L. , "Workplace Basic Skills Curriculum for the Financial Services Industry", https://files.eric.ed.gov/fulltext/ED426248.pdf, December 31, 1998.

Carnevale, A. P. , Rose, S. J. , "The Economy Goes to College: The Hidden Promise of Higher Education in the Post-Industrial Service Economy", https://files.eric.ed.gov/fulltext/ED558183.pdf, December 31, 2015.

Gordon, J. , Halász, G. , Krawczyk, M. , et al. , "Key Competences in Europe: Opening Doors for Lifelong Learners Across the School Curriculum and Teacher Education", https://papers.ssrn.com/sol3/papers.cfm?abstract_id=1517804, January 26, 2010.

Hassid, J. , "Internationalisation and Changing Skill Needs in European

Small Firms: The Services Sector", https://files. eric. ed. gov/fulltext/ED469867. pdf, December 31, 2002.

Hauknes, J., "Services in Innovation-innovation in Services", https://ideas. repec. org/p/stp/stepre/1998r13. html, December 31, 1998.

Hertog, P., Bilderbeek, R., "Conceptualising Service Innovation and Service Innovation Patterns", http://citeseerx. ist. psu. edu/viewdoc/download; jsessionid = 2CB32BD588899F2E17C0116CFEFE69EA? doi = 10. 1. 1. 102. 9390&rep = rep1&type = pdf, March 1, 1999.

Miles, I., Kastrinos, N., Flanagan, K., et al., "Knowledge-Intensive Business Services: Users, Carriers and Sources of Innovation", http://citeseerx. ist. psu. edu/viewdoc/download; jsessionid = 644CC0480D598D4FBE5F1B4DEA3F79C2? doi = 10. 1. 1. 463. 8976&rep = rep1&type = pdf, March 1, 1995.

OECD, "OECD Science, Technology and Industry Scoreboard 2003: Towards a Knowledge-based Economy", https://www. taodocs. com/p-76516464-5. html, December 31, 2003.

OECD, "Promoting Innovation in Services", http://value-chains. org/dyn/bds/docs/497/WolflOECDEnhancingPerformanceServicesSector. pdf # page = 130, December 31, 2005.

The World Bank, "World Development Indicators", http://issuu. com/world. bank. publications/docs/9781464804403/1? e = 0/12412024, April 16, 2015.

U. S. Bureau of Labor Statistics, "Occupational Employment Projections to 2024", https://go. gale. com/ps/i. do? id = GALE% 7CA440635988&sid = googleScholar&v = 2. 1&it = r&linkaccess = abs&issn = 00981818&p = AONE&sw = w&userGroupName = anon ~ 5656e6cc, December 31, 2015.

后　　记

本书是在我博士学位论文的基础上修改完成的。回首硕博连读生活，挑灯夜战，梦回千转，无限感触涌上心头，最终化为一句句感谢，致敬帮助和支持我的各位。

博士学位论文得以出版，首先要感谢许艳丽导师对我的指导。与您相处的硕博时光，给我留下了最美好的回忆。能够成为您的学生是我的荣幸，您对我的照顾、帮助、信任和支持让我终身受益，学习抑或生活，您都是我一生的导师。

感谢天津大学教育学院对我的培养。感谢学院为我提供的平台和资源。感谢教育学院闫广芬教授、王世斌教授、肖凤翔教授、庞学光教授、潘海生教授、郄海霞教授、孙颖教授、杜修平教授、杨院副教授、卢月萍老师、刘梦茹老师对我的帮助和支持。

感谢课题组成员对我的帮助。感谢郭达、刘晓莉、李文、吕建强、孙毅、李瑜、李资成、樊宁宁、王洁、高会、周天树，与你们在一起，让我的研究生生活变得更加丰富。

感谢天津市教育科学研究院各位领导、同事对我博士学位论文出版工作的大力支持。

感谢中国社会科学出版社的编审人员，特别是郭曼曼老师为本书出版所做的大量工作，她高超的专业水准和一丝不苟的敬业精神令人钦佩。

最后，感谢我的父亲王玉松和母亲左书芳。你们给予我生命，是我的骄傲。

本书系 2021 年国家社会科学基金青年项目"'双循环'新格局下基于'鲁班工坊'推进中国引领全球职业教育治理体系建设研究"（项目编号：21CGL042，主持人：王岚）的研究成果。感谢天津市教育科学研究院对本书出版的资助，在此一并致以诚挚的谢意。

王　岚

2023 年 1 月 10 日